**"Es war einmal eine Zeit, da es noch
Festungen zu erobern gab"**

Melancholie als Disposition der Erkenntnis
in den Werken Walter Benjamins
und des späten Jean-Luc Godard

Texte zum Film Band I·1

Texte mit Fußnoten 1

Vorbemerkung

Dieses Büchlein ist unmissverständlich eine akademische Abschlussarbeit. Bis auf eine Angleichung der Rechtschreibung habe ich davon abgesehen, der Lesbarkeit halber diesen Umstand zu entschärfen. Manchmal müssen Sachen eben mal so bleiben wie sie sind.

Es entstand als Magisterarbeit im Fachbereich Philosophie der Universität Hamburg, und an dieser Stelle möchte ich Dr. Harro Segeberg im nachhinein einen herzlichen Dank in den Himmel schicken, dass er sie trotzdem ohne irgendwelche Änderungen zu erwirken bedenkenlos in seinem Fachbereich Germanistik übernommen hat. Dass sie den Rahmen einer üblichen Magisterarbeit durchaus überschreiten würde, war mir auch irgendwann klar, aber am Ende egal.

Danken möchte ich auch Hermann Schweppenhäuser, wo immer er sich befindet, dass er die Arbeit als Zweitkorrektor angenommen hat, obwohl ich an der Uni Lüneburg gar nicht eingeschrieben war.

Über den Autor

Daniel Petersen wurde 1968 geboren. Er studierte Film an der New York University sowie Philosophie und Filmwissenschaft in Hamburg und Lüneburg. Nebenher vertrieb er sich die Zeit als Cinephiler, Drehbuchlektor, Übersetzer, Drehbuchautor, Filmkritiker, Filmmacher, Synchronschreiber und überhaupt Freier Autor. Selbstredend weitgehend erfolglos. Er lebt in Hamburg und auf dem Saturn.

Inhalt

Hermann Schweppenhäuser gewidmet –

für die langen Jahre der Unterweisung
in epischer Philosophie

"Wird nicht die Stimme unserer Freunde bisweilen vom Echo der Stimmen derer heimgesucht, die vor uns auf der Erde waren? Und die Schönheit der Frauen eines anderen Zeitalters, ähnelt sie nicht ein wenig der unserer Freundinnen?
Folglich müssen wir uns bewusst werden, dass die Vergangenheit nach Erlösung verlangt, nach einer Erlösung, von der vielleicht ein winziger Teil in unserer Macht liegt. Es gibt geheimnisvolle Begegnungen zwischen den verstorbenen Generationen und derjenigen, der wir selbst angehören. Wir wurden auf der Erde erwartet."

Godard, *Hélas pour moi!*

Einleitung

Die Intention dieser Arbeit ist auf der einen Seite die Rettung Walter Benjamins für die Gegenwart. Damit ist weder gemeint, dass eine philosophische Richtung auf eine ihr grundverschiedene geschichtliche Situation mechanisch "angewendet" werden soll, um letzterer eine Offenheit, Vielschichtigkeit, gedankliche Reichhaltigkeit oder Traditionsverhaftung zu attestieren, die augenscheinlich den heterogensten Theorien einen begründeten Ansatzpunkt biete, noch soll einer so persönlich geprägten wie epochal weitreichenden Philosophie unterstellt werden, sie habe heute einzig noch gesellschaftliche Relevanz, wenn sie die philosophische oder überhaupt mediale Spielart der Saison bedienen darf. Die Absicht ist vielmehr, Benjamins Werk aus der luftdichten Kuriositätenvitrine des Museums für Ideengeschichte herauszuholen und für die Reflexion, vergangene wie zukünftige, fruchtbar zu machen. Es gilt die besondere Form der Originalität von Benjamins Denken herauszustellen, die es vermochte, eine eigene, vorher in dieser Weise unbekannte Herangehensweise an geschichtliche Realität ins Leben zu rufen, die seither in den unterschiedlichsten Medien der Wirklichkeitsvermittlung ein kleines Eigenleben ausgebildet hat, das darin seinen Ausdruck hat, dass die Benjaminischen Methoden und Gehalte vielfach zur Wirksamkeit kommen, ohne dass bewusst oder gar explizit auf ihren Urheber bezug genommen würde.[1]

---

[1]   Verwiesen sei neben diversen Formen der literarischen Collage oder der Bilddokumentation vor allem auf den Essayfilm, unter vielen anderen etwa bei Chris. Marker, Johan van der Keuken, Hartmut Bitomsky oder Harun Farocki. – Ganz abgesehen natürlich von den ausdrücklichen Epigonen Benjamins, Künstlern sowie Theoretikern, die gerade in der gründlichen Aneignung seiner eine unverwechselbare eigene Handschrift ausgebildet haben, wie z.B. Alexander Kluge oder John Berger.

Auf der anderen Seite ist die – in einiger Hinsicht aktuellere – Intention dieser Arbeit, mit Jean-Luc Godard einen Filmmacher zu würdigen, bzw. zu retten, um im Idiom zu bleiben, der als einer der wenigen seit inzwischen Jahrzehnten die Anstrengung unternimmt, die ästhetische Substanz der Kinematographie bis ins Extrem auszuloten und von Grund auf zu verstehen, wofür er seit ebensolanger Zeit und in den letzten Jahren nicht eben seltener von Kulturzuständigen sowohl der Faust als auch der Stirn in die Spinnertenecke abgeschoben wird.[2] Es soll angedeutet werden, wie Godards konsequente und vor allem leidenschaftliche Verfolgung der Gestaltungsprinzipien seiner Kunst keine ästhetizistische Spiegelfechterei bzw. kein blutarmes Intellektuellenkino, wie ihm von Intellektuellen gern vorgeworfen wird, hervorbringen muss, sondern gerade in ihrer vermeintlichen hermetischen Weltferne eine höchste Weltnähe, eine sinnliche, historische und eben auch philosophische Reichhaltigkeit ins Werk setzt.

Im ersten Fall liegt es nahe, nicht ausschließlich eine Paraphrase der Philosophie Benjamins anzustellen, sondern zusätzlich einen Bereich zu untersuchen, worin sie in seiner Nachwelt fortwirkt, bzw. wo eine ihr vergleichbare Sinnkonstruktion stattfindet; im letzteren Fall wäre jeder explizite Bezug Godards auf eine Geistesgröße außer acht zu lassen, um mögliche Lippenbekenntnisse zu vermeiden und philosophische Substanz allein in der materialen Faktur aufzuweisen. Als Resultat sollten einerseits eine mannigfaltige Ausdruckswelt der Gegenwart, nämlich die Godards, auf ihren benjaminischen Stammbaum hin transparent gemacht, andererseits die interpretatorische Tiefe und fortdauernde Aktualität des Benjaminischen Ansatzes bei Godard erkennbar

---

[2]   Als ein Beispiel sei Günter Grass genannt, von dem interessanterweise auch in unserer Argumentation noch die Rede sein wird und der anlässlich von *Allemagne neuf zéro* sagte, Godard sei "Kitsch für Intellektuelle". (Zit. n. *epd Film*, 2/98, S. 13)

werden. Die Wahl Benjamins und Godards als jeweiliges Komplement des anderen ist natürlich aus persönlicher Neigung des Autors gefallen, doch weniger um die beiden mit beherztem Zugriff zusammenzubiegen, als vielmehr um eine geahnte Wesensverwandschaft begrifflich zu klären und zu untermauern: Zumindest in Godards Spätphase, seit Anfang der 80er Jahre, speziell jedoch in den wenigen Filmen der 90er hat sein Werk eine Richtung, einen Ton, eine Arbeitsweise, eine melancholische Gestimmtheit angenommen, die mit denjenigen Benjamins korrespondieren, ohne sich direkt auf ihn zu berufen, und wahrscheinlich sogar ohne sein Werk zu kennen. Die Tatsache, dass Godard im Gegensatz zu Benjamin vor allem Filmmacher und weniger Philosoph oder Kritiker ist, macht die Sache um so fruchtbarer, als deutlich wird, dass Benjamins methodischer Ansatz nicht primär ein literaturspezifisches Organon ist, sondern viel enger mit dem kreativ Tätigen und dessen persönlicher Haltung zusammenhängt und damit die bloße materiale Beschaffenheit seines Ausdrucks zu einem sekundären Faktor macht.

Die zentrale These dieser Arbeit ist daher, dass eine inhaltliche und methodische Gemeinsamkeit der genannten Werkkreise existiert und vor allem, dass diese Gemeinsamkeit kein Zufall oder reines Epigonentum ist, sondern auf einer objektiven Voraussetzung basiert, nämlich einer im Werk niedergelegten melancholischen Disposition ihrer Autoren, oder genauer: ihrer jeweiligen historisch indizierten auktorialen Subjektivität. Das Vorgehen der Schrift wird sein, der Bedeutung und Funktion der Melancholie in den Arbeiten Benjamins und des späten Godard nachzuspüren und sie darin, durch ihr Wirken in den unterschiedlichsten Formen der Reflexion und Aneignung von Welt – Philosophie bzw. Literatur und Film –, als eine allgemeine und überindividuelle, von jedoch eigenen Arbeitsweisen und Ergebnissen charakterisierte Disposition der Erkenntnis[3] zu beschreiben, die es leistet, trotz des epochalen Abstands zweier kreativer Ingenien zwischen ihnen statt nur etwaiger oberflächlicher Ähnlichkeiten wirkliche substantielle Korrespondenzen zu stiften: Eine genuin philosophische Untersuchung Benjamins & Godards, im Gegensatz zur rein stilgeschichtlichen, kann es nicht bei der Ausweisung äußerlicher Übereinstimmungen belassen, sondern muss das Warum, den formgebenden inneren Antrieb, in ihre Überlegungen miteinbeziehen.

---

[3] Inwiefern bei künstlerischen Erzeugnissen wie dem Film von Erkenntnis gesprochen werden kann, sei erst einmal dahingestellt. (Ebenso natürlich, ob die Kinematographie überhaupt eine Kunst ist. Als Arbeitshypothese soll dies jedoch erst einmal angenommen werden, um es dann während der späteren Erörterung von Benjamins Auffassung des Films als in der Tat auraloser Kunst im Vollzug zu untermauern.) Ein Ausweg wäre, beide Bereiche, Philosophie und Film bzw. Kunst, von vornherein mit Ernst Cassirer als symbolische Formen zu betrachten, die in ihrer je eigenen Art und Weise eine Anschauung von der Welt konstruieren. Um dies jedoch nicht nur als preiswerte Krücke heranzuziehen, die Löcher in der Argumentation zu überbrücken, wäre es allerdings unerlässlich, nicht nur die Ergebnisse, sondern zumindest im Überblick die Entwicklung und Argumentation der Cassirerischen Gedanken nachzuzeichnen. Da ein solches Vorgehen verständlicherweise den Rahmen dieser Arbeit übersteigen würde, kann nur dieser kurze Hinweis gegeben werden. Selbst auf eine Erörterung der Benjaminischen Zusammenfassung verschiedenster Ausdrucksarten wie menschlicher Sprache, Kunst, "Natursprache" etc. zu dem einen großen Komplex Sprache müssen wir verzichten, weil dieser Bereich seines Denkens nur marginal zu dem hier behandelten gehört. Die Arbeit selber – *for the sake of the argument* – muss mit der Unterstellung auskommen, dass Philosophie und Film als Formen der subjektiven *Re*konstruktion der Welt (im Gegensatz zu *Konstruktion* der Welt) zumindest einen gemeinsamen Kern haben, und dass dieser Vorgang im weiteren Sinne Erkenntnis genannt werden kann.

Im Zuge dessen würde die Würdigung Benjamins als genuinem Philosophen vorangetrieben werden, d.h. als jemandem, der wirklich so etwas wie Wahrheit, bzw. einen Zugang zu ihr, gesucht und gefunden haben könnte, insofern dieser an anderer Stelle und zu anderer Zeit ähnlich wirksam geworden wäre, ohne dass man sich auf seinen Urheber, oder eher: Entdecker, extra berufen hätte.[4] Benjamin soll gegen seine feuilletonistischen Liebhaber verteidigt werden, die ständig den "Schriftsteller, Kritiker und Essayisten" oder gar "Theologen" in ihm rühmen, aber dagegen sich sträuben, ihn als Philosophen anzuerkennen, nicht zuletzt, um den wenigstens seinem späteren Denken eingeschriebenen Marxismus nicht für voll nehmen zu müssen. Ein philosophierender Schriftsteller nämlich mag sich eine Privatphilosophie ausdenken, die zusammen mit seinem biologischen Leben abstirbt, danach eher ein Fall für die Literaturwissenschaft ist und deren unbequeme Anteile man als persönliche Marotten aussortiert; ein Philosoph dagegen erschafft etwas von ihm Abgesondertes, mit eigenem Leben und eigener Geltung, das nicht veralten, sondern höchstens entkräftet werden kann.

Um den Zentralbegriff der Argumentation zu klären, beginnt die Untersuchung mit einem kurzen Überblick über die wechselhafte Geschichte des Begriffes der Melancholie, woraus zuerst einmal eine Art Definition destilliert werden soll. Ihre begriffliche Bestimmung ist insofern schwierig, als die "zweitausendjährigen Metamorphosen der Melancholie" (Benjamin, s.u. Anm. 42) eine Vielzahl unterschiedlichster

---

[4]   Natürlich gibt es eine so fundamentale wie ausdrückliche Nachwirkung seines Denkens in der Kritischen Theorie, speziell bei Adorno, die aber von den Zweiflern selber wiederum als eitle Gedankenspielerei im Grand Hotel Abgrund abgetan werden kann. Noch die originärste Form von Epigonentum oder expliziter Gedankenverwandschaft ist von der Gegenseite als rein willkürlicher oder interessenbestimmter Theorieklüngel denunzierbar, dem die Zuständigkeit für das Objektive abzusprechen sei.

Formen hervorgebracht haben, die sich oft und gern widersprechen. Auch die Etymologie hilft nicht viel weiter, das Phänomen der "Schwarzgalligkeit" gehört dann doch zu den wenigen Bereichen der Medizin, die inzwischen mit gutem Gewissen als widerlegt bzw. überholt bezeichnet werden können.

Statt nun alle bisherigen Bestimmungen und Symptome der Melancholie aufeinanderzustapeln und einen begrifflichen Durchschnitt hindurchzupausen, geschweige denn sich eine besonders genehme Charakterisierung herauszufischen, sollte es vielmehr darum gehen, den *Ursprung* der Melancholie auszuloten, eben den Kern, der durch ihre Geschichte sich hindurchzieht und der doch, als selber übergeschichtlicher, mit den unterschiedlichsten Epochen die unterschiedlichsten Verbindungen eingeht.[5] Ein solcher Ursprung müsste als ein Zentrum formuliert werden, das, obwohl als gleichsam geometrischer Punkt selber substanzlos und also nicht in dem Sinne wirklich herausschälbar, doch alle um ihn sich konzentrisch gruppierenden Figurationen im Innersten anordnet und zusammenhält.

Der folgende Hauptteil behandelt das Ausmaß und die Art und Weise, in denen das Denken Benjamins von einem melancholischen Impetus durchdrungen ist, sowie die eigene Form der Ergebnisse, zu denen dieser ihn geführt hat.

---

[5] In jedem Ursprungsphänomen "bestimmt sich die Gestalt, unter welcher immer wieder eine Idee mit der geschichtlichen Welt sich auseinandersetzt und aus deren Fakten in unermüdlichen Wiederholungen ihr Bild aufbaut, bis es in der Totalität ihrer Geschichte vollendet vorliegt." (I, 946 – namentlich ungekennzeichnete Verweise beziehen sich auf die Benjamin-Gesamtausgabe, wobei röm.= Bandnr. und arab. = Seitenzahl) Aus der "Dialektik, die dem Ursprung beiwohnt, (..) erweist in allem Wesenhaften Einmaligkeit und Wiederholung durcheinander sich bedingt. Die Kategorie des Ursprungs ist also nicht (..) eine rein logische, sondern historisch." (I, 226)

Zum einen soll nachvollzogen werden, inwiefern eine melancholische Disposition zur Kontemplation neigt, und genauer, inwiefern die spezifisch Benjaminische Art der Kontemplation mit ihr zusammenhängt.[6] Dazu wird die Grundlage der Benjaminischen Erkenntnistheorie dargestellt werden, die um die Begriffe der zarten Empirie, der inneren Reflexion der Dinge, der Monadologie und der Konstellation herum sich anordnet, und wie sie vor allem im *Ursprung des deutschen Trauerspiels* und im *Begriff der Kunstkritik der deutschen Romantik* ausformuliert sowie im *Passagenwerk* und seinen Ausläufern inhaltlich näher bestimmt ist.

Ein weiterer Teil der Argumentation wird sein, die Gerichtetheit dieser kontemplativen Einstellung auf die Gegenstände der Geschichte mit ebenjener melancholischen Grundhaltung zu erklären, die in jedes Verhalten zu den Dingen eine geschichtliche Dimension einzieht. Der melancholische Blick nämlich, zumindest der moderne, ist retrospektiv, er zieht eher Bilanz als dass er in die Zukunft sieht.[7] Wie Benjamins Engel der Geschichte hat er der Zukunft den Rücken zugewandt, vorangetrieben vom Wind vom Paradiese her, und erblickt den wachsenden Trümmerberg, den die Geschichte vor ihm aufhäuft. Auch Benjamin schöpft aus der Vergangenheit, und doch behandelt er sie als abgeschlossen, genau wie die Gegenstände, an denen sein Interesse sich entzündet. Denn im gleichen Maße, wie Benjamin direkt vor ihm liegende Gerätschaften aller Art bereits als vergangene zu erkennen vermag, so sind ihm die Dinge fernerer Vergangenheiten so

---

[6]   Natürlich immer bedenkend, dass nicht eine melancholische Gestimmtheit Benjamins bekannt wäre, aus der sich dann auf seine Art der Erkenntnis würde schließen lassen, sondern dass umgekehrt aus dieser, und deren Früchten, eine tieferliegende melancholische Grundhaltung heraufscheinen soll.

[7]   Der melancholische Blick in die Zukunft heißt Pessimismus und hat eine von jenem etwas abweichende theoretische Struktur. Er soll an anderem Orte untersucht werden.

zuhanden wie die gegenwärtigen. "Die Feststellung der Unabgeschlossenheit ist idealistisch, wenn die Abgeschlossenheit nicht in ihr aufgenommen ist" (V, 588 f.) schrieb Horkheimer ihm einmal, und seine Methode des Eingedenkens kann die Erschlagenen zwar nicht wieder lebendig machen, wohl aber festhalten, dass der Grund ihres Todes nicht mit ihnen gestorben ist. Benjamin geht es um eine Rettung des Vergangenen, um die Mobilisierung derjenigen Elemente, die in der betrieblichen Geschichtsschreibung durch die Maschen der inventarisierten Fakten fallen. In der rückwärtsgewandten – doch keineswegs konservativen – Perspektive ist er durch keinerlei Aktualität gedrängt und kann seinen geduldigen, kontemplativen, nährenden Blick auf den Dingen ruhen lassen, bis sie, wie es einmal heißt, die Augen aufschlagen, bis sie sich entfalten und dem Philosophen das preisgeben, was sie sonst unter dem Sezierbesteck der Nutzbarmachung für sich behalten. Die Überbleibsel vergangener Zeiten – zu denen sich beizeiten auch Überbleibsel der Gegenwart gesellen – rekonstruiert der Materialist Benjamin in ihrer vollen Gestalt, als, wie er es nennt, dialektische Bilder, worin arabeskenhaft an ein und demselben Gegenstande nicht bloß sein Nutzen für Gebrauch und Überlieferung zur Ansicht kommt, sondern auch dasjenige aus den dunklen Gründen seines geschichtlichen Daseins hervorgespiegelt ist, was dem vom gesellschaftlichen Betrieb Erwünschten damals wie heute unbrauchbar ist, ihm entgeht oder gar zuwiderläuft. Dieses dialektische Bild, eine der Benjaminischen Erkenntnisweise zentrale Konzeption, soll in seiner ikonischen Stofflichkeit als Material ersten Ranges einer kritischen Philosophie beschrieben werden, die die inneren Widersprüche einer Epoche nicht primär aus ihren theoretischen Verlautbarungen, sondern vielmehr aus den unreflektiert-mechanischen Stilisationen ihrer materialen Erscheinungs-formen zu dekonstruieren sich vorgenommen hat.

Nun hat sich Benjamin nicht etwa in der Pose des Melancholikers gesonnt, der ja sowieso nichts mehr tun könne, im Gegenteil hat er sich schon mal eifrig über die melancholische Haltung erregt, nämlich dort, wo sie als untätige jammernde Reflexion nur Hemmschuh wäre. Sein melancholischer Sinn kam nicht in jeder Lebenslage zum Ausdruck; eben nur dort, wo der Kampf gegen den Weltenlauf schon verloren war. Die Bereiche der Lebenswelt hingegen, denen Benjamin einzig noch zutraute, die Wende im dahinrasenden Fortschritt herbeizuführen, waren der Kommunismus und der Film. Beides, die Massenbewegung der Arbeiterklasse und die auf technischer Apparatur beruhende Kunst, sind Phänomene, die von der bürgerlichen Industriegesellschaft nicht etwa überschwemmt, sondern überhaupt erst hervorgebracht wurden und konnten somit als die einzigen Kräfte identifiziert werden, die ihr grundsätzlich gewachsen waren. Es war die zum Teil äußerst emphatisch ausgedrückte Überzeugung Benjamins, mit Kommunismus und Film werde es möglich, die kapitalistische Industriegesellschaft mit ihren eigenen Waffen zu schlagen.[8]

Mit dem Wissen des Späteren lässt sich leicht feststellen, dass diese Hoffnungen Benjamins, mögen sie theoretisch noch so fundiert gewesen sein, der historischen Dynamik nicht gewachsen waren. Anhand des Aufsatzes *Das*

---

[8]   Natürlich nicht explizit im Verbund miteinander. Trotz einiger Überschneidungen in der Praxis, etwa in der Würdigung des sowjetischen Films, erschienen ihm beide Momente der gesellschaftlichen Tätigkeit für sich als eigenständige Herde der Emanzipation, der eine im Bereich der Politik, der andere im Bereich der Kunst. (Vgl. z. B. u. Anm. 162) Die tatsächlich existierenden inneren Korrespondenzen zwischen dem Filmapparat & der vorgestellten emanzipierten Gesellschaft einerseits, und dem selbstbewussten Proletariat & dem Kinopublikum andererseits werden in der genaueren Erörterung der Benjaminischen Filmtheorie nachvollzogen.

Kunstwerk im Zeitalter seiner technischen Reproduzierbarkeit (bzw. des Kunstwerkkomplexes, der wiederum aus dem weit umfassenderen Passagenkomplex sich herausgebildet hatte) sollen die Potentialitäten, die Benjamin in der technischen Apparatur des Films wie in der Arbeiterbewegung angelegt sah, nachvollzogen werden. (Ebenso natürlich, warum die ästhetische (und politiktheoretische) Argumentation Benjamins in der gesellschaftlichen Praxis so ins Gegenteil ausschlagen konnte.) Als Zentralbegriff dieses Themenkreises verdient die Konzeption der Aura, und zwar im Stande ihres Zerfalls im Zeitalter der technischen Reproduzierbarkeit von Kunstwerken, besondere Beachtung.

Godard nun, 1930 geboren, wäre demnach als Filmmacher und Marxist ein idealer Exponent der Befreiung gewesen. Genau wie Benjamin, zumindest der des Passagenwerks, arbeitete er in und an der Stadt Paris und erfuhr seine radikale Politisierung in Konfrontation mit ihr. Wie übrigens viele Filmmacher der Jahre vor '68. Godard ist jedoch beinahe der einzige jener Generation,[9] der über bald 40 Jahre durchgehend und konsequent an seinem gesellschaftlichen – wie Freiheit und Tod, Lebensentwurf und Barbarei, Klassenkampf und Entfremdung – so sehr wie an seinem ästhetischen Material gearbeitet hat, wodurch sein Werk, das über die Jahrzehnte so viele Veränderungen und Brüche aufweist, gerade durch die Nähe zum jeweiligen Zeitgeist eine erstaunliche Kontinuität bewahrt hat.

Exemplarisch für alle damaligen Hoffnungsträger einer emanzipatorischen Kinematographie soll in Godards Spätwerk – in den Filmen seit 1980 (seit er anfing, wieder Kinofilme zu drehen), aber insbesondere in den Filmen der 90er –, in seinen Sujets wie auch im filmischen Material, in seiner Bildgestaltung wie dann auch in seiner besonderen Art der literarischen

---

[9]   Alexander Kluge gehört, auf seine Weise, auch dazu. Aber über den & Benjamin habe ich schon geschrieben.

Montage, eine melancholische Grundstimmung aufgewiesen werden, seine Enttäuschung darüber, dass die einst selber geteilten Erwartungen an ein gesellschaftsveränderndes Potential von Politik und Film nicht erfüllt werden konnten, – eine Melancholie, die gerade darin der Benjaminischen verwandt ist, dass sie über den persönlichen Affekt hinaus in die Faktur des Werkes selber hineingegangen ist und eben dort, nicht im Seelenhaushalt der beiden historischen Persönlichkeiten, deren tiefere und substantielle Verbindung herstellt, selbst wenn zwischen beiden gleichsam der Abgrund eines kurzen Jahrhunderts liegt: Godard, gewissermaßen Benjamins letzte Hoffnung, steht 60 Jahre nach ihm ebenfalls vor den Trümmern eines Jahrhunderts, diesmal des Zwanzigsten, und hält noch weniger Tröstendes in der Hand als jener.

Das klingt nach viel Holz für den Umfang einer Magisterarbeit, insofern drei Themenkomplexe, über die allein schon genug zu sagen wäre, zusammengeführt werden sollen. Die Magisterarbeit jedoch, gleichsam die Novelle unter den akademischen Arbeiten, ist m. E. gut damit beraten, es dem monographischen Charakter ihrer fiktionalen Schwester gleichzutun und statt einer umfassenden Weltbeschreibung oder eines biographischen Charakterentwurfs ein einziges Problem, ein Ereignis, eine gezielte Fragestellung in ihren Mittelpunkt zu stellen und diesen konzentriert – in mehrfacher Bedeutung – zu bearbeiten. Von daher müssen wir uns darauf beschränken, alle drei Komplexe gezielt im Hinblick auf einen das auf den ersten Blick Auseinanderliegende – Philosophie und Film – vereinigenden und durch sich vermittelnden melancholischen Aspekt zu untersuchen und gar nicht erst den Versuch anzustellen, eine umfassende Geschichte oder gar die Idee der Melancholie, eine Gesamtdarstellung Benjamins oder eine Übersicht über Godards Lebenswerk aufzufahren. In der Verfolgung eines roten Fadens müssen notgedrungen unverzichtbare Aspekte übergangen werden, doch hege ich die

Hoffnung, dass gerade durch eine solche perspektivische Beschränkung die monolithischen Einzelteile – als kongruente Silhouetten – in eine aussagekräftige Konjunktion rücken.[10]

---

[10]   Trotz allem übersteigt auch bei der notwendigen Beschränkung des Materials der Umfang dieser Arbeit den gewöhnlichen einer Magisterarbeit. Dies ist zu einem großen Teil den längeren Originalzitaten geschuldet, speziell in den Abschnitten über Benjamin, deren Wortlaut ich nicht unterschlagen mochte. Wem sie geläufig sind, der wird sie schnell wiedererkennen und darüber hinweglesen können, und wem sie nicht geläufig sind, dem wird lästige Blätterei in Originalwerken erspart.

Melancholie

"Ist doch die Einsicht ins Vergängliche der Dinge und jene Sorge, sie ins Ewige zu retten, im Allegorischen eins der stärksten Motive. (..) Die Allegorie ist am bleibendsten dort angesiedelt, wo Vergänglichkeit und Ewigkeit am nächsten zusammenstoßen." (I, 397)

Melancholie als Krankheit

Einen ersten Anhaltspunkt für die Bestimmung des historischen Ursprungs der Melancholie bietet das Wort selber: gr. mélaina = schwarz, dunkel, finster; gr. chole = Galle, Zorn, Wut, Widerwille. Die schwarze Galle, deren Dominanz diese "Schwarzgalligkeit" angelastet wurde, entstammt dem Bereich der antiken Vier-Säfte-Lehre, worin sie neben Blut, gelber Galle und Phlegma einen ebenjener Säfte darstellte, die als für den gesamten physiologischen Aufbau des Körpers verantwortlich galten.[11] Damit wäre die Bedeutung der

---

[11]   Vgl. Klibansky, Panofsky, Saxl, *Saturn und Melancholie*, stw, F/M 1990 (orig. London 1964), S. 39 ff. – Obwohl es wissenschaftlich nicht gerade vertrauenerweckend ist, zu einem Thema weitgehend nur eine Quelle zu zitieren, bleibt einem in diesem Falle nicht viel übrig. Das Buch von Klibansky, Panofsky und Saxl ist, zumindest in oben genannter Neuausgabe und im deutschen Sprachraum, eine Art einsam dastehendes Standardwerk zur Entwicklung der Melancholievorstellungen bis zur Renaissance, und auch bei anderen Autoren zum Thema speist sich die Darstellung zum großen Teil aus dieser Quelle. (Vgl. Lambrecht, Heidbrink oder Lepenies). Da es sich auf umfangreiches Originalmaterial stützt und dieses Originalmaterial ausgiebig zitiert, halte ich diese Beschränkung für vertretbar – gerade bei einem solchen Husarenritt durch eine Begriffsgeschichte, der sowieso nicht mehr als deren eindeutigste und unstrittigste Marksteine für seine Darstellung aufzusammeln sich erlauben kann. Angemerkt sei noch, dass, um bei der zum Teil

Melancholie als Element der antiken Naturphilosophie eigentlich hinreichend umrissen, wenn nicht ihre Symptome und Eigenschaften schon unabhängig von dieser beschrieben worden wären und vor allem das Phänomen selber noch zu einer Zeit eine theoretische und gesellschaftliche Bedeutung errang, als sein medizinischer Ursprung längst überholt war. Da erst, als die Melancholie sich von ihren materialen Wurzeln (und damit ihrer Etymologie) emanzipiert und daher keinen eigentlichen definitorischen Grund mehr hatte, begann ihre wechselvolle und zuweilen widersprüchliche Begriffsgeschichte.

Die Vier-Säfte-Lehre selber entwickelte sich aus der Zusammenfügung verschiedener Vorstellungskreise antiker Naturphilosophie zu einer systematisierten Theorie für alles. Zum einen gab es die pythagoräische Zahlensymbolik, deren besondere Hervorhebung der Vierzahl als Grundstruktur alles Seienden eine Reihe universaler tetradischer Zuordnungen (vgl. KPS, 41) entstehen ließ, wie Feuer, Wasser, Erde und Luft; Frühling, Sommer, Herbst und Winter oder auch Gehirn, Herz, Nabel und Phallus. (vgl. ebd.) Die Vierheit war, noch als abstrakte Aufteilung aller Naturdinge, als weltformendes Verhältnis etabliert, doch galt es nun sie mit einem Inhalt zu füllen, der den einzelnen Vierheiten ein gemeinsames Fundament gab und so deren Abhängigkeit untereinander systematisierte und quasi hierarchisierte.

Weiterhin gab es die pythagoräische Auffassung des Arztes Alkmaion von Kroton, dass die Gesundheit mit der Abstimmung der "Qualitäten" im Körper zusammenhänge. Dort seien Gegensatzpaare wie das Warme und das Kalte, das Feuchte und das Trockene, das Bittere und das Süße etc. am

---

minutiösen Verfolgung des paraphrasierten Materials nicht jeden Satz extra nachweisen zu müssen, der Verweis am Ende eines Absatzes sich mitunter auf den ganzen Absatz bzw. auf den Textabschnitt seit dem vorhergehenden Verweis beziehen kann.

Wirken, und nur deren ausgewogene Mischung ("Krasis") garantiere Wohlbefinden, das Überwiegen einer Qualität mache krank. Die Anzahl der möglichen Qualitäten blieb im Unklaren, der Punkt war, dass das quantitative Verhältnis bestimmter Eigenschaften über den physischen Charakter ihrer Trägersubstanz bestimmt, die Beschaffenheit dieser Substanz selber aber nicht von belang ist. (vgl. KPS, 41 f.)

Empedokles vereinigte zunächst die pythagoräische Zahlenspekulation mit der Annahme der älteren Naturphilosophie eines die Welt und alle Einzeldinge durchsetzenden Urelements zu seiner Theorie der vier Elemente. Damit war die Urtetrade formuliert, nämlich Luft, Feuer, Erde und Wasser, die alle weiteren weltbildenden Tetraden durch Entsprechung bzw. durch Anwesenheit der vier Elemente in den unterschiedlichsten Stoffen auf sich bezog und aus sich hervorgehen lassen konnte. Doch zur Vier-Säfte-Lehre, die die ureigenen Stoffe des menschlichen Körpers mit dem gesamten Kosmos in Verbindung brachte und so eine umfassende Einheit der Natur stiftete, fehlte es noch an einem vermittelnden Moment zwischen den einzelnen Bereichen; die Projektion jener vier Elemente in Welt und Mensch gleichermaßen war eine zu direkte Analogisierung, als dass jeder beliebige Stoff auch seiner eigenen Stofflichkeit nach darin aufgehoben sein konnte, schließlich war die Anwesenheit der vier Elemente in Himmel, Sonne, Erde und Meer noch nachvollziehbar, im Menschen hingegen waren Luft, Feuer, Erde und Wasser in ihrer stofflichen Form beim besten Willen nicht aufzuweisen. (vgl. KPS, 42 f.)

Die von Empedokles begründete Sizilische Ärzteschule ging einen Schritt weiter und hob an den Elementen nicht deren bloße Stofflichkeit, sondern deren Haupteigenschaften bzw. Qualitäten als maßgeblich und allesdurchwaltend heraus. Statt als bloße Attribute unter anderen fungierten Wärme, Kälte, Feuchtheit und Trockenheit von nun an als festgeordnete Entsprechungen der Elemente – als reine Eigenschaften auf keinen Stoff mehr beschränkt – und dadurch als Brücken in die belebte Natur (- überhaupt dorthin, wo die Elemente nicht in ihrer reinen Materialiät auftraten). Im Gegenzug wurde die Qualitätenlehre in der Kanonisierung jener vier Qualitäten der Tetradik der Elementenlehre eingemeindet und auf diese Weise systematisiert. Die Krasenlehre besaß jetzt zwar nur noch diese vier, doch dafür festumrissene Qualitäten zur Messung des Wohlseins, welche wiederum den Kreis der dahingehend zugänglichen Dinge über die reinen Elemente hinaus auf den reichhaltigen und prinzipiell offenen Bereich der Qualitätenlehre ausdehnten. (vgl. KPS, 44 f.)

Gegen 400 v. Chr. entstand schließlich die Vier-Säfte-Lehre im eigentlichen Sinn, als die pythagoräisch-empedokleische Naturphilosophie mit dem Menschenbild der empirischen Medizin in Einklang gebracht wurde. Ähnlich wie die Naturphilosophie war diese auf der Suche nach einem Urstoff des menschlichen Körpers, und schon lange ging sie von dem Vorhandensein verschiedener Säfte im Körper aus, denen eine Reihe von (Geschmacks-) Eigenschaften zugeschrieben war und die als Krankheitserreger bzw. -symptome (bei Austritt aus dem Körper) galten. Doch erst der Verfasser der Schrift *Über die Natur des Menschen* (*Perì physios anthropou*), Hippokrates oder sein Schwiegersohn Polybos, fügte die kosmologische Spekulation mit der medizinischen Säftelehre zu einer systematischen Einheit zusammen, indem er gegenüber der Einzahl, Zweizahl oder auch Vielzahl die Vierheit der Körpersäfte als fundamental behauptete, sie als Blut, gelbe Galle, schwarze Galle und Phlegma sortierte und mit der Tetradik der Naturphilosophie verknüpfte. Dabei ließ er es nicht etwa bei den vier Elementen bewenden, sondern brachte die vier Säfte, denen eine Ausrichtung nach den Kombinationen der vier Qualitäten beigestellt war (warm-feucht, warm-trocken, kalt-trocken und kalt-feucht), in Verbindung mit den vier Jahreszeiten, in deren Abfolge jeweils ein Element, und damit einer der Körpersäfte, zur Vorherrschaft kommt. Dieses Schema war nun beliebig ausbaubar, und in der Folge erfuhren die vier Säfte ihre Zuordnung u.a. zu vier Lebensaltern und vier Tageszeiten. (vgl. KPS, 45 ff.)

Mit den Körpersäften fand auch die Pathologie selber ihren Ort innerhalb des Vierersystems, insofern – wie in der früheren Qualitätenlehre – die ausgewogene Mischung der nun mit vier festgelegten Urstoffe Gesundheit bedeutete, bzw. das Überwiegen eines der Säfte Krankheiten hervorrief. So formierten sich die bis dato mannigfaltigen und ungeordneten Krankheiten und deren Symptome zu einem System von vier Krankheitsbildern, die dem jeweiligen Charakter der sie hervorrufenden Säfte entsprachen.[12]

Von da an gab es den medizinischen Komplex der Melancholie und den Melancholiekranken, dem ein Übergewicht an schwarzer Galle alle möglichen melancholischen Krankheiten bescherte. Krankheiten, die natürlich schon vorher bekannt waren, jedoch erst jetzt auf eine gemeinsame Ursache zurückgeführt und mit einem kategorialen Namen belegt werden konnten.

Mit einer Auflistung all dieser möglichen Krankheiten, die sich wie ein pathologischer Kranz um die schwarze Galle legten, war schon vorbereitet, dass diese einzelnen virtuellen Dysfunktionen in ihrer Gesamtheit bald zur Beschreibung einer Charakterveranlagung kristallieren würden, mit der Überfunktion der schwarzen Galle in ihrem Zentrum. Und in der Tat brachte die Pathologie der ungleichmäßigen Mischung

---

[12] Eine Sonderstellung nimmt hier das Blut ein, das schon damals nicht für einen überschüssigen oder krankheitserregenden Saft, sondern für lebenswichtig gehalten wurde. Zwar konnte ein Blutüberschuss durchaus kurzlebige Krankheiten hervorrufen, doch waren sie dann gleichsam aus dem Zuviel des Guten entstanden. Ansonsten wurde in der weiteren Entwicklung das Sanguinische immer deutlicher mit der gesunden Mischung überhaupt in Verbindung gesetzt. (vgl. KPS, 51f.)

einige logische Probleme mit sich, denn da Gesundheit nur durch eine genaue Abstimmung der Säfte garantiert war, wurde der medizinische Normalfall zum Idealfall stilisiert, der keine großen Differenzen in der äußeren Erscheinung zuließ. Die empirischen Menschen aber, so verschieden sie waren, mussten hinter diesem Idealfall zurückbleiben, konnten jedoch nicht allesamt kurzerhand für krank erklärt werden, wenn der Krankheitsbegriff als zu kurierende Normabweichung beibehalten werden sollte; ganz abgesehen davon, dass der Lehre nach pro Jahreszeit eine der Qualitäten und damit einer der Säfte die Oberhand bekam und damit notwendig saisonal grassierende Krankheiten hätte hervorrufen müssen, was das Vorkommen einer gleichmäßigen Mischung glattweg ausgeschlossen hätte. (vgl. KPS, 50)

Im Laufe der Zeit wandelten sich die alten Krankheitssymptome langsam zu Veranlagungstypen, die zwar von der Vorherrschaft jeweils eines Saftes bestimmt waren, doch deswegen noch lange nicht krank sein mussten. Die ausgewogene Mischung blieb das Ideal, doch ließ sie gleichsam relative Gesundheit zu, insofern das Vorwalten eines Saftes beim Individuum eine bestimmte physische Disposition und Veranlagung zu charakteristischen Krankheiten festlegte, diese Krankheiten aber nicht selber zum Ausbruch brachte. So galten die Körpersäfte lange Zeit sowohl als Auslöser pathologischer Affektionen, als auch als Grundlage konstitutioneller Beschaffenheiten körperlicher wie geistiger Art, bis diese letztere Funktion schließlich (gegen 200 n. Chr.) zur Lehre der vier Temperamente systematisiert wurde. (vgl. KPS, 50 f.) Mit dieser Entwicklung war der Melancholiker, der den Melancholiekranken ersetzte, endgültig als Charakterbild etabliert. Die Auswirkungen für das Individuum waren zwiespältig: Einerseits musste es sich nicht mehr für krank halten wenn eine kleine Besonderheit sich bemerkbar machte, sondern durfte sie zu seiner Persönlichkeit zählen, andererseits war es dazu verdammt, ein Leben lang mit dieser Persönlichkeit zurechtzukommen; ein Melancholiekranker war zwar krank, konnte aber morgen wieder gesund sein, während der Melancholiker als solcher sich durchaus gesund fühlen durfte, seiner Melancholie selber aber nicht entkommen konnte. Zwar mochten seine Leiden, wenn sie denn Auftraten, mit verschiedensten Therapien, Verhaltensweisen und Diäten gelindert werden, der Disposition zu diesen Leiden blieb er jedoch verfallen, ohne je die ideale Gesundheit der richtigen Mischung erreichen zu können.

Unter den vier Charaktertypen nahm der Melancholiker – neben Sanguiniker, Choleriker und Phlegmatiker – eine Sonderstellung ein, genau wie die vier Säfte keineswegs als gleichwertig galten. Die schwarze Galle hielt man schon früh für eine böse Entartung der gelben Galle oder auch des edlen Blutes; so war das Krankheitsbild der Melancholie – lange vor den anderen – festumrissen und eindeutig negativ besetzt. Entsprechend wurden der Melancholie, verglichen mit den anderen drei Erkrankungstypen, verhältnismäßig viele seelische Defekte zugerechnet, die Physiopathologie der alten Vier-Säfte-Lehre neigte sich als Charaktertypologie immer weiter zur Psychologie und Physiognomik herüber: Furcht, Menschenscheu, Niedergeschlagenheit, Depression und Wahnsinn wurden der Melancholie genauso zugeschlagen wie Lispeln, Stottern, Kahlköpfigkeit oder dichte Behaarung. (vgl. KPS, 53 f.) Überhaupt hatte man im Laufe der Jahrhunderte dem Melancholiker von rein physischen Leiden und körperlicher Erscheinung bis zu psychischen und sozialen Missbildungen alles angehängt, was das Air des Düsteren, Mürrischen und Menschenfeindlichen an sich hatte.[13]

---

[13]   Es muss nicht extra gesagt werden, dass nicht nur die medizinische Basis, sondern auch die ausufernde Symptomatik der antiken Melancholie aller im modernen Sinne wissenschaftlichen Grundlagen entbehrte. (Abgesehen natürlich von punktuellen Zusammenstimmungen der ganzen Symptomverflechtung mit kleinen,

Melancholie zwischen Genie und Wahnsinn

Die Betonung der seelischen Erkrankungen gibt schon einen Hinweis auf die irgend geartete geistige Besonderheit oder gar Genialität, die dem Melancholiker in späteren Zeiten als ein Hauptattribut eignete. Indes, während der Antike war von derartigen oder überhaupt positiven Aspekten fast gar nichts zu hören. Einzige Ausnahme ist ein Aristoteles zugeschriebener Text, das *Problem XXX,1*, der das erste und für lange Zeit letzte Mal erwähnte, dass der Bereich des Geistigen, gar die geistige Größe untrennbar zur Melancholie gehöre. Dem vorausgegangen war die Vereinigung zweier Entwicklungslinien des antiken Denkens. Auf der einen Seite gab es die medizinische Melancholiekonzeption, die, wie schon erwähnt, die schwarze Galle als Quelle des Wahnsinns, der Tollheit und Raserei identifizierte. Auf der anderen Seite stand Platon, der den Begriff der Manía (gr. Raserei, Wut, Wahnsinn, Begeisterung) umwertete bzw. bereicherte um das Element einer geistigen Ekstase, die in letzter Konsequenz die Seele zur Schau der Ideen erhebt. Doch so wie jener die Vorstellung, dass

---

medizinisch haltbaren Symptomgruppierungen; so kann etwa eine Überfunktion der Schilddrüse sowohl Magerkeit (erhöhter Stoffwechsel) als auch Depressionen verursachen.) Teils waren es Hilfskonstruktionen, die die mannigfaltige Welt der menschlichen Normabweichungen ordnen und möglichst mit dem philosophischen Hintergrund der Elementenlehre in Einklang bringen sollten, teils ging es einfach nur darum, missliebige Zeitgenossen zu diffamieren, indem man ihnen mit einer negativ besetzten Eigenschaft gleich einen ganzen Komplex solcher Unschönheiten bzw. Unbotmäßigkeiten auflud und damit gleichzeitig ihre vermeintliche Abnormität quasi ontologisierte – die Symptome der Schwarzgalligkeit waren ja linderbar, das Krankhafte selber jedoch, da untrennbar mit der Physiologie des Kranken verbunden, nicht heilbar. Von daher gehört auch schon die frühe Phase der Melancholie weniger zum Bereich der Medizin i.e.S. denn zum Bereich der Kultur- bzw. Geistesgeschichte.

der melancholische Wahn eine gesteigerte Erkenntnisfähigkeit hervorbringen könne, so abwegig erschien der Platonischen Anschauung jeglicher Zusammenhang der abgründigen, aber gottnähernden Mania mit der in Vernunft und produktiver Willenskraft trägen Melancholie. Gar hielt Platon sie für eine der Ursachen der Tyrannis. (vgl. KPS, 55 ff.)

Die Wende folgte mit Aristoteles, bzw. mit dem als Aristoteles apostrophierten Autor des *Problems*. (Die Autorschaft ist unklar, vgl. KPS, 81 f.) Er vereinigte beide Linien, indem er die divergierenden Bestimmungen und Quellen des Wahns als verschiedene Seiten und Erscheinungsformen einer Sache betrachtete und zu einem einzigen Begriff zusammenfasste. Der Melancholie wurde, vermittelt durch ihr Symptom des Wahnsinns, auf einmal ein Fenster zum Reich des Geistes, der Vortrefflichkeit und der höheren Wahrheit aufgestoßen, durch das ein göttlicher Lichtstrahl auf den Melancholiker fiel, der ihn unter den Charaktertypen als etwas Besonderes und Auserwähltes aufscheinen ließ. Das ging so weit, dass "Aristoteles" sich fragte, warum "alle hervorragenden Männer, ob Philosophen, Staatsmänner, Dichter oder Künstler, offenbar Melancholiker gewesen (seien.) Und zwar einige in solchem Maße, dass sie sogar unter den von der schwarzen Galle verursachten krankhaften Anfällen litten, wie in der Heroensage von Herakles berichtet wird." (zit. nach KPS, 59) Die Melancholie – die "Krankheit der Heroen", wie Aulus Gellius sie später nannte (zit. n. KPS, 56) – wird hier zum Signum bzw. gewissermaßen zur conditio sine qua non der herausragenden Persönlichkeit, ob es sich um die Helden der mythischen Vorzeit oder auch die Großen der Geschichte handelt: Herakles, Lysander, Ajax und Bellerophon, welchletztere in den Wahnsinn bzw. in die Einsamkeit getrieben wurden, zählt der Autor ebenso dazu wie Empedokles, Sokrates und Platon. Das Zitat verdeutlicht, dass zur Zeit der Niederschrift im 4. Jh. v. Chr. beide Auffassungen der Melancholie, die krankhafte und die natürliche bzw.

konstitutionelle, noch nebeneinanderher oder gar ineinander verschränkt existierten. Laut "Aristoteles" konnten alle Menschen Anfälle der Melancholie bekommen, die einen durch eine nur zufällige und vorübergehende unproportionierte Mischung der Säfte, etwa durch übermäßigen Weingenuss, die anderen durch natürliche Veranlagung, erzeugt durch eine permanente Prävalenz der schwarzen Galle. Weiterhin konnte Melancholie die unterschiedlichsten Formen ausbilden, ganz abhängig vom Zustand der jeweilig ursächlichen schwarzen Galle. Die nämlich bestand aus einer Mischung aus Wärme und Kälte und konnte daher sehr heiß wie auch sehr kalt werden. In ihrem Normalzustand, nämlich kalt, rief sie das bekannte Krankheits- und Stimmungsbild hervor, erhitzt dagegen versetzte sie in Hochgefühl, Ekstase und Sangesfreude; entsprechend verteilten sich die von Natur aus melancholischen Menschen auf jene, deren schwarze Galle übermäßig kalt war, was sie tendenziell schlaff und stumpfsinnig machte, oder jene, die zuviel warme Galle besaßen und so zu Verzückung, Raserei oder Wollust neigten. Nur der Melancholiker, dessen kalte und warme Anteile der schwarzen Galle sich die Waage hielten, war besonnen und vernünftig und daher zu den großen Leistungen fähig, die ihm nachgesagt wurden. Selbst das Ausmaß der überwiegenden Menge an schwarzer Galle war dazu von Belang: Zu wenig verlieh eine nur schwach ausgeprägte und nicht über die Mehrheit der Menschen heraushebende Melancholie, zu viel Übermaß an schwarzer Galle ließ in zu tiefer Melancholie versinken; nur ein gleichsam ausgewogenes Ungleichgewicht zugunsten der schwarzen Galle garantierte die besonnene Außergewöhnlichkeit des Melancholikers. (vgl. KPS, 59 ff.)

Es fällt auf, dass in dieser Ausdifferenzierung der Melancholie eine Charakterologie im kleinen beschlossen lag, die auf der schwarzen Galle und ebenfalls auf der im idealen Fall ausgewogenen Mischung von Qualitäten beruhte; "da (die schwarze Galle) aber den Charakter bestimmt – denn das

Warme und das Kalte in uns ist das, was am meisten unseren Charakter bestimmt". (zit. n. KPS, 75) Ob den anderen Temperamenten eine ähnliche Komplexität zugesprochen wurde, oder ob sie der Melancholie als eindimensionale Charaktereigenschaften beigeordnet waren, sprich ob die Vier-Säfte-Lehre kurzzeitig einer Temperaturlehre Platz einräumen musste, ist aus diesem Text nicht zu beurteilen.[14] Andererseits betonte "Aristoteles" einen ausdrücklichen Unterschied zwischen den nur Melancholiekranken und den genuinen Melancholikern (welche natürlich auch akut den melancholischen Krankheiten verfallen konnten, nach ihrer Kurierung aber weiterhin Melancholiker waren.) Schwarze Galle war in jedem Menschen vorhanden, und konnte somit auch in jedem Menschen ihre Wirkung tun, sei es durch quantitative (vorübergehendes Übermaß), sei es durch qualitative Veränderung (Erhitzung bzw. Abkühlung), ohne deshalb alle Menschen gleich zu Melancholikern zu machen. Bei solchen nämlich, die Melancholie nur als krankhaften Anfall mit anschließender Heilung, nur als auszutreibende Abnormität erfuhren, konnten die besonderen Fähigkeiten des natürlichen Melancholikers gar nicht zur Ausbildung kommen, die eben bei diesem vor allem wirkten, wenn er gerade an keiner akuten melancholischen Krankheit litt. Andere, normale Menschen konnten nur als Kranke melancholisch werden, während die wahren Melancholiker ihre überlegene Begabung nur als gleichsam gesunde zur Vollendung bringen konnten; natürlich ausgenommen die Sibyllen, Wahrsager und einige Dichter, die ihre größten Leistungen nur in einem Zustand der schöpferischen Ekstase oder rasenden Verzückung erbrachten. Doch auch bei diesen ist ausdrücklich darauf hingewiesen, dass deren Tätigkeit nur den melancholisch Veranlagten möglich war, nicht den Kranken (vgl. KPS, 68 + 76 f.)

---

[14] Marsilio Ficino schrieb später, im 15. Jh., dass die anderen Säfte eine derartige Polarität nicht besäßen. (vgl. KPS, 80)

Gab es nun aber einen physiologischen Grund, dass die beiden Traditionen des Wahns, der melancholische Wahnsinn sowie der geistige Aufschwung der Mania, derart zusammengeführt werden durften? Die Frage täuscht: Es muss einen gegeben haben, bzw. es musste einer gefunden werden, um den mythischen Begriff der Mania, jenes schöpferischen Wahns der alten Heroen, überhaupt beibehalten zu können in einer Zeit, in der alles Seiende seine naturwissenschaftliche Interpretation erfuhr. Die Melancholietheorie der Medizin, in dieser Hinsicht über jeden Verdacht erhaben, und die Aristotelische Wärmelehre boten, wegen deren stofflicher Unabhängigkeit, gute Ansatzpunkte; noch prekär blieb dagegen die materiale Verbindung zum Geistigen. Nun war "Aristoteles" zufolge – neben der Lage der schwarzen Galle nahe beim Hirn – der gesamte Komplex des Melancholischen lufthaltig bzw. lufterzeugend, allem voran die schwarze Galle und der (schäumende) Wein, die daher, ob dauerhaft oder temporär, eine ähnliche Wirkung als Erzeuger psychischer Zustände hatten. Und nicht nur dieser: neben der Wollust – da die überschüssige Luft leicht das Gemächt aufblähte – zählte man auch hervortretende Adern und Blähungen zu den melancholischen Krankheiten. (vgl. KPS, 63 ff.) Allerdings ist 'luftartig' die Übersetzung von pneumatodes, worin das Wort Pneuma steckt, das Hauch, Atem, aber auch luftartiges Lebensprinzip sowie (göttlichen) Geist bedeutet (neben Psyche = Seele und Hyle = Materie). 'Pneumatisch' meinte daher sowohl lufthaltig als auch geistbezogen oder geistgewirkt und stiftete damit eine direkte Verbindung zwischen schwarzer Galle und Geisteskraft. Ein Überschuss an schwarzer Galle blähte gleichsam alles auf, was luftgewogen war, und bewirkte somit notwendig eine erweiterte geistige Tätigkeit, in welche Richtung diese im einzelnen auch ausarten mochte. In der Konsequenz präzisierte und radikalisierte "Aristoteles" seine anfängliche Feststellung: Nicht nur sind alle hervorragenden Männer offensichtlich Melancholiker gewesen, sondern auch "alle Melancholiker hervorragende Menschen, nicht durch Krankheit, sondern durch ihre Naturanlage" (KPS, 76). Beide Aussagen zusammengenommen – und es spricht nichts dafür, dass der Autor sich in ein und demselben Text widersprechen sollte – ergeben die denkwürdige Behauptung, dass die Melancholie notwendige Voraussetzung und gleichzeitig Garantie der Außergewöhnlichkeit eines Menschen war.[15]

Im Umfeld des *Problems* erhielt diese Außergewöhnlichkeit eine immer genauer umrissene Variabilität, etwa in der Form einer übertriebenen Erregbarkeit der Imaginationskraft, die sich u. a. in Wahrträumen äußerte, welche in oftmals präzisen Zukunftsprophezeihungen resultierten, ähnlich denen der mythischen Seher; "denn gerade wegen der Heftigkeit seiner Einbildungskraft ist er in der Lage, ja genötigt, jede gegebene Vorstellung sogleich mit der folgenden zu assoziieren". (KPS, 85) Auf der anderen Seite schlug das Ekstatische auch ins Besessene und Leidenschaftliche aus und stellte sich damit in eine natürliche Affinität zu den Helden der großen Tragödie und deren "schicksalhafter Maßlosigkeit". (KPS, 87, vgl. KPS, 85 ff.) Deutlich wird, dass dieses medizinisch begründete Überragende, ganz im Sinne des wertneutralen perittós, das Überlebensgroße der Gestalten des alten Mythos naturwissenschaftlich legitimieren konnte. Aristoteles indes dehnte das Übermenschliche dieser Leidenschaft auf den Bereich der Ratio aus und inaugurierte damit das eigentliche Moment des Vortrefflichen innerhalb des einfach Herausragenden, das er als Größe in einem Gleichgewicht beschrieb: "in Beziehung auf Größe ein Extrem, in Beziehung

---

[15]   Freilich weisen KPS darauf hin, dass das griechische perittón erst einmal außergewöhnlich in einem wertneutralen Sinn bedeutet, also noch nicht notwendig hervorragend oder gar großartig meint. Mit vorletzterem ist es allerdings übersetzt, wenn es im Originaltext in eindeutig positivem Sinn erscheint.

auf das (richtige) Verhältnis ein Mittelmaß." (zit. n. KPS, 88)[16] Auf der anderen Seite besaß *perittón* auch die umgangssprachliche Bedeutung der leicht verächtlichen Bestaunung, "die der Philister im Zusammenhang mit Dingen zu verwenden pflegt, die seinen Verstand übersteigen und ihm daher verdächtig sind." (KPS, 87)

Damit war die Fallhöhe ausgemessen, die ein Überragender mit sich trug. Sein – im besten Falle – philosophischer Ehrgeiz, die letzten und höchsten Dinge zu durchdringen, brachte ihn in Konkurrenz mit den Göttern selbst; der Überzahl der gewöhnlichen Menschen gegenüber, die ihn belächelten, der Überflüssigkeit ziehen, verachteten oder gar hassten, war er dem Verdacht der Hybris ausgesetzt. Der naturwissenschaftlichen Anschauung etwa eines Aristoteles dagegen galt er gerade durch seine Transzendierung des menschlichen Maßes als Wegweiser zu ewiger Weisheit und Glückseligkeit. (vgl. KPS, 87 f.) Wo die göttliche Mania der Platonischen Metaphysik noch die ekstatisch vermittelte Erinnerung an ein verlorenes Reich der reinen Ideen entfachte, da versprach die Aristotelische Wissenschaft in der Selbsterhöhung der Natur die Einsicht in die Naturkräfte und deren ewiges Gleichgewicht.

In den folgenden Jahrhunderten erfuhr die Melancholietheorie von verschiedensten Seiten eine ausgefeilte Differenzierung ihrer physiologischen Grundlagen wie ihrer Symptomatik, doch die – wenn schon nicht genuin Aristotelische, so doch mit Sicherheit Peripatetische[17] –

---

[16]   Freilich brachte erst der "Aristoteles" des *Problems* diese Größe explizit mit dem Wirken der schwarzen Galle in Verbindung.
[17]   Nach KPS kommt, wenn nicht Aristoteles, dann sein Schüler Theophrast als Autor des *Problems* am ehesten in Frage, zumal er der erste Philosoph war, der ein ganzes Buch über die Melancholie geschrieben hat. (vgl. KPS, 17 ff.) Auch durch einen Vergleich mit den Aristotelischen Schriften scheint das aristotelische Umfeld des Textes ziemlich gesichert. (vgl. KPS, 81 f.)

Würdigung des Melancholikers als eines großen Geistes ging genauso schnell wieder unter wie sie eruptiert war; die tragische Zerrissenheit des überragenden Menschen zwischen schöpferischer Inspiration und tiefer Depression ging genauso verloren wie das ihr zugrundeliegende zweifache Wesen der schwarzen Galle in ihrer thermodynamischen Polarität; in der weiter vorherrschenden reinen Vier-Säfte-Lehre war die schwarze Galle vorerst nichts mehr als kalt und trocken. Was blieb waren die besondere Beziehung der Melancholie zum Geisteshaushalt, wenn auch in eher behindernder Weise, und die klare Unterscheidung von natürlicher und krankhafter Melancholie. (vgl. KPS, 93) So meinten z.B. die Stoiker, Weisheit und Wahn schlössen sich aus; der Melancholie jedoch könne der Weise anheimfallen, insofern sie wieder ausschließlich als Krankheit galt. Die besondere Neigung des Geistesmenschen zur Melancholie blieb erhalten, doch um den Preis, dass sie für ihn keinen Daseinsgrund, sondern nur mehr eine Art Berufskrankheit darstellte; ihre erhellende Funktion wich gänzlich der lähmenden und mutierte vom Segen zum Fluch der Gemeinschaft der Denkenden. Entsprechend schied Jamblich den melancholischen *furor* der lateinischen Übersetzung deutlich von der göttlichen Mania. (vgl. 95 f., Anm. 108)

Melancholie als Temperament

Parallel dazu wandte sich die Knidische Ärzteschule ganz von dem System der vier Säfte ab, nach ihrem Vorbild untersuchte etwa Asklepiades die Melancholie ausschließlich im Hinblick auf therapeutische Verhaltensvorschriften psychischer und diätetischer Art, Archigenes dagegen behandelte die Melancholie als Vorform bzw. Symptom der Mania und erweiterte nebenbei ihre Symptomatik, Soran wiederum schied die Mania wieder strenger von der Melancholie, indem er jener als natürlichen Ort den Kopf bzw. dieser das Körperinnere zuwies, stritt allerdings ab, dass letztere etwas mit der schwarzen Galle zu tun habe. (vgl. KPS, 97 ff.) Die weitere Entwicklung der Melancholievorstellungen aber gehörte nicht solchen Abweichlern, sondern der Koischen Ärzteschule mitsamt der klassischen Humoralpathologie (so genannt nach den zentralen Körpersäften = humores). Eine ihrer Koryphäen wurde Rufus von Ephesus in der ersten Hälfte des 2. Jhs. n. Chr., dessen Lehre über mehr als 15 Jahrhunderte hinweg, bis in die Neuzeit hinein, der Medizin die Richtung weisen sollte. Er erneuerte das Band zwischen Melancholie und Geist, doch ähnlich den Stoikern erachtete er sie mehr als Bedrohung denn als Beflügelung des geistig Tätigen. Eine allerdings höchst eindrucksvolle Neuerung seiner Theorie war die explizite Umkehrung des Verhältnisses von Ursache und Wirkung der Melancholie: War die geistige Tätigkeit für den Autor des *Problems* noch eine unausweichliche *Folge* der natürlichen, quasi angeborenen Melancholie, so bildete sie selber nun die *Ursache* der melancholischen Erkrankung, und die Neigung zum Gedanken nahm den Platz einer natürlichen Veranlagung zur Melancholie ein. "Diejenigen, die scharfsinnig und von besonderer Auffassungsgabe sind, verfallen leicht in melancholische Stimmungen, weil sie leicht erregbar, vorausschauend und von lebhafter Einbildungskraft sind. (...) Er sagte, langes Nachdenken und Traurigkeit verursachten Melancholie." (zit. n. KPS, 103) Daher mochte Rufus auch die eigentliche Krankheit nicht von einer melancholischen Veranlagung im engeren Sinne unterscheiden, welche es im Rahmen seiner Theorie der Melancholie als reiner Auswirkung persönlicher Verhaltensweisen gar nicht geben konnte, sondern er sortierte die Krankheitserscheinungen innerhalb der Krankheit selber nach einer konstitutionellen bzw. physiologisch angelegten und einer durch falsche Ernährung o.ä. erworbenen Variante. (vgl. KPS, 102 ff.)

Ferner übernahm Rufus auch den "Aristotelischen" Gedanken der Temperaturunterschiede der schwarzen Galle, verkehrte ihn jedoch dahingehend, dass es nicht mehr die schwarze Galle, die je nach Temperatur verschiedene Funktionen hat, sondern das Blut bzw. der Saft der gelben Galle waren, die durch Abkühlung bzw. Überhitzung den melancholischen Saft hervorbrachten. In dieser Hinsicht war die schwarze Galle nur mehr ein ärgerliches Abfallprodukt und kein eigenständiger Saft, zumal es strenggenommen jetzt zwei Sorten der schwarzen Galle gab, die je nach Beschaffenheit ihres ursprünglichen, nichtentarteten Saftes die unterschiedlichen temperaturspezifischen Reaktionen hervorriefen. Von nun an galt das schwere, dickflüssige Abkühlungsprodukt des Blutes als melancholischer Saft i.e.S., als "natürliche" schwarze Galle in kalter Form und damit als einer der vier Säfte, obwohl aus einem anderen entstanden. Das Verbrennungsprodukt der gelben Galle dagegen übernahm die Auswirkungen der warmen schwarzen Galle, gehörte aber als Pendant der krankhaften, d.h. vorübergehenden Melancholie, obwohl selber aus der Galle hervorgegangen, nicht zu den vier Säften. Der geistige Aufschwung, der einmal in der extremen Form des schöpferischen Wahns der schwermütigen Melancholie beigeordnet war und so in gegenseitiger Befruchtung einen Begriff der geistigen Größe definierte, war jetzt wieder von seiner reflexiven Erdung geschieden und nur noch irre, fiebrige Raserei; jene musste ohne die Instanz auskommen, die ihrer zweifelnden Schwermut die Höhenflüge ermöglichte. Als Ursachen geistiger Störungen behielten beide Krankheiten die besondere Beziehung zum geistigen Menschen, doch waren sie für ihn nur noch Beeinträchtigungen seiner Leistung, kein Stimulans; als fortan getrennte bescherten sie von der ehemaligen kalten schwarzen Galle das Stumpfe, von der warmen das Durchgedrehte, ohne zusammen in ein beflügelndes Gleichgewicht treten zu können. In der Nachfolge Rufus' wurde schließlich auch die Prophezeihungsgabe des Melancholikers als reine Einbildung des Kranken interpretiert;

"der heroische Nimbus des Melancholikers ist völlig zum Verschwinden gebracht." (KPS, 109, vgl. KPS, 105 ff.)

Parallel zur Ausdifferenzierung der Humoralpathologie entwickelte sich die Physiognomik, die sich im Gegensatz zu ihr mit den charakterlichen Eigenschaften Gesunder sowie deren körperlicher Ausformung beschäftigt, und die ihren Ritterschlag zur selbständigen Wissenschaft im aristotelischen Umfeld des Peripatos erhalten hat. Theophrast etwa – derselbe, der auch für die Autorschaft des *Problems XXX,1* in Frage kommt – entwarf eine Charakterlehre, worin er die mannigfachen psychologischen Einzelzügen zu einigen wenigen Haupttypen bündelte. Indes galten die vier Säfte der Humoralpathologie auch weiterhin als konstitutionsbestimmend, weswegen es nicht fernlag, Humoralpathologie, Physiognomik und Charakterlehre zu einem System der Typenpsychologie zusammenzufassen: Erstere lieferte die physiologisch-systematische Matrix, letztere eine Reihe typischer Kristallisationen der vielen psychologischen Einzelphänomene und mittlere die wissenschaftliche Handhabe, das eine mit dem anderen zusammenzubringen. Die Fundierung des Systems auf den vier Säften brachte es mit sich, dass nun nacheinander jeder der Säfte als charakterbildend zur Geltung kam und wie schon die Melancholie des *Problems* je einen spezifischen Charakter definierte. Mit der erneuten Hervorhebung der Bedeutung der Lehre der vier Elemente und deren Zusammenhang mit den vier Säften, etwa durch Sextus Empiricus oder Poseidonios, welcher das Schema noch durch ethnologische Aspekte bereicherte, bekam das System zu guter Letzt seine höheren naturphilosophischen Weihen. Unter Wegweisung durch den großen Eklektiker Galen, der am nachdrücklichsten die kausale Abhängigkeit der geistigen Disposition von der körperlichen Beschaffenheit bzw. der qualitativen Zusammensetzung betonte, vollendete sich im 2., spätestens im 3. Jh. n. Chr. mit der systematisierenden Vereinigung von Humoralpathologie,

Physiognomik, Charakterologie und Kosmologie die Lehre von den vier Temperamenten. Mit diesem alles Seiende durchdringenden allgemeinen Prinzip auf einer materialen Grundlage war es gelungen, dem Menschen die physische Einheit mit seiner natürlichen wie sozialen Umwelt, die er im Ausgang aus dem mythischen Zeitalter verloren hatte, in naturwissenschaftlicher Wendung zurückzugeben. (vgl. KPS, 110 ff.)

Symptomatik als Steckbrief des Melancholikers

Bis in die Neuzeit hinein blieb das bis dahin entwickelte Bild der Melancholie weithin unverändert, nur dass deren fortwährend umfangreicher werdende Symptomatik, die keineswegs genau festgelegt war, immer wieder Vertauschungen und Neuaufteilungen von Attributen unterlag, wobei sie, schon von alters her nicht gut beleumundet, regelmäßig die unschönen Eigenschaften abbekam. Die Wertungen ordneten sich neu, bzw. teilten sich auf die einzelnen Temperamente auf; so konnte der Sanguiniker die meisten positiven Eigenschaften abschöpfen und sich als ideales Temperament herausbilden, während die anderen Temperamente die schlechteren Eigenschaften auf sich nahmen, wie etwa der Choleriker, der von seiner feurigen Lebenskraft, die er neben seiner Sinnesschärfe an den Sanguiniker abtreten musste, gerade mal den hitzköpfigen Jähzorn übrigbehielt. Vor allem die Charakterbilder von Melancholiker und Phlegmatiker blieben bis zuletzt in einigen Bereichen nicht ganz eindeutig, überschnitten sich und wurden in begrenztem Maße austauschbar, wobei erfahrungsgemäß dem Melancholiker die jeweiligen Nuancen zugesprochen wurden, die momentan die ungünstigeren waren. Gegenüber dem idealen Sanguiniker bildete sich der Melancholiker eindeutig als schwarzes Schaf unter den Temperamenten heraus. Dabei fällt auf, dass die genuine Temperamentenlehre, trotzdem sie die vier Säfte als Grundkonstituens enthielt, sich von der klassischen Humoralpathologie verabschieden musste, insofern die einst ideale Mischung der Säfte, worin keiner die Oberhand behielt, im Schema der vier Temperamente nicht vorgesehen war und gleichsam Charakterlosigkeit bedeutet hätte. So ersetzte der Sanguiniker, den ein Überschuss an dem einzigen gesunden Saft, dem Blut, hervorbrachte, die ausgewogene Mischung in ihrer Vorbildfunktion; was so weit führte, dass im Mittelalter die anderen Temperamente zu bloßen Entartungsformen des sanguinischen herabsinken konnten.[18] (vgl. KPS, 121 f., 172)

Die melancholische Symptomatik selber war bis zum Zeitpunkt der Etablierung und Durchhärtung der Temperamentenlehre zu außergewöhnlicher Reichhaltigkeit gelangt, im Zuge ihrer Ausdifferenzierung hatte sie alle ihrer jemals aufgetauchten Eigenschaften absorbiert und höchstens wenige wieder abgegeben. Dass in dieser Ansammlung der Jahrhunderte einige Widersinnigkeiten und auch eindeutige Widersprüche auftreten mussten, welche die alternativen Erscheinungsformen der schwarzen Galle nicht völlig auffangen konnten, leuchtet ein – den einsamen Leuchtturm des *Problems XXX,1* einmal ganz ausgenommen; im ganzen gesehen hatte sich aber ein eindrucksvoller Katalog des Ungenehmen bis Abstoßenden angesammelt: Der Melancholiker galt, ungeordnet und ohne Anspruch auf

---

[18]   Wohlgemerkt in der Tradition der humoralen Temperamentenlehre i.e.S., die auf spätantike lateinische Autoren wie Vindician zurückgeht. Die orthodox galenische Tradition, von arabischen Gelehrten um die Jahrtausendwende dem Abendland überliefert, blieb der eigentlichen Krasenlehre (Krasis=Mischung) und den reinen, stofflich unbestimmten Qualitäten als deren Elementen treu, hatte daher noch einen Begriff der wenigstens theoretisch möglichen idealen Mischung. (vgl. KPS, 166 ff.) Die allgemeine Geringschätzung der Melancholie blieb von solchen akademischen Streitigkeiten natürlich unberührt.

Vollständigkeit, als stumpf, traurig, geistig träge, von Begierden geplagt, wollüstig, niedergeschlagen, furchtsam, geldgierig, Wucherer und Steuereintreiber, gefräßig und doch mager, menschenscheu, menschenfeindlich, depressiv, doch manchmal unvermittelt heiter, jähzornig, idiosynkratisch, suizidgeneigt, zurückgezogen, seherisch, wahrträumend, ängstlich, gehässig, kleinlich, geizig, dann wieder großzügig und umgänglich, halluzinierend, dämonenfürchtig, wahnhaft, religiös ekstatisch, standhaft, unbändig, unverschämt, treulos, schläfrig, charakterfest, wohlgesittet, neidisch, leichtsinnig, kleinmütig, machtsüchtig, prahlerisch, tyrannisch, geheimniskrämerisch, egoistisch, wehleidig, schreckhaft, misstrauisch, verderbt, hasserfüllt, verschlagen, betrügerisch, hinterlistig, engherzig und schädlich. Weiterhin war er von kleiner, dürftiger, schwächlicher und gebeugter Gestalt, aufgetrieben, übelriechend, stotternd, lispelnd, übergewichtig, rheumatisch, hatte einen verhältnismäßig großen Oberkörper (will sagen: kurze Beine), dürre Glieder, gedrehte Beine, ein schmales Gesicht, gerunzelte und zusammenhängende Augenbrauen, dunkle Augen, dunkle Haut, schwarze, auch krause Haare, den Blick zur Erde gerichtet, einen wieseligen Gang und machte schnelle Bewegungen.[19] (vgl. KPS, 99 f., 103, 112, 116, 118 ff.,124, 207 ff., 228 f.)

---

[19]   Selbstverständlich gilt noch immer und jetzt um so mehr das in Anm. 13 Gesagte: Wem dieser gehäufte Unflat bekannt vorkommt, hat recht. Es scheint unausweichlich, dass spätestens im Laufe des christlichen Mittelalters irgendjemand auf die Idee kommen musste, diese Ballung des Widerlichen gleich im Paket den verhassten Juden anzuhängen. Wie man weiß hat es geklappt, das negative Judenbild konnte sich erstaunlich schnell etablieren; selbst die Geistesgröße der Melancholiker, die später wieder zu großer Bedeutung kam, ließ sich wunderbar als kalte, berechnende Intellektualität integrieren. So schrieb Nikolaus von Kues vom "Überfluss an habsüchtiger Melancholie, die da im Körper die mannigfachsten Pestilenzen verursacht, Wucher, Betrug, Täuschung, Diebstahl, Raub und alle die

Saturn & Melancholie

Fast parallel zur Entwicklung der Melancholie verlief die Ausdeutung des antiken Gottes Saturn, der als Planet über die der Temperamentenlehre inhärente Kosmologie in seiner ganzen komplexen Charakteristik mit dem melancholischen Typus in Verbindung gebracht werden konnte; ferner – im Rahmen der Vierheit und in der auf lange Sicht kanonischen Zuteilung – Jupiter mit dem sanguinischen, Mars mit dem cholerischen und Luna mit dem phlegmatischen. Die Zuschreibung der Planetengötter zu den Säften bzw. Temperamenten bzw. Qualitäten ist erst ab dem 9. Jh. eindeutig belegbar,[20] doch schon länger implizit vollzogen, indem die Ausformung und Kanonisierung der Planetentypen und der Temperamente kategorial ähnliche Charakterisierungen hervorbrachte; das ist auch nicht weiter verwunderlich, da beide Bereiche in ihrer Systematisierung Erkenntnisse der Physiognomik und der Charakterlehre heranzogen. Es brachte

---

Künste, durch die ohne Arbeit, nur vermittels einer gewissen betrügerischen Schläue große Reichtümer erworben werden (was niemals ohne Schaden für den Staat geschehen kann)". (zit. n. KPS, 194 f.) In dieses genau umrissene Bild des schädlichen Melancholikers brauchte nur noch der Jude eingesetzt zu werden, um endlich etwas Handfestes gegen ihn in der Hand zu halten und nebenbei sich als Christenheit von einer Verantwortlichkeit für diese Laster zu entbinden. (vgl. KPS, u.a. 197, 209, 409) Die physische Verankerung des Charakters, die die feste Bindung des Antisemitismus an die Melancholie überdauerte, ließ dann nur eine Lösung des "Problems" zu. – Die Begriffsgeschichte der Melancholie scheint ein wichtiger Bestandteil der Antisemitismusforschung zu sein.

[20]   So durch die planetarische Qualitätenlehre Abû Ma'sars (vgl. KPS, 203 ff.), oder in der Tradition der Humores bei den "Getreuen von Basra" des 10. Jhs.: "Die Milz hat im Körper dieselbe Stellung wie Saturn in der Welt. (...) Ebenso geht von der Milz die Kraft der Schwarzgalle (...) aus." (zit. n. KPS, 206)

dem Melancholiebegriff einen immensen Zuwachs an inhaltlicher Bestimmung durch den Saturnkomplex (genau wie umgekehrt Saturn durch die Melancholie), was besonders in der sprudelnden Ikonographie der späteren Saturn- bzw. Saturnkinderbilder einprägsam zum Ausdruck kommt. (vgl. KPS, 203 ff.)[21] Bedeutend ist hierbei, dass der Gott der Melancholie selber ein widersprüchlicher bzw. zerrissener Gott war, wurde er doch zusammengeschmolzen mindestens aus Kronos, dem in die Unterwelt verbannten Titanen und Zeusvater, Chronos, dem Gott der verzehrenden Zeit und Saturnus, einem römischen Flur- und Saatgott.[22] Von ersteren stammten weitgehend die schlechten wie die genialischen Attribute Saturns, von letzterem die erfreulichen aber eher bodenständigen wie Aufrichtigkeit, Besonnenheit, Bedächtigkeit, Verstehen, Prüfen, Erwägen, vieles Denken, Ackerbau etc. Im Rahmen dessen verschaffte die explizite Analogisierung von Melancholie und Saturn ihr in einer Art Protorenaissance einige positive Eigenschaften (im Abendland freilich mit der Verzögerung der Übersetzung), die ihr jedoch – genau wie ihm – im weiteren Verlauf des Mittelalters fast rückstandslos wieder genommen wurden: "(Man darf sagen,) dass in der fachastrologischen Literatur des hohen und späten Mittelalters die versöhnenden Züge des Saturn unter der Masse seiner schlechten Eigenschaften verschwinden und dass er in

---

[21]   Auf die äußerst interessante Entwicklung des Saturnbildes selber und seiner reichen Ikonographie erschöpfend einzugehen können wir uns leider nicht leisten, uns darf hier nur der Berührungspunkt mit der Melancholie interessieren.

[22]   Kronos/Chronos selber galt bereits als der Gott der Widersprüche, war er doch einerseits Herrscher des Goldenen Zeitalters und Fürst auf den (paradiesischen) Inseln der Seligen, andererseits entthronter sowie entmannter Kinderfresser und alles verschlingender Moloch; entsprechend schrieb man ihm überragenden Intellekt und tiefste Weisheit zu, direkt neben Bosheit und Verschlagenheit.

stärkerem Maße (...) zum reinen Unglücksplaneten wird.." (KPS, 286 f.)

Christianisierung der Melancholie

Bis ins 13. Jh. blieb die Charakterisierung der Melancholie weitgehend unverändert (erst das 15. Jh. brachte eine grundlegende Umwertung des Melancholiebegriffs als Teil einer Genielehre); die gesteigerte Aristotelesrezeption der Hochscholastik hatte das *Problem XXX,1* zwar gelehrt rezipiert und wiedergegeben, doch selten mit innerer Überzeugung. Denker wie Albertus Magnus blieben die Einzelfälle, die den Gehalt des *Problems* retten wollten. Er erneuerte den Begriff des überragenden Melancholikers, ordnete ihn aber der krankhaften Melancholie zu; das Besondere an ihr war nun selber eine Besonderheit, nämlich eine Sonderform einer ansonsten unerfreulichen Krankheit und keineswegs untrennbar mit der Melancholie verbunden. Gerade die melancholische Veranlagung nämlich, beim Verfasser des *Problems* noch Voraussetzung des Überragenden, hielt auch Albertus für jenen verabscheuungswürdigen Typus der gängigen Temperamenten-lehre. (vgl. KPS, 128 f.)

Erst Wilhelm von Auvergne beschrieb Anfang des 13. Jhs. die Melancholie des bedeutenden Menschen wieder als natürliche Veranlagung, wobei ihn die physiologischen Grundlagen nicht sonderlich interessierten, die Konsequenzen dagegen sehr. Obwohl natürlich die Gefahr des Ausbruchs der melancholischen Krankheiten bestand, sah er im Melancholiker ein asketisch-kontemplatives Ideal, das durch seine Abkehr von Menschen und weltlichen Wirren nicht notgedrungen verschroben wurde, sondern die Möglichkeit der ungestörten Innenschau Gottes erhielt. Dieser Fall bedeutete freilich keine überragende Eigenleistung, sondern beruhte auf der Gnade Gottes; auf jeden Fall aber war die besondere und fortdauernde

Offenheit des Melancholikers für tiefste Erkenntnis wieder eingeführt. (vgl. 133 ff.)

Es hat sich schon angedeutet, dass das Mittelalter nichts an der Einschätzung des Melancholikers, wohl aber dessen weltanschauliche Ausrichtung geändert hat. Wie zu erwarten, hat es die Melancholie in die christliche Theologie, gar in die Heilsgeschichte eingebaut. Schon Chrysostomos erklärte dem gleichzeitig Mönch und melancholisch gewordenen Stagirius im 4. Jh. die Melancholie als auszeichnende Prüfung Gottes, und zwar desjenigen, der sich konzentriert zu dessen Lob und Erkenntnis aufschwang. So groß das Leiden sein mochte, es konnte durch vernünftige Reflexion verstanden bzw. erträglich gemacht werden. Der Hang des Melancholikers zur gesteigerten Geisteskraft wirkte hier schon als lebensnotwendiger Zwang. Demgegenüber hegte man auch die negative Anschauung der Melancholie als selbstverschuldetes Laster, so in ihrer Form der acedia, der sündhaften Trägheit des Herzens, oder als göttliche Züchtigung, diese als Strafe wie als Prophylaxe. (vgl. KPS, 136 ff.)

Etwa gleichzeitig mit Wilhelm von Conches eröffnete die hl. Hildegard von Bingen der Melancholie eine ganz neue Perspektive, indem sie sie mit dem Sündenfall in Verbindung setzte. Im Paradies, so meinten beide, habe es keine schädlichen Säfte gegeben, nur das Blut, weswegen das einzige Temperament des Paradieses das sanguinische gewesen wäre. Nach dem Sündenfall seien mit dem Blut Weisheit und Vollkommenheit zu Melancholie geronnen, wie überhaupt alle drei unvollkommenen Säfte aus der Entartung, d.i. durch Abkühlung oder Vertrocknen des warm-feuchten Blutes entstanden.[23] – Gegenüber den vorhergehenden Überzeugungen

---

[23] Ein Grund mehr, der kalt-trockenen schwarzen Galle in ihrer doppelten Entartung des warm-feuchten Ideals den miesesten Charakter zuzuweisen. Trotzdem bezeichnete Hildegard die Melancholie als Rückstand von "Weisheit und Vollkommenheit der

scheint diese für eine hauptsächliche Veranlagung zur Melancholie zur sprechen, insofern der melancholische gefallene Mensch dem irdischen Jammertal durch keine Diät o.ä. entfliehen konnte und also sein ganzes Leben der Melancholie verfallen war. Wenn man diese heilsgeschichtliche Einbindung der Melancholie allerdings weiterdenkt, erkennt man diese – kreatürliche, nicht rein persönliche – Veranlagung als gleichsam krankhafte: Veranlagung, weil niemand ihr entkam, aber krankhaft, weil sie letztlich geheilt werden könnte; denn wenn der Mensch des verlorenen Paradieses noch keine Melancholie kannte, dann wird derjenige des wiedergewonnen sie einst überwunden haben.[24] (vgl. KPS, 140 ff., 172 f. 181 f.)

Ein späteres Beispiel der Melancholie als göttlicher Maßregelung stammt von Gaspar Offhuys aus der 2. Hälfte des 15. Jhs., der die Melancholie als Strafe für den geistigen oder auch künstlerischen Hochmut eines überragenden Menschen verstand, verhängt zur Besserung und zur Abschreckung. Obgleich das richtende Wort den Sündigen hier noch eindeutig von außen trifft, ist schon die Richtung gewiesen zur Melancholieauffassung der Renaissance, die diese hybride Selbstüberhebung des Menschen zum Kern hat. Und auch jene Vorform ist sorgsam vorbereitet worden, denn was war es anderes, das die Menschheit aus dem Paradies in die Melancholie vertrieben hat, als der Griff zum Baum der Erkenntnis.

---

guten Werke". (KPS, 142) – Nebenbei ist anzumerken, dass trotz der Vertreibung weiterhin ein sanguinisches Temperament existierte, nämlich bei denjenigen, deren paradiesisches Qualitätenpaar nur wenig und im Gleichgewicht abgeschwächt war. So waren die Sanguiniker zwar auch gefallen, dem Idealbild aber wenigstens ähnlich.

[24] Deswegen musste es auch zwei Arten des Sanguinikers geben (s.o.), den unvollkommenen und den paradiesischen: Die Temperamentenlehre erforderte ihn, doch kann es keinen idealen Menschen im unerlösten Zustand geben.

Auch in der – im Gegensatz zu jenem eher moral-philosophischen Konzept der Melancholie – im engeren Sinne medizinisch-psychiatrischen Tradition, die seit dem Späthellenismus sich nicht nennswert modifiziert hatte und durch Rufus, Galen und die Araber der Scholastik vermittelt wurde, hielt schließlich das Moment des Geistigen Einzug. Bereits bei Ishâq ben Amrân, um das Jahr 900, wirkte als Ursache der melancholischen Krankheit eine durch die schwarze Galle hervorgerufene Erkrankung der Seele ("Furcht, Bangigkeit und Schreckhaftigkeit", zit. n. KPS, 146), die auf den Körper zurückwirkte und die üblichen Symptome erzeugte. Constantinus Africanus, der Ishâq kopierte, drehte, eng an Rufus angelehnt, das Kausalitätsverhältnis der Ätiologie wieder um und bestimmte die geistige Überanstrengung als *Ursache* der Melancholie: "Und es verfällt in Melancholie, wer sich überanstrengt beim Lesen philosophischer Bücher, (..) Bücher, die einen Einblick (Theorie) in alle Dinge gestatten (...) Solche Menschen (..) nehmen die Melancholie in sich auf... im Bewusstsein ihrer geistigen Schwäche und in ihrem Kummer darüber verfallen sie in Melancholie." (zit. n. KPS, 148) Der Denkende wollte hoch hinaus, schaffte es nicht und wurde darüber melancholisch. Anstatt die Reflexion anzuheizen, stellte dieser Gemütszustand im Gegenteil weiterhin eine schwere Belastung dar und wollte geheilt sein, natürlich vor allem durch Abstinenz von geistiger Anstrengung, wie Constantinus empfahl, sowie maßvollen Geschlechtsverkehr.[25] (vgl. KPS, 146 ff.)

---

[25]   Und obwohl der Aspekt der angeratenen Heilung diese Form der Melancholie als krankhaft erscheinen lässt, konnte sie durchaus heterogen sein, die krankmachenden Zustände der Seele waren nämlich "teils permanente Kräfte (Seelenvermögen), teils zufällige Erscheinungen (Affekte)" (zit. n. KPS, 147 f.); denn diese Zustände wiederum waren keine pathologischen wie irre Raserei o.ä., sondern "Tätigkeiten der vernünftigen Seele (wie) angestrengtes Denken, Erinnern, Studieren, Forschen, Einbilden, Untersuchen der Bedeutung

Einen Schritt weiter ging Hugo de Folieto in der 2. Hälfte des 12. Jhs., der seiner theologisch fundierten Elementen- und Humoreslehre das Gebot voranstellte, dass man alle natürlichen Vorgänge geistig bzw. moralisch interpretieren müsse. Folglich teilte er auch die Geisteszustände den vier Säften zu, und zwar die ("geistliche") Süße[26] dem Blut, die Bitternis der roten (d.i. der gelben) Galle, die Trauer der schwarzen Galle und den Gleichmut dem Phlegma,[27] wobei zwischen diesen Geisteskräften dieselbe Harmonie herrschen sollte wie zwischen den Elementen oder Säften. Damit war zum wohl ersten Mal der Geisteshaushalt den humores weder als Symptom nach-, noch als Auslöser vorgeordnet, sondern direkt – quasi metonymisch, nicht kausal – mit ihnen in Beziehung gesetzt; Schwarzgalligkeit und Trauer bezogen sich nunmehr auf zwei unterschiedlich lokalisierte Bereiche eines ansonsten logisch Gleichgeordneten. Zudem bezeichnete Hugo die Trauer ausdrücklich als *heilsame*, die sich von deren bekannten krankhaften und schädlichen Verirrungen wie Müßiggang und Trägheit nicht beeinträchtigen lassen sollte; – das Positive der gesunden Melancholie, die sich eindeutig von ihrer negativen Ausartung abgrenzt, brach nach langer Zeit langsam wieder hervor. (vgl. KPS, 177 f.)

Trotz der nun allgemein geistigen Dimension aller vier Säfte ging dem melancholischen seine *besondere* Beziehung zum Intellekt nicht verloren, Hugos Interpretation der Melancholie eignete weiterhin die Polarität der geistigen Zerrissenheit und mit ihr die Möglichkeit der höheren

---

der Dinge sowie die Phantasie und Urteile" (zit. n. KPS, 147), die somit jedem, der zum intellektuellen Bereich irgend veranlagt war, zustoßen konnten.

[26] Bei Hugos Quelle Isidor ist *dulces* auch mit *angenehm* übersetzt. (vgl. KPS, 179 bzw. 119)

[27] Entsprechend der Luft die Reinheit, dem Feuer die geistige Schärfe, der Erde die Festigkeit bzw. Standfestigkeit (stabilitas) und dem Wasser die Beweglichkeit.

Erkenntnis. Er beschrieb sie sowohl als Trauer über unsere Sünden, die um so maßloser wurde, je mehr unser Verstand heranreifte, als auch als Trauer aus der Sehnsucht nach der Vereinigung mit Gott. Diese letztere Trauer allerdings erscheint als solche nur plausibel, wenn die Sehnsucht durch die Erfahrung oder die Erkenntnis der momentanen Unerfüllbarkeit getrübt ist; entsprechend schrieb Hugo auch von einer Trauer über die Verzögerung der Rückkehr in die himmlische Heimat. Gleichzeitig aber war die schwarze Galle in der Milz beheimatet, weil sie "in der Milz gleichsam wie in der Hoffnung sich freut" (zit. n. KPS, 180), wo außerdem auch das Lachen entstand, weswegen die Milz die Melancholiker bald lachen und bald weinen ließ, wie überhaupt sie ihn zwischen extremen Gemütszuständen umherwarf: Rage und Furcht, Schläfrigkeit und Wachsamkeit oder auch Beschwerung durch Sorgen und Gerichtetheit auf himmlische Ziele. Und weit davon entfernt, von der Physiologie zu den unschönen Seiten der Melancholie verdammt zu sein, lag es am einzelnen menschlichen Willen, die melancholische Komplexion zum Positiven zu wenden, d.h. deren vielversprechende Seiten hervorzukehren. (vgl. KPS, 180 f.)

So entwarf Hugo ein Bild der Melancholie, die sich als Trauer über die eigenen sündhaften Verfehlungen – und in ihnen über die Erbsünde der Menschheit schlechthin – zerquälte, sich nach Wiedergutmachung und Wiederherstellung eines unschuldigen (bzw. des sich keine Schuld aufladenden) Zustands im Reich Gottes sehnte, welche aber im unerlösten Dasein der Welt verwehrt war. Die Melancholie integrierte überragende wie abstoßende Erscheinungsformen, die je nach dem Wollen des Melancholikers unterschiedlich gewichtet und wirksam werden, jedoch nicht ohne das jeweilige Pendant auskommen konnten: Die Trauer über die Sündhaftigkeit war nötig, um das Gemüt zur Sehnsucht nach höchster moralischer Reinheit emporzuschwingen, jene ihrerseits brauchte das

Verlangen nach einer idealen Unschuld, um die sündhafte Faktizität überhaupt erkennen und beklagen zu können.[28]

Renaissance des melancholischen Genius

Die bisherigen Überlegungen dürfen trotz allem nicht darüber hinwegtäuschen, dass in der allgemeinen Vorstellung – nicht nur des Mittelalters, sondern bis weit ins 18. Jh. hinein – sowie in den populärwissenschaftlichen Darstellungen der Komplexbüchlein oder der Volkskalender der Melancholiker, auch bei punktueller Würdigung seiner großen Fähigkeiten und Vorzüge, von grundsätzlicher Minderwertigkeit gezeichnet erschien. (vgl. KPS, 183 ff., spez. 192 ff.)

---

[28]   Das soll nicht heißen, dass nur Melancholiker gottesfürchtig waren, höchstens, dass jede Frömmigkeit ein melancholisches, Ideal und Realität erfahrbar machendes Moment hatte, das erst im eigentlichen Melancholiker die Alternation zwischen den Polen ins Quälerische ausspannte. Diese eigentümliche Funktion der Melancholie, als dem Bereich des höchsten Geistigen zugewandte auf die Religiosität allgemein auszustrahlen und insofern in jedem Charaktertypus in rudimentärer Form den Glauben zu organisieren, liegt anschaulich beschlossen in einem Satz Hugos über die Teilhaftigkeit des Geistes an den humores, der einen tiefen Einblick in die Struktur seines Melancholiebegriffs eröffnet: "So sei in der Kontemplation die Süßigkeit (des Blutes), aus der Erinnerung an die Sünde entstehe die Bitternis (der roten Galle), aus ihrem Vollzuge die Trauer (der schwarzen Galle), aus ihrer Wiedergutmachung der Gleichmut (des Phlegmas)." (zit. n. KPS, 178) In einer Hinsicht steckte in *jedem* Saft, in *jedem* Temperament ein bestimmter Teil des geistigen bzw. geistlichen Vermögens, und die Melancholie war nur mit der Trauer beschäftigt. In einer anderen Hinsicht aber stellten diese vier Seelenkräfte einzelne Stufen der melancholischen Denkbewegung selber dar, nämlich die Wonnen des unmittelbaren Glaubens, das Erkennen der Sünde, die Trauer über die Sünde und den Gleichmut der angestrebten Versöhnung.

Dessenungeachtet erfuhren mit dem Übergang zur Renaissance auch die Medizin und damit die Melancholiekonzeption ihre beinahe kopernikanische Wende: "die Durchsetzung des von Haus aus rationalen und mikrokosmisch eingestellten ärztlichen Denkens mit astrologischen und kosmologisch-magischen Vorstellungen – die Wandlung der Medizin zur Iatromathematik." (KPS, 161, Iatrik = ärztliche Heilkunst) Im Zuge dessen erfolgte eine Wiederbelebung der aristotelischen Melancholieauffassung und damit der melancholischen Inspiration, beispielsweise in der 1. Hälfte des 15. Jhs. bei Antonio Guainerio, der die divinatorischen Eingebungen der Melancholiekranken nicht mehr als Wahngebilde, sondern als Tatsachen betrachtete. Guainerio, der das *Problem XXX,1* explizit zitierte, hielt ansonsten nicht viel von der "Aristotelischen" Ansicht, dass ein Übergewicht an melancholischem Saft den Ausschlag zu diesen Anfällen gebe, er gab dieser Inspiration dagegen die Wendung einer platonischen Anamnesis, der erinnernden Schau der vollkommenen Ideen, die vor der Geburt des Individuums zu dessen relativer Allwissenheit gehörten, danach aber mehr oder weniger vergessen wurden. Die Wiedererlangung des einst Gewussten war dann im weiteren Leben nur unvollständig oder indirekt möglich, insofern die in den Körper vertriebene Seele zur Selbstverständigung nunmehr auf die zugehörigen Organe bzw. psychischen Vermögen angewiesen war, wodurch alle Erkenntnis nur sinnlich-diskursiv, d.h. der linearen menschlichen Wahrnehmungs- und Denkmechanik angemessen erfasst werden konnte, welcher die göttliche Gleichzeitigkeit der Ideenwelt letzten Endes entgleiten musste. Einzig eine partielle und vorübergehende Lösung der Seele vom Körper in der Ekstase erlaubte die flüchtige doch unmittelbare Sicht auf das reine Ideenreich des vorgeburtlichen Paradieses. Da der Melancholiker zu solchen ekstatischen Zuständen neigte, besaß er auch eine natürliche Affinität zur höchsten Wahrheit. Dieses Auserwähltsein war es, das bald darauf die Renaissance zu einer melancholischen Genielehre veredelte; noch ganz dem Mittelalter verhaftet war Guainerio darin, dass er derartigen geistigen Wunderleistungen letzten Endes mehr misstraute als dass er sie vorbehaltlos bewunderte. Ein Denken, das sich so restlos dem göttlichen Willen ausgeliefert wähnte wie das mittelalterliche, konnte es – wie bei jeder Krankheit – nur als göttlichen Eingriff interpretieren, wenn die melancholische Erkrankung ständig mit dem intellektuellen Aufschwung einherging, als Strafe oder als mitgegebene Warnung für denjenigen der es wagte, Ihm nahe zu kommen. Es durfte nicht sein, dass Gott Menschen schuf, deren Melancholie von Natur aus ein vorwiegend beschwerdefreier Normalzustand war, Menschen zumal, die somit eine größere Veranlagung zum Göttlichen gehabt hätten als andere; es wären im Ansatz Übermenschen und damit quasi (heidnische) Halbgötter gewesen, oder auch unzählige Gottessöhne. Der natürlichen Demut konnte es bei aller geistigen oder dichterischen Leistung der Melancholiker nur als krankhafte Abirrung erscheinen, die erklärt und geheilt werden wollte, um den Kranken auf den Boden der Tatsachen zurückzuholen. Es sollte noch ein paar Jahrzehnte dauern, bis der göttliche Voluntarismus, der alle Verhältnisse allein nach Maßgabe seiner Gnade arrangierte, endgültig in die philosophische Zentralperspektive umgeschlagen war, worin nicht die Launen des Schöpfers, sondern unpersönliche Naturgesetze alles Weltliche gegeneinander anordneten und auf einen im Unendlichen gelegenen Punkt hin ausrichteten.[29] (vgl. KPS, 161 ff.)

Erst die Renaissance vollzog den lange vorbereiteten Schritt zur Nobilitierung der Melancholie. Das neue humanistische Pathos des Selbstdenkens, das den an die

---

[29]   "Die Spekulationen der Iatromathematiker verhalten sich zu den mittelalterlichen Vorstellungen nicht viel anders als etwa die Gestaltungsprinzipien der Kunst des 15. und 16. Jahrhunderts sich zu denen der Gotik verhalten." (KPS, 162)

umfassende Autorität Gottes gebundenen Menschen des Mittelalters aus seiner Betklause unter den freien Himmel individuellen Strebens und persönlicher Verantwortung stieß, hatte auch für den überragenden Menschen Konsequenzen: Der bis dahin auf die eine oder andere Weise erwirkte besondere Zugang zur Wahrheit Gottes, den dieser dem Melancholiekranken durch seine Gnade gewährte und ihn gleichzeitig damit schlug, wanderte in den Verfügungsbereich des Humanus hinein und musste fortan als reine Selbsterhebung des menschlichen Intellekts keine direkte göttliche Abstrafung mehr fürchten. Die geistigen Wundertaten, die der Melancholiker vollbrachte, grenzten nun nicht mehr an geduldete Gotteslästerung, sondern begründeten im Gegenteil den Begriff der Genialität, letztlich die Lobpreisung Gottes durch ständige Vervollkommnung seines Ebenbildes. Die krankhaften oder unschönen Auswirkungen der Melancholie waren keineswegs vergessen, doch erschienen sie in diesem Zusammenhang nur als notwendiges Übel, mit dem der Melancholiker sich irgendwie arrangieren musste; der schöpferische Höhenflug aber war zum Hauptsymptom der Melancholie geworden und schließlich, wie vor Jahrhunderten im *Problem XXX,1*, auf sie angewiesen. So hieß es beispielsweise von Raffael, dass er seine Genialität einzig seiner Melancholie zu verdanken habe. (vgl. KPS, 351f. 390f.)

Die "Aristotelische" Melancholie des überragenden Menschen war mithin in allen Ehren rehabilitiert, doch in einer für den Humanismus letztendlich untypischen Weise; zum Credo der individuellen Emanzipation wollte es nicht so recht passen, dass der neuerdings gedankenfreie Mensch weiterhin seiner physischen Geschaffenheit ausgeliefert war – seiner humoralen Veranlagung bzw. dem Gestirn seiner Geburt –, und dass demnach nur die Minderheit, sprich etwa ein Viertel der Menschheit das Zeug zum großen Menschen hatte. Und in der Tat bildete sich ein Melancholietypus heraus, der gemäß der humanistischen Voraussetzung, dass der menschliche Geist das

Zentrum des irdischen Universum darstellte, seinen Ursprung in ebendieser Befreiung des Geistes hatte. Der lange Zeit unmündige Mensch hatte die Größe und Macht seines Verstandes entdeckt, und durch dessen rauschhaftes Aufschwingen in ungekannte Höhen wähnte er sich in nie zuvor erreichter Gottähnlichkeit. Doch auf den Höhenflug folgte der Absturz, der Mensch musste erfahren, dass auch der größte menschliche Geist an den Leib, überhaupt an die menschliche Kontingenz und letztlich an die Sterblichkeit gebunden ist. Dem im menschlichen Geist selbst angelegten Versprechen der Ebenbildlichkeit Gottes versagte seine eigene irdische Daseinsform die Einlösung.[30] Diese Erkenntnis der bei allem Streben unüberschreitbaren Grenze warf den Menschen in tiefste Melancholie, "Trübsinn und Überdruss (waren) die

---

[30]   An dieser Stelle mag man überlegen, ob möglicherweise nicht die Renaissance, sondern der ihr folgende Manierismus sozusagen als die das Mittelalter ablösende Großepoche zu gelten hat. Von der Entdeckung der Autarkie des individuellen schöpferischen Geistes zu seinem Rausch der Omnipotenz war es nur ein kurzer Schritt, wenn nicht sogar die unausweichliche Entfaltung des Keimes der menschlichen Selbständigkeit. In dieser Hinsicht wären die Renaissance und jedes humanistische Gleichmaß des 15. Jhs. nur eine embryonale Frühform der späteren Entfesselung der Kräfte im 16. und beginnenden 17. Jh. gewesen, nur der kurze Umschlagpunkt zwischen der Anmaßung Gottes und der Anmaßung des Menschen. Die Zentralperspektive verlieh dem künstlerischen Subjekt Macht über den irdischen Raum der Menschen und Gegenstände (die erstmalig rein als solche – ohne himmlische Statthalterschaft – gelten durften), den er erst bis ins kleinste Detail, bis hinunter zu jeder Warze austasten musste um sich darüber bewusst zu werden, dass sie eine Verfügungsgewalt *nur* über die irdische Welt bedeutete, dass Gott nur von seinem Zuständigkeitsbereich, nichts aber von seinem Wesen abgegeben hatte. Die Ernüchterung und der Schmerz darüber entluden sich in der trotzigen Feier des Fleisches bzw. in den geschraubten, sich in ihrer unentrinnbaren Endlichkeit windenden Körpern des Barock.

ständigen Begleiter tiefgründiger Forschung" (zit. n. KPS, 356), denn "in dem Maße, in dem sich die menschliche Vernunft auf ihre 'Gott-ähnliche' Macht berief, musste sie sich auch ihrer natürlichen Grenzen bewusst werden." (ebd.)

Dass diese Wendung der melancholischen Substanz keine willkürliche Setzung war, um ein präfabriziertes Gedankengebäude zu stabilisieren, ist dadurch hinreichend belegt, dass dieser melancholisierende intellektuelle Zwiespalt zuerst erfahren wurde, bevor man ihn zu formulieren vermochte. Als Beispiel wird Petrarca genannt, "vielleicht der erste Repräsentant des Menschentypus, der sich bewusst als Genie erlebt" (KPS, 359), der den Widerstreit von ekstatischer Selbstüberhebung und tiefster Schwermut in der eigenen Seele ertragen und darüber schmerzerfüllt berichtet hat, ohne allerdings beide Leidenschaften als zwei Seiten des selben Seelenzustandes zu deuten. Erst im 15. Jh. besaß man die Scharfsicht, beide Phänomene, die bei Petrarca noch *insania* bzw. *dementia* und *acedia* hießen und sich im theologischen Rahmen von Schuld und Sühne bewegten, mit den antiken Begriffen *furor* und *melancholia* zu fassen und ausdrücklich zu einem – rein säkular-humanistischen – zusammenzuschmelzen. "Damit – und erst damit – hat die Neuzeit den modernen Begriff des Genies geschaffen, indem sie antike Gedanken zwar wieder aufnahm, ihnen aber einen ganz neuen Sinn gab." (KPS, 362, vgl. KPS, 359 ff.)[31]

---

[31] "So vollzieht sich die Geburt des neuen, humanistischen Bewusstseins in einer Atmosphäre des intellektuellen Widerstreits. Indem er sich statuiert, sieht sich der autarke 'homo literatus' zwischen den Extremen einer manchmal bis zur Hybris gesteigerten Selbstbejahung und eines manchmal bis zur Verzweiflung verschärften Selbstzweifels hin- und hergerissen. Doch gerade die Erfahrung dieses Dualismus lässt ihn eine neue geistige Form entdecken, die durch diesen tragisch-heroischen Zwiespalt bestimmt ist: die geistige Form des modernen Genies." (KPS, 358)

Was früher physiologisches Fehlverhalten wie falsche Ernährung vermochte, die Begünstigung der Schwarzgalligkeit, das hing nun am Volumen der Verstandesbetätigung. Das alte Eigenständigkeit der krankhaften Melancholie gegenüber der angeborenen war damit erneuert, mit der kleinen Variation, dass jetzt zwischen beiden Typen bezüglich ihrer Folgen und ihres Leumundes kein qualitativer Unterschied mehr bestand und ferner, dass die krankhafte Form, als selbsterzeugte gleichsam die genuiner humanistische, ihre zentrale Ursache in einer gesteigerten Geistestätigkeit besaß;[32] welche wiederum dafür sorgte, dass diese krankhafte Melancholie nicht in jedem Fall geheilt werden wollte, bzw. dass mehr und mehr ihr negatives Attribut des Krankhaften sich zu dem neutral-respektablen des Erworbenseins wandelte. Zwei in ihrer Kausalitätsbeziehung gegensätzliche Arten der Melancholie – als physiologische Ursache vs. als primär seelische Auswirkung – existierten nunmehr nebeneinander, mit nahezu den gleichen Symptomkomplexen und daher ohne große Differenzierungsnot. Das konnte dem eine Systematisierung auf naturwissenschaftlicher Grundlage anstrebenden Renaissancemenschen jedoch nicht genügen; Denker wie Marsilio Ficino und seine Nachfolger errichteten gegen Ende des 15. Jhs. ein allumspannendes Weltbild, worin alles seinen Platz im Gefüge der Naturgesetze zugewiesen bekam und wo selbst die einst für die Melancholie zuständige Heilkunst nur noch als besondere Anwendung umfassender kosmischer Kräfte fungierte. In einem solchen Gefüge aber, worin eine absolute Eigenständigkeit nur den höheren menschlichen Geisteskräften zukam, musste alles, was begrifflich miteinander zu tun hatte, auch in sich vermittelt darstellbar sein. So auch die Melancholie, deren vormalige zwei Formen in Ficinos denkwürdiger Interpretation nunmehr zwei Phasen innerhalb eines autopoietischen Seelenzustands,

---

[32]   Wie auch vereinzelt schon vorher, so bei Rufus von Ephesus oder Albertus Magnus (vgl. KPS, 103, 129)

gewissermaßen eines Teufelskreises besetzten. Ganz der Melancholiearzt der er mal war, identifizierte Ficino natürlich die schwarze Galle als unmittelbare Ursache der Melancholie, gerade sie aber "nötigt das Denken, forschend ins Zentrum seiner Gegenstände einzudringen, weil die schwarze Galle selbst dem Zentrum der Erde verwandt ist. Ebenso erhebt sie das Denken zum Verständnis des Höchsten, weil sie dem Höchsten unter den Planeten entspricht." (zit. n. KPS, 374) Nämlich Saturn, der auch in der humanistischen Iatromathematik der schwarzen Galle bzw. der Melancholie zugeordnet war: "Die Melancholie kommt von Saturn, aber sie ist in der Tat eine 'einzigartige und göttliche Gabe', wie Saturn nunmehr nicht nur das mächtigste, sondern auch das edelste Gestirn ist." (KPS, 373) Saturn also, bzw. die Saturnkräfte bewirkten bei den ihm Unterworfenen eine Überfunktion der schwarzen Galle, wodurch außer den bekannten bitteren Erfahrungen auch die geistigen Tätigkeiten angeregt wurden, welche ihrerseits die erwähnte faustische Melancholie der Renaissance hervorriefen. (vgl. KPS, 165, 373 ff.)

Ein nicht zu unterschätzender Zug in Ficinos Weltsystem war nämlich die Möglichkeit, durch eine bestimmte Tätigkeit, die der Sphäre eines der Planeten zugeordnet war, in quasi freier Entscheidung sich in den Einflussbereich dieses Gestirns zu begeben. Wer einen saturnischen Beruf ergriff – z.B. Bauer, Bäcker, Bettler, Seemann, Holzfäller, Verbrecher, Reicher, Bauhandwerker, Optiker, Architekt, Geometer oder Astronom (vgl. KPS, passim, z.B. 364, 553) – bildete mit jedem Handgriff, ob er wollte oder nicht, die Charakterstrukturen des Saturnkindes in sich hinein. "Bedenke immer, dass wir schon durch die Neigungen und Bestrebungen unseres Geistes und durch die bloße Beschaffenheit unseres 'spiritus' leicht und schnell unter den Einfluss der Gestirne geraten können, die diese Neigungen, Bestrebungen und Beschaffenheiten bezeichnen". (zit. n. KPS, 377) So musste auch eine gesteigerte Verstandesanstrengung den Menschen, ungeachtet seines

Geburtsgestirns und seiner sonstigen Komplexion, der Herrschaft Saturns unterwerfen.[33] Welcher nicht so einfach

[33] In einer Epoche, die den selbstdenkenden und -bestimmenden Menschen in den Mittelpunkt stellte, musste die Astrologie freilich etwas erratisch anmuten, zumal sie keineswegs am Absterben war, sondern geradezu einen Popularitätsschub erlebte; und wirklich hat es massive Stimmen gegeben, die den astrologischen Determinismus als mit dem neuen Zeitgeist unvereinbar verwarfen. Das Aufleben von Sternglauben, Magie, Wahrsagerei und ähnlichen Praktiken in der Renaissance war jedoch weniger die obskurantistische Kehrseite eines rationalistischen Fortschrittszeitalters, wie später die Aufklärung sie erleben sollte, vielmehr bezeugte es die gestalterische Kraft des neuen Denkens, das in der Lage war, selbst die ihm gegenüber spröderen Bereiche nach seinen Maßstäben zu rationalisieren und dem System einzufügen. Bei Ficino und anderen, denen das Okkulte nicht fern war, vollzogen Astrologie und Magie dazu eine Wendung, die in ihrer Bedeutung schwer überschätzt werden kann. Von der alten dämonischen Astrologie, die den Menschen als den Planeten willenlos ausgeliefert behandelte, schieden sie die eigentliche, "weiße" Astrologie, die die Gestirnkräfte nicht als himmlische Willkür, sondern als unpersönliche kosmische Gesetze interpretierte, die demjenigen zur persönlichen Verfügung standen, der sie zu nutzen bzw. ihre Quellen zu aktivieren wusste. Da in der Kosmologie alles mit allem zusammenhing, die Gestirnqualitäten in allen irdischen Dingen sich ausbreiteten, konnten sie auch in allem aufgefunden und angesprochen werden. Zwischen in unserem Sinne wissenschaftlichen und magischen Praktiken existierte kein Unterschied, beide arbeiteten mit ewigen Gesetzen der Natur, von denen einzig der eine Bereich heute nicht mehr als haltbar gilt; auch in der Heilkunst beispielsweise war die Diätetik nicht weniger eine Form der Magie als das Hantieren mit Amuletten, Talismanen und Zaubersprüchen, beides sollte, auf je eigene Art, den Patienten dem heilenden Einfluss bestimmter Planeten aussetzen. Der eigentümliche Zwiespalt, der das Werk von nachfolgenden großen Denkern wie Paracelsus oder Agrippa von Nettesheim als merkwürdige Kreuzung aus fortschrittlicher Renaissancewissenschaft und reaktionärem Zauberkram erscheinen lässt, enthüllt sich in dieser Hinsicht als potenzierte Fortschrittlichkeit:

wieder zu entkommen war, insofern Saturn die Melancholie erzeugte, d.h. die schwarze Galle anregte, die wiederum den für den Intellekt beglückenden, für die Seele aber zunehmend quälerischen geistigen Höhenflug in Gang setzte bzw. hielt. Die beiden anfangs unterschiedenen Formen der humanistischen Melancholie, die krankhafte und die natürliche, zeigten sich hier nur mehr gleichsam als gegenüberliegende Eingangstore in den Gravitationsbereich der veranlagten Melancholie, der wie ein Schwarzes Loch nur unter größter Anstrengung zu verlassen war – sofern dies überhaupt gewünscht wurde.[34] (vgl. KPS, 377f.)

Wenn man nun von Ficinos Konzept die astrologische Einkleidung entfernt und es bis auf seine Strukturen reinigt, kommt ein erstaunlich differenzierter Melancholiebegriff zum Vorschein, der bis in die heutige Zeit Gültigkeit beanspruchen kann. Das zentrale Element ist, dass im Inneren der Melancholie die überragende Geisteskraft steckt, dass sie aus dieser hervor- sowie selber in sie eingeht. Zudem gibt es

---

einmal darin, den rationalen Zugriff auf die Welt in der Konsequenz durchzuführen, dass auch das vormals Abseitige sich erhellt, zum anderen darin, dass die Potenzen des Kosmos nicht durch himmlische Gnade auf einen kommen, sondern eigenhändig entfaltet werden müssen, und zwar alle erreichbaren. Wie allen Naturgesetzen sah man sich ihnen unterworfen, aber keineswegs von ihnen determiniert. Aby Warburg brachte dies auf den Punkt: "Magie ist angewandte Kosmologie." (zit. n. KPS, 165, vgl. ebd. 165, 385 ff.)

[34]   Die gute alte pathogene Melancholie dagegen ging nicht etwa in der natürlichen auf, die Differenzierung der letzteren hatte alle positiven Seiten von jener abgezogen und ihr einen eigenen Ort in Ficinos iatromathematischem System freigeräumt, nämlich den wohlbekannten der ausschließlichen Verursachung von Geistesträgheit, Geisteskrankheiten und ähnlichem Unbill, ohne mit der gesunden Geisteskraft und damit bloßen Geistesarbeitern irgend in Verbindung zu stehen. – Selbstverständlich lief auch der noble Melancholiker weiterhin ständig Gefahr, in eine melancholische Krankheit zu verfallen.

durchaus eine seelische Veranlagung zur Melancholie, die aber nicht deren einziger Zugang sein muss, vielmehr kann jeden Menschen die Melancholie befallen, dessen Verstandestätigkeit das normale Maß übersteigt. Diese erworbene Melancholie nimmt dann selber den Charakter der Neigung oder gar Veranlagung an, sie kann nicht per Knopfdruck wieder abgestellt werden, etwa indem man mal eben kurz aufhöre zu denken. Je tiefer die Gedanken, desto gewichtiger bleibt man in den aufgefundenen Wahrheiten verstrickt. Die Melancholie treibt zur Erkenntnis, und die wahre Erkenntnis macht tendenziell melancholisch; diesen ihren verhängnisvollen wie glücklichmachenden Doppelcharakter, den die bis dahin etwa 2000jährige Kulturgeschichte der Melancholie nach vielfachen Windungen und Häutungen schließlich in der europäischen Renaissance herausgebildet hat, darf man als die avancierteste und reinste Form der Melancholie betrachten, als ein von aller stofflichen Substantialität abgezogenes, abstraktes Verhältnis von Begriffen, das in den folgenden Epochen nicht mehr groß weiterentwickelt, nur noch inhaltlich jeweils neu ausgestaltet oder auch einfach vergessen wurde.[35]

---

[35] Der in der deutschen Literaturgeschichte oder auch in der melancholischen Tradition Bewanderte wird an dieser Stelle wohl zusammenzucken, da hier angedeutet ist, dass die der Renaissance folgende Melancholiegeschichte weithin unterschlagen wird. Und das, obwohl die große Zeit der Melancholie, kulminierend in ihrer Verallgemeinerung zu einer Art Massenpsychose im Deutschland des 18. Jhs., an jener Wegmarke noch vor ihr liegt. (Vgl. z.B. Lepenies, 76-114) Doch wie schon in der Einleitung erwähnt, kann es uns in unserer Argumentation nicht um eine allgemeine Geschichte der Melancholie gehen, sondern einzig um ihren Ursprung als ein zu *einem* Begriff integrierter idealer Gegensatz. Diese ihre auf ihre geistige Struktur reduzierte Form liegt mit der Renaissance vollständig gereinigt vor; alles Spätere, so umfassend und bedeutend es gewesen sein mag, darf uns daher nur dann näher interessieren, wenn es unser Thema direkt berührt. Lediglich der charakteristische Gemütszustand

Vor allen Dingen war das Moment des Geistigen nicht mehr aus dem Begriff der Melancholie wegzudenken, genauer das Merkmal der *besonderen* geistigen Fähigkeiten, insofern der Erfahrung der absoluten geistigen Grenzen eine beträchtliche geistige Anstrengung vorausgegangen sein muss. Die seelische Zerrissenheit zwischen Anspruch und Erreichbarem, Streben und Ernüchterung, Unendlichkeit und Endlichkeit, überhaupt das Bewusstsein des beharrlichen Missverhältnisses zwischen Möglichkeit und Wirklichkeit hat alles spätere melancholische Gebaren geprägt, vom tief zerfurchten Leiden am Dasein bis zum geckenhaften Gejammer. Und wenn man genauer hinsieht, nicht nur das spätere: Seit seinem frühesten Auftreten war das Phänomen der Melancholie von diesem Zwiespalt erfüllt; auch wenn noch kein geistiger oder bewusster Widerspruch am Wirken war, so doch bereits ein materialer bzw. physiologischer. Schon die antiken Melancholiker litten an der unheilbaren Kluft zwischen ihrem konstitutionellen Krankendasein und dem gesunden Leben des Idealbildes, desjenigen, dessen Säfte in Ordnung, d.h. in ebenmäßiger Mischung vorlagen. Es war ja nicht so, dass die einen nur mit dem Blut beglückt, die anderen nur mit der schwarzen Galle geschlagen waren, selbst in der späteren Temperamentenlehre mit ihren eindeutigen humoralen Zuordnungen besaß jeder einzelne die Säfte, die zu einem gesunden Leben nötig waren, jeder trug die theoretische Möglichkeit in sich, ein unbeeinträchtigtes Leben zu führen, einzig dass den wenigsten eine gesunde Mischung vergönnt war – am geringsten natürlich den Melancholikern, die die größten Qualen durchlitten und auch nach außen trugen. Ausschließlich physisch verursacht, brauchte es zum Durchleiden dieses größten aller humoralen Missverhältnisse noch kein reflexives Bewusstsein, auch wenn das Geistige mehr und mehr als

---

jener späteren Zeiten wird im folgenden Kapitel noch kurz beschrieben.

Bestandteil oder Symptom durchbrach.[36] Bis es schließlich, wie wir gesehen haben, im Laufe des Mittelalters eine immer größere Bedeutung errang, und dieses wachsende Übergewicht im 15. Jh. den fälligen Paradigmenwechsel durchmachte. Dieser bewirkte, dass geistiger Höhenflug und faustische Qual nicht einfach zum Leidens- und Sündenkanon hinzuaddiert wurden; die körperlichen und psychopathologischen Defekte gehörten plötzlich nicht mehr zum primären definitorischen Bestand der Melancholie. Im Zuge der Verlagerung ihres irreduziblen Zentrums von den Körpersäften in das Bewusstsein wurden deren alte physiologische Symptome gleichsam freigesetzt und somit weitgehend heil- bzw. therapierbar, die meisten Elemente der melancholischen Komplexion verflüchtigten sich in andere Bereiche des Kulturprozesses, wurden aufgesogen von moderner Medizin, Psychologie, Verhaltensforschung oder

---

[36]   Unter diesem Aspekt liegt auch nahe, weniger die von überwiegend psychopathologischen Anfällen zerwühlten Heroen, etwa die in *Problem XXX,1* genannten Herkules, Ajax oder Bellerophontes, sondern einen Helden wie Achilles als ersten genuinen Melancholiker anzusehen. In der Spätphase des trojanischen Krieges saß er mürrisch grübelnd, brütend und brodelnd in seinem Zelt abseits des Kriegsschauplatzes, wusste genau, dass nur seine Stärke den Griechen den Sieg über die Troer bringen würde und brannte darauf, genau diese heroische Tat zu vollbringen und den Tod vieler Freunde zu rächen. Sein inneres Ehrgefühl jedoch, von König und Heerführer Agamemnon mit Füßen getreten und auf seinen Platz verwiesen, verbat ihm den Eingriff in dessen Krieg und verurteilte ihn zur Untätigkeit. Erst als sein bester Freund Patroklos dem feindlichen Hektor zum Opfer fiel, platzte es aus ihm heraus, und in wütender Raserei stürmte er los, jagte Hektor dreimal um die festummauerte Troja, brachte ihn zur Strecke und schleifte zuletzt den Leichnam mit seinem Wagen dreimal um Patroklos' Grab. – Die innere Zerrissenheit des Achilles zwischen den Polen des glorreichen Zieles und des Verfangenseins im Faktischen war zwar noch keine reflexive, wohl aber eine der leidenschaftlichen Seele und damit eine frühe Form der poetischen Melancholie (s.u.)

auch Antisemitismus. Die Melancholie wiederum zog sich in letzter Konsequenz in abstrakte Widersprüche innerhalb von Begriffen zurück und wurde damit ein natürlicher Ort der Philosophie. Anscheinend hat die Melancholie im Gange ihrer Entwicklung ihren lange verborgenen Kern hervorgewunden und ihr zunehmend als akzidentell sich erweisendes Beiwerk abgeschüttelt.

Selbstverständlich vollzog sich dieser Wandel nicht von einem Tag auf den anderen, wie schon oben gesagt, hielt sich speziell das überkommene popularisierte Bild des Melancholikers als Übelkrähe bis ins 18. Jh.,[37] als überdies das völkerpsychologische Moment – mit vorhersagbaren Ergebnissen – eine Aufwertung erfuhr.[38] Erst mit der Aufklärung erlebte die edle Melancholie des großen Menschen wieder die Huldigung, die ihr gebührte, als Kant ihm das Siegel des Erhabenen, der echten Tugendhaftigkeit, der Gerechtigkeit und des Freiheitswillens verlieh.[39] (vgl. KPS, 196 ff.)

---

[37] Ausläufer der Temperamentenlehre sogar bis ins frühe 19. Jh. (vgl. KPS, 197, Anm. 164)

[38] So z.B. bei Appelius, der in den 1730er Jahren davon schrieb, dass das melancholische Temperament "für den Geiz, Verrat und Selbstmord des Judas sowie für die 'niederträchtige Furchtsamkeit' des ganzen jüdischen Volkscharakters verantwortlich" wäre. (KPS, 197)

[39] Neben der Aufzählung der traditionalen Schattenseiten, die er allerdings ausdrücklich als Ausartungen des eigentlichen melancholischen Wesens bezeichnet. Sowohl um die weitreichende Bedeutung dieser erneuernden Aufwertung ganz zu ermessen, als auch um einen erstaunlich detaillierten und zutreffenden Vorgriff auf die beiden weiter unten eingehend beschriebenen melancholischen Charaktere zu geben, soll der Luxus erlaubt sein, die Stelle ausführlich zu zitieren: "Der, dessen Gefühl ins Melancholische einschlägt, wird nicht darum so genannt, weil er, der Freuden seines Lebens beraubt, sich in finsterer Schwermut härmet, sondern weil seine Empfindungen, wenn sie über einen gewissen Grad vergrößert würden, oder durch einige Ursachen eine falsche Richtung bekämen, auf dieselbe leichter als einen anderen Zustand auslaufen würden. Er

Poetische und romantische Melancholie

Bis dahin musste die edle Melancholie aber nicht unbedingt eine Durststrecke durchstehen, im Gegenteil hatte sich seit dem Spätmittelalter im Bereich des Poetischen eine der Naturwissenschaft parallel verlaufende Ansicht etabliert, die, indem sie sich mit den Seelenqualen und Glücksgefühlen des Melancholikers beschäftigte und sie besang, den ganzen Bereich seiner humoralen Gebrechen getrost übergehen durfte. Die Melancholie des Geistes als neues Gravitationszentrum erlaubte eine mindestens ebenso reichhaltige Ausdeutung wie vormals die physisch-pathologische, und mit dem stetig wachsenden Hof eines sich differenzierenden Seelenlebens nährte sie die immer voluminöser werdende Melancholie-

---

hat vorzüglich ein Gefühl vor das Erhabene... Alle Rührungen des Erhabenen haben mehr Bezauberndes an sich als die gaukelnden Reize des Schönen... Er ist standhaft. Um deswillen ordnet er seine Empfindungen unter Grundsätze... Der Mensch von melancholischer Gemütsverfassung bekümmert sich wenig darum, was andere urteilen... er stützt sich desfalls bloß auf seine eigene Einsicht. Weil die Beweggründe in ihm die Natur der Grundsätze annehmen, so ist er nicht leicht auf andere Gedanken zu bringen; seine Standhaftigkeit artet auch zuweilen in Eigensinn aus... Freundschaft ist erhaben, und daher vor sein Gefühl. Er kann vielleicht einen veränderlichen Freund verlieren, allein dieser verliert ihn nicht eben so bald. Selbst das Andenken der erloschenen Freundschaft ist ihm noch ehrwürdig... Er ist ein guter Verwahrer seiner und anderer Geheimnisse. Wahrhaftigkeit ist erhaben, und er hasset Lüge und Verstellung. Er hat ein hohes Gefühl von der Würde der menschlichen Natur... Er erduldet keine verworfene Untertänigkeit und atmet Freiheit in einem edlen Busen. Alle Ketten von den vergoldeten an, die man am Hofe trägt, bis zu dem schweren Eisen des Galeerensklaven sind ihm abscheulich. Er ist ein strenger Richter seiner selbst und anderer, und nicht selten seiner sowohl als der Welt überdrüssig." (zit. n. KPS, 198 f.) Der Detailreichtum dieser Einschätzung legt durchaus nahe, dass Kant sie weitgehend aus Eigenbeschau gewonnen hat.

literatur vorrangig als eine Melancholie der Seele.[40] Die Melancholie wurde grundlegend zum Gemütszustand umgedeutet und ging als Komplexion von melancholischer Stimmung, Schwermut, Trübsinn und Traurigkeit in den neuzeitlichen Sprachgebrauch ein. Dennoch hatte dieses Verständnis der Melancholie einen ungleich besseren Leumund als das medizinisch-wissenschaftliche, entpuppte sich neben prophetischer Ekstase und grüblerischer Kontemplation mitunter als Medium einer gesteigerten sinnlichen Empfindung und Selbsterfahrung, die im Zusammenhang der Melancholie bis dahin ungekannte rauschhafte Glückserfahrungen hervortrieb; im Genuss ihrer Einsamkeit machte die Seele sich nur umso bewusster – und geriet dadurch in den Ficinischen Teufelskreis, denn in dieser gesteigerten Selbstergründung lag gleichzeitig die ganze Tragik beschlossen: "Der Mensch wird immer melancholischer, ein je vollkommeneres und wahreres Bewusstsein er von seinem Zustand hat." (So Jacques Legrand bereits im frühen 15. Jh., zit. n. KPS, 339.)

Die folgenden Perioden, worin die Melancholie, als seelische Reaktion bar jeder Bindung an einen materialen Inhalt, die mannigfachsten, innigst gefühlten und eisern durchlittenen, sogar inhaltlich widersprüchlichsten[41] Gestalten annahm, änderten wenig an ihrem ursprünglichen Fundament. Erst seit jener Zeit, von der man sagen kann, dass Philosophie

---

[40]   Natürlich immer wieder daran erinnert, was der Tenor war; so wie schon früh in der Illustration des späten 15. Jhs. zu einer melancholischen Selbstdiagnose Alain Chartiers, die bis in ikonographische Details den Besuch der personifizierten Melancholie am Bett des darbenden Chartier einer Jahrzehnte früher entstandenen Buchmalerei entlehnt, worin der trauernde Boethius von der Philosophie getröstet (!) wird. (vgl. KPS, 327 f., Tafeln 62, 64)
[41]   Beispielsweise nach Wolf Lepenies, der für das 17. Jh. melancholische Reaktionen sowohl auf gesellschaftliche Unordnung als auch gesellschaftliche Ordnung beschreibt. (vgl. Lepenies, 9 ff. bzw. 34 ff.)

und Poesie wieder zusammenfanden, der Romantik der Wende zum 19. Jh., wandte sich die Melancholie schließlich zur säkularisierten Form jener heilsgeschichtlichen Ausrichtung, die ihr durch Hildegard von Bingen oder Wilhelm von Conches zuteil wurde (s.o.). Der Hinwendung der Philosophie auf die konkrete Dingwelt folgte auch die der Melancholie. Der Zentralbegriff jener Epoche war der der Entwicklung und des Fortschritts, und so vollzog auch die Philosophie ihre Historisierung, indem sie ihre älteren starren Kategorien des Geistes in die dynamische Welt des Lebendigen einsenkte und damit der hierarchischen Stufenfolge der Gedankenwelt eine solche der geschichtlichen Welt einfügte, meist mit der Vorstellung einer glorreichen Zukunft an der Stelle des ersehnten Höchsten, worin außerdem ein früherer, verloren-gegangener versöhnter Zustand wiederhergestellt werde. Dementsprechend war die "romantische" Melancholie erfüllt von einer Unendlichkeitssehnsucht, einem Sehnen in eine unbestimmte, unbekannte Ferne; "die Trauer (wird) zur Sehnsucht, das Leiden an der Welt zu einer Flucht aus der Realität." (KPS, 546) Diese herbeigesehnte Ferne hatte indes eindeutige Koordinaten, nämlich die "Dimension der phantasie-durchmessenen Zeit", ausgespannt zwischen einer "unwider-bringlichen Vergangenheit" und einer "unerreichbaren Zukunft". (KPS, 546) Die moderne Melancholie übernahm die Wendung der Philosophie ins Geschichtliche und erweiterte damit ihr wesenhaftes Gegensatz-paar um den Widerspruch zwischen utopischem Glücksver-sprechen und dessen ausbleibender Einlösung. Und diese Form ihres inneren Widerspruches bringt am deutlichsten zum Ausdruck, dass die Melancholie, eben weil sie durch das Offenbaren dieses Missverhältnisses nicht nur das Erstrebte mit dem Erreichbaren einschränkt, sondern vor allem auch jedem Faktischen ein Utopisches gegenüberstellt, das Element der Kritik zu ihrer Grundlage hat. Die geläufige Charakterisierung der

Melancholie als Traurigkeit ohne Ursache trifft nur vage, es fehlt der notwendige Zusatz: aber nicht ohne Grund.

Benjamin

"So ist auch die Hoffnung einzig den Hoffnungslosen gegeben, nie den Erwartenden, chimärisch Vertrauenden."
(Schweppenhäuser, 27)

Melancholie der Moderne

Im folgenden geht es darum, einen tragfähigen Begriff der modernen Melancholie zu konstruieren, der sowohl der begrifflichen Tradition als auch der spezifischen Charakteristik der Moderne Rechnung trägt, sowie den Philosophen Walter Benjamin als einen ihrer exemplarischen Vertreter darzustellen, im Hinblick auf seine innere Disposition und die besondere Gestalt der Erkenntnisinhalte, worin sie sich verwirklicht hat. Dabei soll vermieden werden, mit dem durchaus geläufigen Gemeinplatz im Kopf, der Benjamin sei ja Melancholiker gewesen, einem interpretatorischen Automatismus zu unterliegen, dessen eindeutige persönliche Zuweisung gleichzeitig für den Charakter des Werkes bürgt und dessen weitere Untersuchung in dieser Hinsicht als überflüssig erachtet. Abgesehen davon, dass Benjamin selber, wie schon gesagt, an manchen Melancholikern kein gutes Haar lassen wollte,[42] gehört es zu dem von ihm abgelehnten Biographismus

---

[42]   Vgl. z.B. *Linke Melancholie* (1930): "Dieser Dichter (Kästner) ist unzufrieden, ja schwermütig. Seine Schwermut kommt aber aus Routine. (..) Nie hat man in einer ungemütlichen Situation sich's gemütlicher eingerichtet. – Kurz, dieser linke Radikalismus ist genau diejenige Haltung, der überhaupt keine politische Aktion mehr entspricht. Er steht (..) ganz einfach links vom Möglichen überhaupt. Denn er hat ja von vornherein nichts anderes im Auge als in negativistischer Ruhe sich selbst zu genießen. (..) (Kästners Strophen) sprechen zu der Traurigkeit des Saturierten, der sein Geld nicht restlos dem Magen zuwenden kann. Gequälte Stupidität: das ist von den zweitausendjährigen Metamorphosen der Melancholie die letzte. (..)

(vgl. *Goethes Wahlverwandtschaften*, z.B. I, 158 ff.), ein Werk aus der Persönlichkeit seines Schöpfers abzuleiten bzw. es mit ihm gleichzusetzen. Ob die historische Person Walter Benjamin zur Melancholie neigte oder nicht ist für die Philosophie solange unerheblich, wie diese Disposition sich nicht in ihr niederschlägt. Die Beantwortung der Frage nach der Art und Weise einer melancholischen Fundierung Benjamins liegt daher weniger in persönlichen Briefen als im Sachgehalt seines Denkens und dessen Umfeldes beschlossen, denn eine philosophische Untersuchung kann einen jeden Autor einzig als philosophisches Subjekt zum Gegenstand haben.

Einen Hinweis, keineswegs einen Beleg, mag der eigentümliche Doppelcharakter des Benjaminischen Denkens geben, das einesteils in konzentrierter Kontemplation sich in die Dingwelt gräbt, um dort deren eigenstes Wesen aufzufinden, das anderenteils im Fahrwasser jener mikroskopischen Funde sich zur Konstruktion und Erkenntnis des Höchsten aufschwingt, und das insbesondere diese dem normalen Menschenverstand auseinanderstrebenden Denkbewegungen statt als nach Belieben kombinierbare Einzelvorgänge als integrale Seiten eines und desselben Denkvorganges zusammenführt, der den Philosophen in der Beschaffenheit des Einzeldings die Substanz des Allgemeinen vergegenwärtigen lässt. Dieser "spekulative Nominalismus" Benjamins, wie Hermann Schweppenhäuser ihn einmal nannte (vgl. Schweppenhäuser, u.a. 34), der in dieser Form in der Philosophiegeschichte einzigartig ist, vereint die in der Denkbewegung angepeilten Pole des Tiefsten und des Höchsten

---

(Kästners) ist der Fatalismus derer, die dem Produktionsprozess am fernsten stehen. (..) Von jeher gingen Hartleibigkeit und Schwermut zusammen." (III, 280 ff.) Dies sei in relativer Länge zitiert, um auch das mindestens gleiche Maß an Häme zu illustrieren, das wenige Jahrzehnte später selber über die von Benjamin zumindest mitinaugurierte Kritische Theorie geschüttet wurde.

und stellt damit eine Analogie zur alten Melancholie, speziell zum Wirkungsbereich der schwarzen Galle her, und zwar zu einem Zeitpunkt, als sie sich in ihrer begrifflichen Entwicklung auf einem Höhepunkt befand: Marsilio Ficino schrieb davon, dass die schwarze Galle "das Denken (nötigt), forschend ins Zentrum seiner Gegenstände einzudringen (..) Ebenso erhebt sie das Denken zum Verständnis des Höchsten". (KPS, 374) Diese beiden Pole – das Irdische und das Himmlische – sind der neutrale Ausdruck derjenigen Elemente, die den Widerspruch der geistigen Melancholie spätestens seit dem Humanismus im Innersten bestimmten, und die eine desto untrennbarere wie geistig erhabenere Einheit bildeten, je reflektierter sie in einem Begriff der Melancholie ineinander vermittelt wurden.[43] Der Bezug zur physiologischen Funktion der schwarzen Galle wird dabei eine Hilfskonstruktion und ein Tribut an die noch durchaus kanonische altertümliche Medizin sein;[44] die Beobachtung, dass alle Schwarzgalligen auch besonders innig in die Höhe wie in die Tiefe denken konnten, erklärt sich eher andersherum: dass nur jene, die sowohl in der lichten Höhe des Gedankens die Unendlichkeit geahnt haben, als auch in

---

[43]   Der Gegensatz von Erde und geistiger Hoheit trat in vielfacher Erscheinung und auch Wertung auf, etwa als heterogene und widersprüchliche Symptomatik des Melancholikers oder auch bildlich als hierarchisch-statische Gegenüberstellung der niederen, landarbeitenden Saturnkinder mit ihrem Planetengott, dem Herrn über Gesetz und höchste Vernunft. (vgl. KPS, passim) Es bleibt das Verdienst der Renaissance und genauer Ficinos, beide Seiten gleichberechtigt und in ihrer höchsten geistigen Ausbildung begriffen zu haben.
[44]   Zumal die beiden geistigen Leistungen nicht *beide* unmittelbar auf die schwarze Galle bezogen wurden, diese hatte durch ihre Nähe zum Zentrum der Erde – als kalt-trockene – eine direkte Einwirkung auf das Eindringen ins Zentrum der Gegenstände, der Aufschwung zum Höchsten dagegen wurde mit dem Einfluss Saturns begründet. (vgl. KPS, 374)

genauester Untersuchung der Außendinge ihre unbedingte Endlichkeit erkennen mussten, in der dynamischen Logik des Humanismus zu Melancholikern wurden. Und jeder, der wie Benjamin diese polaren Geistesvermögen in friedlicher Synthese zu höchster Ausbildung gebracht hat, als geistige Durchdringung des Besonderen und gleichzeitige Berührung des Allgemeinen, müsste auch den – als inhaltloses, rein abstraktes Verhältnis überhistorischen – melancholisierenden Widerstreit erfahren haben, den die jenen Vermögen zugrundeliegenden Bewusstseinskräfte austragen.

Auf einer anderen Seite mag Benjamins spekulativer Nominalismus das abschließende Glied einer Entwicklung gewesen sein, die das Hauptgewicht jenes unzerstörbaren, aber inhaltlich unbestimmten Widerstreits der Reflexion vom Hierarchischen ins Historische umlegte. Dem zugrunde lag die Tendenz, den platonischen Zug der früheren Metaphysik (bzw. Theologie), wonach alles Seiende nichts als der niedere Abglanz der höherwertigen Ideenwelt war, nach welcher alles Denkende zu streben hatte, umzudeuten und den Bereich des Stofflichen aufzuwerten, indem eine reale Anwesenheit des Unendlichen, wie verfremdet auch immer, hineingelegt wurde. Bereits mit Hegels großer Geschichtsphilosophie des Geistes, die Anfang des 19. das Jahrhundert des Fortschrittsgedankens inaugurierte und damit das Zeitalter der Moderne zumindest mitbegründete, begann eine zaghafte Einebnung der fundamentalen Unterschiedenheit von Himmelreich und Mensch, beide wurden in ein einziges, Welt und Geschichte umfassendes Kontinuum eingebettet, in dem die Wertigkeiten des Höheren und Niederen zwar eindeutig verteilt waren, doch als abgegrenzte Momente in dem einen großen, sich träge fortwälzenden Bewusstwerdungsprozess des Weltgeistes selber wieder ineinanderhingen. Gott war Gott und Mensch war Mensch, dieser aber, mitsamt der belebten und unbelebten Welt, die notwendige Entäußerung und Fleischwerdung des einen allumfassenden Geistes, welcher wiederum die dem Menschen

– nach dem Gang des Höchsten durch die natürliche Welt hindurch und dessen Rückkehr zu sich selbst – letztendlich erreichbare Perspektive des Vollkommenen vorstellte. Die Vereinigung mit dem höchsten Wissen war dem Individuum nicht nur wie im Christentum für den Jüngsten Tag versprochen, sondern bereits in seiner eigenen Stofflichkeit virtuell vorhanden.

Benjamin schließlich formte ein Erkenntnismodell, das nicht etwa meinte, die großen theologischen Wahrheiten ohne Umschweife aussprechen zu können, sie immerhin aber in der ihnen vermeintlich am fernsten liegenden Stofflichkeit sichtbar zu machen. Das Reich der höchsten Wahrheit ist damit in den Bereich des Irdischen hereingeholt, welches nunmehr, bei aller qualitativen Verschiedenheit, immerhin einen Zugang zu jenem bietet. Wie jedes Denkmodell, das Materie und Geist gleichrangig zusammenschließt, ist somit auch das Benjamins eine Art Blitzableiter für die unerfüllbare Sehnsucht des Endlichen nach dem Höchsten, dessen zumindest stofflichen Teil man nun mit Händen greifen durfte.

Darüber hinaus impliziert jede philosophische Theorie eines geschichtlichen Fortschritts des menschlichen Geistes, dass auch das jeweils momentan Höchste nicht das absolut Höchste ist, dass selbst der göttlichste zeitgenössische Gedanke von zukünftigen überragt würde. Das menschliche Recken nach dem Reinen hatte nun nach oben gleichsam keinen Platz und keine wirkliche Adresse mehr, und infolgedessen konnte die hierarchische Form der Seinsabstufung nicht mehr den primären Keim der Melancholie darstellen;[45] er musste in die Dimension des Historischen ausweichen, deren einer Fluchtpunkt, die

---

[45]   Natürlich war und ist es auch weiterhin möglich, als Nichthegelianer oder Nichtromantiker o.ä. früheren Arten der Melancholie nachzuhängen. Das Entscheidende ist, dass die historisch ausgerichtete Melancholie ihre dem Fortschrittsgedanken der Moderne entsprechende Form ist.

Zukunft, das letzte verbliebene Refugium echter Transzendenz bot und damit das erstrebenswerte Himmelreich vorstellte, wonach alles drängt.[46]

Das grundlegende Kennzeichen der modernen Melancholie ist dann auch, dass sie die melancholische Wendung in die Zeitlichkeit, die die Romantik schwelgend durchlitt, sowohl verallgemeinerte als auch konkretisierte – jenes, indem sie die seelenzermürbende Ausgespanntheit zwischen der trübsinnig erfahrenen Gegenwart und einem in ewiger Zeitenferne liegenden diffusen Sehnsuchtspunkt von einem Empfindungsmoment innerhalb einer umfassenden Verzweiflung zum sinnstiftenden Zentrum der melancholischen Erfahrung erhob; dieses, indem sie den ebenfalls in der Philosophie des 19. Jhs. erfolgten Schritt ins Materialistische nachvollzog und die real erlittene Erlebenswelt des Individuums in ihr Bild- und Symbolrepertoire hereinnahm.[47] Die

---

[46]   Wie so einiges ist auch diese Wendung ins Geschichtsphilosophische nicht neu, sondern die säkulare Wiederherstellung bzw. nichttheologische Herleitung früherer theologischer Gedanken. Außer Hildegard von Bingen oder Wilhelm von Conches (s.o.) gab es z.B. den Mystiker Joachim von Fiore, der die Seinsverschiedenheit der göttlichen Dreieinigkeit in den Geschichtsverlauf einlegte: Das vorchristliche nannte er das Zeitalter des Vaters, das christliche das Zeitalter des Sohnes, und das erlöste, die "Fülle der Zeiten", würde das Zeitalter des Heiligen Geistes sein. (vgl. Johannes Hirschberger, *Geschichte der Philosophie*, Bd. I, Herder, Freiburg i. Br. 1976, S. 424)

[47]   Und das im Zuge ihrer gesamten Entwicklung, oder genauer: während ihrer Begleitung der Entfaltung der Industriegesellschaft, von Engels nüchternem Bericht *Zur Lage der arbeitenden Klasse in England* oder Baudelaires begeistert-entfremdeten Industrieallegorien der ersten Hochphase bis hin zu Grass' ernüchterter Bestandsaufnahme der Spätphase: "Wer bereit ist, an Tausende Kommunisten zu denken, die unter Stalin in Verzweiflung und Resignation den Tod fanden, wer gleichfalls bereit ist, jenes Ausmaß Melancholie zu wägen, das nach der Okkupation der

Einbeziehung der Dingwelt in den wirklichen Erfahrungskreis der Melancholie, in den sie bis dahin nur als bloße inhaltliche Ausgestaltung Eingang fand, verband sich mit ihrer historischen Dimension zu einem gesellschaftlichen Kräftesystem, das die geschichtliche Perspektive mit der faktischen Misere kontrastierte sowie der nackten Gegenständlichkeit einen Zukunftsentwurf erschloss. Die Transzendenz, in der alten Melancholie der wesenhafte Fluchtpunkt des ihr trotz allen Streckens Ungenügenden, kippte unter dem entleerten Himmel der materialistischen Welt des ausgehenden 19. Jhs. von der Vertikalen in die Horizontale, und zwar – als ungekannte und unbestimmbare – in eine utopische Zukunft. Diese Zukunft aber, die ihren Begriff nicht von freischwebender Schwärmerei, sondern von gegenwärtiger Materialität ableitet, darf keine vage Äonenferne mehr sein, im Gegenteil verpflichtet die zugrundeliegende Materialität sie auf eine ebenso materiale Einlösung, die als ständige Möglichkeit oder Alternative über der Wirklichkeit schwebt und deren Ausbleiben umso berechtigter beklagt werden kann. Die Utopie, die am Diesseitigen entwickelt wird, darf sich auf keine jenseitige Erfüllung mehr herausreden.[48]

Tschechoslowakei zusätzlich auf allen kommunistischen Staaten lastet, dem wird eine weitere Variante der Dürerschen Vorlage (d.i. der Melencolia I) notwendig sein. – Ich tausche den saturnischen Engel (..) gegen eine vielzitierte Sozialistin aus." (Grass, 299) "Auf Bahnhöfen, bei Nebel am Hafenkai, zwischen Baracken, wo etwas vernagelt ist, dahinwelkt, ablebt, stellt sie (die Melancholie) sich ein. Sie kaut Kummer, verzehrt sich, trägt schwer an sich, ist sich zur Last, unleidlich geworden. Alles ist schal, leer, errechenbar, mechanisch und transportiert in trostloser Gleichförmigkeit immer nur ein und dasselbe Produkt... – Also setze ich Dürers Melencolia in einer Konservenfabrik, Hühnerfarm, bei Siemens ans Fließband." (ebd., 287)

[48]   Freilich gab es Utopien der verschiedensten Art seit man denken kann, von Platon über Augustinus, Thomas Morus und die

Und doch ist das Zukunftgerichtete der modernen Melancholie keinesfalls so zu verstehen, dass alle gebannt und voll freudiger Erwartung auf die strahlende Zukunft starren, die notgedrungen irgendwann eintrifft, und nur der Melancholiker sich grämt, dass sie noch nicht da ist. Ganz im Gegenteil ist die Zukunft hier kein ausgemaltes Idealbild, das nur noch an die Wand gehängt werden muss, sondern eine inhaltlich weitgehend unbestimmbare, abstrakte Kategorie der ständigen Offenhaltung des Möglichen, die beinhaltet, dass das, was ist,

---

ganze Renaissance – in der bezeichnenderweise die Konjunktur der Utopietheorie und -literatur überhaupt losgetreten wurde – bis hin zu den utopischen Sozialisten des 19. Jhs., und schon immer waren Melancholie und Utopie verschwistert. So schreibt Lepenies paradigmatisch, dass bei Robert Burton (*The Anatomy of Melancholy*, 1. Aufl. 1621) "Melancholie als Metapher des Missvergnügens am Staate und Utopie als die ins System gebrachte anti-melancholische Staatshoffnung miteinander untrennbar verklammert (sind)." (Lepenies, 33) Damit ist gleichfalls der große Unterschied zur modernen Melancholie bezeichnet, insofern bei den meisten Utopisten Depression und Enthusiasmus, wie seinerzeit bei Petrarca (s.o. & vgl. KPS, 360 f.), in ihrer Parallelität durchaus ernstgenommen und durchlitten wurden, allerdings noch nicht als zwei Komponenten eines einzigen Begriffs. In Zeiten, als das melancholische Sehnen seinen Fluchtpunkt noch in der zeitlosen genialen Inspiration hatte und die Zukunft noch nicht die lastende Weihe der göttlichen Vollendung trug, ließ sie sich noch unbeschwerter in den buntesten Vorstellungen ausmalen; der inhaltlich ausgestaltete und eindeutig bestimmte utopische Entwurf (der oft nur reflexhaft, nicht reflexiv auf eine bestehende Misere reagierte) funktionierte eher als Gegenbild oder Remedium der Melancholie denn als deren innerer Antrieb, weshalb bei Burton und anderen das utopische Denken einem Melancholieverbot gleichkam, auch wenn jeder Utopie das Unbehagen an der existierenden Welt zugrundelag. (vgl. z.B. Lepenies, 34 ff.) Die Verklammerung von Utopie und Melancholie war vorerst nur janusköpfig, ein oszillierendes und noch kein dialektisches Verhältnis.

noch nicht alles gewesen sein muss. Statt eines bewunderten Sonnenaufgangs ist diese Zukunft vielmehr ein idealer Anspruch, der der Gegenwart eine untilgbare Kontrastierung ihrer realen Zukunft einimpft, welche ohne einen emphatisch transzendierenden Begriff von sich selbst nichts weiter sein wird als die simple Verlängerung der Gegenwart.[49] Der Melancholiker hat die Zukunft nicht vor Augen, sondern quasi als regulative Idee im Hinterkopf; wie Benjamins Engel der Geschichte hat er der Zukunft den Rücken zugekehrt und betrachtet die Gegenwart als den Trümmerhaufen, den die Vergangenheit vor ihm aufgetürmt hat. (vgl. I, 698)[50] Wie die selbstbewusst kämpfende Arbeiterklasse nährt sich auch der Melancholiker "an dem Bild der geknechteten Vorfahren, nicht am Ideal der befreiten Enkel."[51] (I, 700)

---

[49]   In seinen Thesen *Über den Begriff der Geschichte* beschreibt Benjamin diesen Begriff einer solchen ewigen Gegenwart, worin Fortschritt nur deren Potenzierung bedeutet, als den einer "homogenen und leeren Zeit", der er den Begriff einer mit "Jetztzeit" erfüllten gegenüberstellt, die das Zeug hat, die revolutionäre Dynamik der Geschichte freizusprengen. (vgl. I, 701, s. u. Anm. 60)

[50]   Römische Ziffern verweisen auf die Bandnummer der Benjamin-Gesamtausgabe. Wenn nicht anders ausgezeichnet, gilt Benjamin als Urheber des Zitats.

[51]   ...wie die Sozialdemokratie, wäre hinzuzufügen, der darin sowohl das Elend der Gegenwart als auch eine die Faktizität wirklich übersteigende utopische Zukunft aus dem optimistischen Blick gerät. (vgl. I, 700 ff.) Benjamins z. T. wunderbare polemische Ausfälle gegen die Sozialdemokratie sind zahlreich, z.B. zu einem bürgerlich-sozialdemokratischen Programm: "ein schlechtes Frühlingsgedicht." "Dieser gewissenlose, dieser dilettantische Optimismus (muss) Farbe bekennen: Wo liegen die Voraussetzungen der Revolution? In der Änderung der Gesinnung oder der äußeren Verhältnisse?" Die Organisierung des Pessimismus ist die "Forderung des Tages", "Pessimismus auf der ganzen Linie. (..) Misstrauen, Misstrauen und Misstrauen (in das Geschick) (..) Und unbegrenztes Vertrauen allein in I.G. Farben und die friedliche Vervollkomnung der Luftwaffe."

Vergangenheit und Gegenwart sind dem Melancholiker keine wirklich unterschiedenen Dinge, das gegenwärtig Bestehende kann, insofern seine materialen Ursprünge in der Vergangenheit liegen, nicht mehr sein als ein Teil des Vergangenen; der Blick auf die Gegenwart ist ein Blick in die Vergangenheit, da in jener, als Resultat aller bisherigen Ereignisse, das Gewesene gesammelt liegt, und der Blick in die Vergangenheit ist ein Blick in die Gegenwart, insofern diese in jener bereits in unentfalteter, embryonaler Konzentration heranreifte und Frühformen ausbildete.[52] An keiner von beiden

---

(Das alles und mehr: II, 308) – Pessimismus in diesem Sinne bedeutet die Extrapolation einer sich selbst überlassenen schlechten Gegenwart in die Zukunft. Der Optimismus sagt, es wird schon alles gut. Der Pessimismus sagt, wenn es so weitergeht, wird alles schlecht. Das Gegenteil zum Optimismus ist nicht Pessimismus, sondern Fatalismus.

[52]   "Man kann von zwei Richtungen in dieser (Passagen-)Arbeit sprechen: der die aus der Vergangenheit in die Gegenwart geht und die Passagen etc. als Vorläufer darstellt und der, die von der Gegenwart ins Vergangene geht, um die revolutionäre Vollendung dieser 'Vorläufer' in der Gegenwart explodieren zu lassen." (V, 1032) So "wollen wir aus dem Leben (und) aus den scheinbar sekundären, verlorenen Formen jener Zeit heutiges (Leb)en, heutige Formen ablesen." (V, 572) Es tritt jede Vergangenheit mit der sie betrachtenden Gegenwart in eine spezifische Konstellation, welche die Synthese beider Seiten auf der Stufe der höchsten Aktualität vollzieht: "Für den materialistischen Historiker ist jede Epoche, mit der (er) sich beschäftigt, nur Vorgeschichte derer, um die es ihm selber geht. Und eben darum gibt es für ihn in der Geschichte den Schein der Wiederholung nicht, weil eben die ihm am meisten angelegenen Momente des Geschichtsverlaufs durch ihren Index als 'Vorgeschichte' Momente dieser Gegenwart selber werden und je nach deren katastrophaler oder siegreicher Bestimmung ihren eigenen Charakter ändern." (V, 593) "Man sagt, dass die dialektische Methode darum geht, der jeweiligen konkret-geschichtlichen Situation ihres Gegenstandes gerecht zu werden. Aber das genügt nicht. Denn

lässt sich noch etwas ändern.[53] Das einzige, was der Melancholie bleibt, ist deren Vergegenwärtigung; der moderne Melancholiker hat Zeit, er ist zur Kontemplation verdammt – nicht darüber, was zu tun wäre, sondern darüber, was schiefgelaufen ist. Die dem Melancholiker seit alters her zugeschriebene rasende Phantasie und Assoziationskraft mag jetzt darin Substanz haben, dass er durch seine – geschichtliche – Konstitution dazu genötigt ist, die empfangenen Bilder, statt sie sogleich anwenden, d.h. in die geschäftige Alltagsproduktion wieder einspeisen und damit loswerden zu können, in sich anzusammeln, wo sie nicht anders können als

---

ebensosehr geht es ihr darum, der konkret-geschichtlichen Situation des *Interesses* für ihren Gegenstand gerecht zu werden. Und diese letztere Situation liegt darin beschlossen, dass es selber sich präformiert in jenem Gegenstande, vor allem aber, dass es jenen Gegenstand in sich selber konkretisiert, aus seinem Sein von damals in die höhere Konkretion des Jetztseins (Wachseins!) aufgerückt fühlt." (V, 495) Die geschichtliche Anschauung sollte eine "dialektische, kopernikanische Wendung" erfahren (V, 491): "Man hielt den fixen Punkt für das 'Gewesene' und sah die Gegenwart bemüht, an dieses Feste die Erkenntnis tastend heranzuführen. Nun soll sich dieses Verhältnis umkehren und das Gewesene zum dialektischen Umschlag, zum Einfall des erwachten Bewusstseins werden. (..) Es gibt Noch-nicht-bewusstes-Wissen vom Gewesenen, dessen Förderung die Struktur des Erwachens hat." (V, 490 f.) "Der Gegenstand der Geschichte verändert sich weiter, wird zu einem im emphatischen Sinn geschichtlichen überhaupt erst, wenn er in einer späteren Zeit aktuell wird. Die kontinuierlichen Beziehungen in der Zeit, von denen Geschichte handelt, wurden bei Benjamin abgelöst durch Konstellationen, in denen ein Gewesenes mit der Gegenwart derart zusammenfällt, dass jenes zum 'Jetzt' seiner 'Erkennbarkeit' gelangt." (*Einleitung d. Hgs*. Rolf Tiedemann, V, 32 f.)

[53]   Das einzige, was noch veränderbar ist, ist die Zukunft – die Zukunft der naturwüchsigen, wildwuchernden Vergangenheit. Sie ist der Bereich des Pessimismus. Jede Äußerung des Pessimisten ist eine Einforderung der Utopie.

miteinander zu kollidieren. Auch wenn diese gesteigerte Imagination zur Tugend ausschlagen mag, ist sie durch ihre unverschuldete Ausweglosigkeit im Grunde ein Fluch, denn selten ereilen den Melancholiker genugtuende Vorstellungen. Die Gegenwart ist das Exil, in das die Vergangenheit ihn vertrieben hat.

Auch wenn es immer schon den melancholischen Blick zurück gegeben hat, kommt die rückblickende Melancholie erst in der modernen zu ihrer Wesenhaftigkeit und vollen Entfaltung, erst dort ist ihre innere Konstruktion in Übereinstimmung mit ihrer geschichtlichen Signatur.[54] Die frühere retrospektive Melancholie war überwiegend nostalgisch inspiriert, sann auf Wiedererinnerung oder gar Wiedererrichtung einer entschwundenen und betrauerten besseren Welt.[55] Dem modernen Melancholiker dagegen erscheint alles Frühere nicht als faktische gute alte Zeit, sondern vor allem als Fehlschlag auf dem Weg in eine ideale Zukunft, seine etwaige Sehnsucht nach vergangenen Zeiten ist nicht nur gerichtet auf ein simples Wiedererleben glücklicherer Tage, sondern auf die Ermöglichung einer zweiten Chance.

---

[54] Dieser entscheidende Umschlag entgeht Lepenies wenn er in bezug auf den Surrealismus schreibt, dass der "melancholische Hang zur Vergangenheit (..) wesentlich utopie-hemmend" sei, auch wenn er kurz zuvor Judith Shklar (1965) zitiert, die vom "melancholy contrast between what might be and what will be" spricht. (Lepenies, 264 Anm. 95 bzw. zit. n. ebd., 261 Anm. 76)

[55] Etwa der vom aufstrebenden Bürgertum und der realen gesellschaftlichen Ordnung weitgehend entmachtete französische Adel ("Schwertadel") des 17. Jhs., der, wie Lepenies beschreibt, über der "sekundären" Ordnung des höfischen Zeremoniells, das ihm eine fortdauernde definitorische Macht vorgaukeln sollte, zu verzweifeln begann und sich in seiner Langeweile nach der Zeit zurücksehnte, als er noch keiner Ordnung unterlag, sondern sie schuf. Im gescheiterten Aufstand der Fronde sollte die alte Zeit wiederhergestellt werden. (vgl. Lepenies, 43 ff.)

Exkurs: Freud & Melancholie, Trauer & Nostalgie

An dieser Stelle offenbart sich ein trotz der mimischen, gestischen und mentalen Ähnlichkeit und Vermischung[56] vorhandener tiefgreifender Unterschied zwischen Traurigkeit und Melancholie, der durch deren jahrhundertelang gebräuchliche Homonymie verwischt ist: Der Trauernde unterliegt der Gegenwart und versinkt in Schwermut über den Verlust eines ihm Wertvollen, der Melancholiker erhebt sich über die Gegenwart und versinkt in Schwermut über das

---

[56] Mit einer bedeutenden Abweichung: Der Melancholiker lächelt; zumindest innerlich und selbst dann, wenn ihm gar nicht zum Lachen zumute ist. Ebenso wie Melancholie und Utopie zeigen sich Melancholie und Humor, die auf den ersten Blick nichts als gegensätzlich erscheinen, bei genauer Betrachtung als zuinnerst verwandt. "Melancholiker wie Humorist zehren von dem metaphysischen Widerspruch zwischen Endlichkeit und Unendlichkeit, Vergänglichkeit und Ewigkeit oder wie immer man es ausdrücken mag. Beiden ist gemeinsam, dass sie aus dem Bewusstwerden dieses Widerspruchs zugleich Genuss und Wehmut schöpfen. Dabei leidet der Melancholiker primär an dem Widerspruch zwischen Endlichkeit und Unendlichkeit, bejaht aber zugleich sein eigenes Leid 'sub specie aeternitatis', da er sich gerade durch die Melancholie am Unendlichen teilhabend fühlt. Der Humorist hingegen erheitert sich primär an eben diesem Widerspruch, macht aber zugleich seine eigene Heiterkeit 'sub specie aeternitatis' fragwürdig, da er sich selbst ein für allemal dem Endlichen verhaftet erkennt. Daher ist es verständlich, wenn der moderne Mensch den Humor mit dem Sinn für Selbstbegrenzung neben der Melancholie als gesteigertem Selbstgefühl entwickelt. Ja man konnte sogar die Melancholie humoristisch betrachten und gerade dadurch ihre tragische Seite um so stärker hervortreten lassen." (KPS, 343) Das delokalisierte Ausgespanntsein zwischen zwei Polen verhindert, dass der Melancholiker in einem Extrem sich festleben kann und bringt ihn damit automatisch in eine Position der kritischen, ja bisweilen spöttischen Abgehobenheit.

wesenhafte bzw. fortdauernde Versagen der Welt vor ihren Möglichkeiten; der Trauernde ist gegen seine Intention zu einem Endpunkt verdammt worden wie der Melancholiker zu einem immerwiederneuen Anfang. Der Trauernde trauert darum, dass etwas nicht mehr ist, der Melancholiker trauert darum, dass es das wieder mal nicht war; der Trauernde trauert um eine verlorene Wirklichkeit, der Melancholiker um eine verlorene Möglichkeit.

Die Parallelen zur rein psychoanalytischen Bestimmung der Melancholie durch Freud sind unübersehbar, auch wenn er noch den alten pathologischen Ansatz integriert, dass sie im Gegensatz zur Trauer geheilt werden kann. Beide sind "seelisch ausgezeichnet durch eine tief schmerzliche Verstimmung, eine Aufhebung des Interesses für die Außenwelt, durch den Verlust der Liebesfähigkeit, durch die Hemmung jeder Leistung", nur dass die Melancholie von der Trauer noch in der "Herabsetzung des Selbstgefühls, die sich in Selbstvorwürfen und Selbstbeschimpfungen äußert", sich unterscheidet. (Freud, 429) Gegenüber der Trauer, deren Anlass der Verlust eines geliebten Objektes ist, ist der Verlust des Melancholikers mehr ideeller Natur, das verlorene Objekt ist dem Bewusstsein des "Kranken" (Freud) entzogen, er kann nicht bewusst erfassen, was er verloren hat. Der Melancholiker zermürbt sich stattdessen in Selbstkritik, empfindet sich als nichtswürdig, leistungsunfähig und verwerflich, und obwohl diese Selbsterniedrigung meist in keiner Weise Berechtigung beanspruchen kann, scheint er beizeiten "die Wahrheit nur schärfer zu erfassen als andere, die nicht melancholisch sind." (Freud, 432, vgl. ebd., 431 f.) Freud bietet die Erklärung, dass der Melancholiker den Liebesbezug zu seinem Objekt aufrechterhält, die Objektbesetzung selber aber von diesem abgelöst und in sein eigenes Bewusstsein hereingeholt, sich mit dem verlorenen Objekt identifiziert hat. "Die Liebe hat sich so durch ihre Flucht ins Ich der Aufhebung entzogen." (ebd., 445) So sind seine Selbstvorwürfe eigentlich Vorwürfe gegen das Liebesobjekt, seine Klagen sind Anklagen, die er jedoch, um es nicht endgültig aufgeben zu müssen, in sich selber austrägt. Bezeichnenderweise nennt Freud eben nicht den Tod einer geliebten Person, sondern Verlassenwerden, Kränkung, Zurücksetzung oder Enttäuschung durch das Angebetete als Grund der erschütterten Objektbeziehung, also prinzipiell widerrufliche, tilgbare Ereignisse, gerade wodurch deren Fortbestehen umso bitterer ist. (vgl. ebd., 434 ff.) Auf eine metaphysische bzw. gesellschaftliche Ebene projiziert erscheint dieser Melancholiker als jemand, der sein ersehntes Liebesobjekt, die utopische Vollkommenheit, nicht aufgeben will, aber gerade deshalb es inhaltlich weitgehend entleeren, mit einem Bilderverbot belegen muss, um seine bisherige irdische Ausgestaltung – als für die Liebesbeziehung ungenügend bzw. für ihr andauerndes Scheitern verantwortlich – absondern und seiner schonungslosen Kritik unterwerfen zu können. Der Melancholiker verbietet es sich, mit der gescheiterten Wirklichkeit einer Liebesbeziehung auch gleich deren Möglichkeit fahren zu lassen, doch muss er, als selber irdisch und somit ebenfalls Objekt seiner Kritik, das Inkriminierte in den eigenen Verantwortungskreis aufnehmen, sich mit ihm darin einschließen und den Kampf mit dem eigenen Versagen ausfechten: "Der Konflikt im Ich, den die Melancholie für den Kampf um das Objekt eintauscht, muss ähnlich wie eine schmerzhafte Wunde wirken". (ebd., 446)

In dem engeren Kreis der historischen Perspektive realisiert sich Trauer als nostalgische Schwermut und ist von der eigentlichen Melancholie weder äußerlich noch innerlich, sondern nur begrifflich bündig zu unterscheiden: Beide Phänomene realisieren sich als charakteristische Überlagerung von Vergangenheit und Gegenwart, die durch die Setzung des Akzents sich grob in zwei Polaritäten einteilen lässt. Der Antrieb des Nostalgikers[57] ist, seine Gegenwart in irgendeiner

---

[57]   Auf die nähere Begriffsgeschichte der Nostalgie wollen wir hier nicht weiter eingehen. Da sie im Sprachgebrauch eine

Weise in der Vergangenheit aufgehen zu lassen, der des Melancholikers ist der Transport der Vergangenheit in die Gegenwart, wo beide sich voreinander zu verantworten haben.[58] Der Nostalgiker versinkt in der Vergangenheit, der Melancholiker legt sie trocken. Gerade Benjamin hat die Intention, die Vergangenheit zu "retten", gerade er stellt der *Einfühlung* in sie im Rahmen des traditionellen Historismus ihre *Vergegenwärtigung* durch den materialistischen Historiker entgegen. Benjamin will das Vergangene wieder betretbar und nutzbar machen und den vermeintlich entschwundenen Dingen das Recht der Gegenwart zubilligen, für die Konstruktion der Epoche zuhanden zu sein; zumal auch die gegenwärtig existierenden, vorliegenden, bereits produzierten Dinge gegenüber der idealen Handlungsoffenheit des bewussten Individuums die Ausläufer der Vergangenheit in der Gegenwart

---

einigermaßen deutlich umrissene Bedeutung hat, halten wir uns bei ihrer näheren Bestimmung an Lambrecht: "Die Sehnsucht nach dem verlorenen Paradies, das dem Menschengeschlecht – heilsgeschichtlich – im Garten Eden, der Menschheit – gattungsgeschichtlich – im Naturzustand und dem einzelnen Menschen – lebensgeschichtlich – in der Kindheit gelegen haben könnte, diese Rückkehr nach dem Verlorenen, die den Homo viator (der Mensch auf dem Weg, D.P.) auf dem Weg durch das Erdenleben und die Weltgeschichte antreibt, kann ihn sozusagen auch 'krank' machen, krank vor Sehnsucht. (...) (Die Nostalgie) stellt in Wirklichkeit ein theologisches Syndrom dar: die unstillbare Sehnsucht des Menschen nach einer ihn bergenden Heimat, die als solche Sehnsucht allerdings erst durch die Erfahrung des Geborgenheits*verlustes* thematisch wird: räumlich durch Exilierung aus dem Geburtsland, zeitlich durch rasant fortschreitendes Fremdwerden der Lebenswelt." (184, 188)

[58] Und wieder wären in diesem Rahmen das Lächeln des Nostalgikers der mimische Reflex einer wohligen Einfühlung in ein nacherlebtes Ereignis, das Lächeln des Melancholikers die oftmals (selbst-)ironische Überhebung über frühere fehlgegangene Anstrengungen, Ambitionen, Erwartungen oder Hoffnungen.

darstellen und gegenüber dem größeren Teil ihres Korpus' höchstens das Glück haben, noch nicht verwest zu sein.[59] Allerdings hat diese Herangehensweise nichts Konservierendes, gemeint ist keinesfalls die enzyklopädische Archivierung durch geschichtsschreibende Buchhalter oder gar das dekorative Hochlebenlassen alter Zeiten, das deren Artefakten die Organe entnimmt, ihre tote Hülle mumifiziert und wie einen erlegten Hirsch an die Wand hängt. Ganz im Gegenteil will die Rettung des Vergangenen gerade dessen schwelende Lebensenergie mobilisieren, die unter Bergen abgestorbener Geschehnisse der Geschichte verschüttet liegt, und einer ihr korrespondierenden Gegenwart einschießen, die stets noch unter dem Bann der jeweils jüngsten Vergangenheit steht.[60] Sie hat, konträr zum

---

[59]   Demgegenüber ist zu betonen, dass Benjamin dieser "ewigen" Gegenwart als manifester Vergangenheit einen emphatischen, revolutionären Begriff der Gegenwart als Jetztzeit gegenüberstellt, "die nicht Übergang ist sondern in der die Zeit einsteht und zum Stillstand gekommen ist" (I, 702), d.h. die den blinden und bruchlosen Lauf der Zeit aus der Vergangenheit durch die Gegenwart hindurch in die Zukunft unterbricht und stillstellt, als blitzartig mit Vergangenheit angefüllte das blinde Kontinuum der Geschichte aufsprengt und für diesen Moment die Gegenwart statt mit der Vergangenheit mit einer emphatisch antizipierten Zukunft kurzschließt. Diesen Punkt in der Zeit versteht Benjamin als messianisch; einen kurzen Augenblick lang ist der Geschichte keine Richtung mehr vorgegeben bzw. durch ihr Momentum verinnerlicht, plötzlich stehen ihrem Verlauf alle Himmelsrichtungen offen. (vgl. z.B. 702 f.)

[60]   "Der Historismus begnügt sich damit, einen Kausalnexus von verschiedenen Momenten der Geschichte zu etablieren. Aber kein Tatbestand ist als Ursache eben darum bereits ein historischer. Er ward das, posthum, durch Begebenheiten, die Jahrtausende von ihm getrennt sein mögen. Der Historiker, der davon ausgeht, hört auf, sich die Abfolge von Begebenheiten durch die Finger laufen zu lassen wie einen Rosenkranz. Er erfasst die Konstellation, in die seine eigene Epoche mit einer ganz bestimmten früheren getreten ist. Er begründet

Nostalgiker, der im Heutigen das Alte findet, erhält und pflegt, eine "Witterung für das Aktuelle, wo immer es sich im Dickicht des Einst bewegt. Sie ist der Tigersprung ins Vergangene" (I, 701), der Zugriff, der einen historischen Gehalt, der an sein materiales Ereignis gefesselt von diesem in die Gewesenheit mitgerissen wurde, als jetztzeitlichen erkennt, aus seinem geschichtlichen Kontinuum herauslöst und aufnahmefähig für ganz neue Besonderungen macht. Vergangenheit und Gegenwart verwandeln sich in dieser Hinsicht von einer statischen Abfolge in eine dynamische, ja – insofern sie die Begriffe selber verändert und bereichert – dialektische Einheit, worin die Gegenwart Materialfülle und gehaltlichen Reichtum der Vergangenheit und diese von der ersteren eine Zuständigkeit für den Weltbildungsprozess bekommt.[61] Diese Synthese ist unerlässlich, wenn beide Zeitformen ihren vollen Begriff, der sich nur durch den jeweils anderen hindurch ganz ausbildet, behalten sollen. "Denn es ist ein unwiderbringliches Bild der Vergangenheit, das mit jeder Gegenwart zu

---

so einen Begriff der 'Jetztzeit', in welcher Splitter der messianischen eingesprengt sind." (I, 704) "Die Geschichte ist Gegenstand einer Konstruktion, deren Ort nicht die homogene und leere Zeit, sondern die von Jetztzeit erfüllte bildet. So war für Robespierre das antike Rom eine mit Jetztzeit geladene Vergangenheit, die er aus dem Kontinuum der Geschichte heraussprengte. Die französische Revolution verstand sich als ein wiedergekehrtes Rom." (I, 701)

[61] So schrieb Benjamin davon, man müsse bei den Gegenständen der Geschichte das "Positive", "Zukunftsvolle" an ihnen von ihrem rückständigen Teil sondern. "Aber jede Negation hat ihren Wert andererseits nur als Fond für die Umrisse des Lebendigen, Positiven. Daher ist es von entscheidender Wichtigkeit, diesem, vorab ausgeschiednen, negativen Teile von neuem eine Teilung zu applizieren, derart, dass, mit einer Verschiebung des Gesichtswinkels (nicht aber der Maßstäbe!) auch in ihm von neuem ein Positives und ein anderes zu Tage tritt als das vorher bezeichnete. Und so weiter in infinitum, bis die ganze Vergangenheit in einer historischen Apokatastasis in die Gegenwart eingebracht ist." (V, 573)

verschwinden droht, die sich nicht als in ihm gemeint erkannte." (I, 695)

Aus der Vergangenheit geschöpft haben allerdings auch die kopflosesten Revoluzzer, die den Melancholiker am allerwenigsten brauchen konnten, und selbst Benjamin bezeichnet diesen Sprung, sofern er nicht mehr in der Arena der herrschenden Klasse stattfindet sondern "unter dem freien Himmel der Geschichte", als den "dialektische(n) als den Marx die Revolution begriffen hat." (I, 701)[62] Das Entscheidende ist

---

[62] Oder auch: "Das Bewusstsein, das Kontinuum der Geschichte aufzusprengen, ist den revolutionären Klassen im Augenblick ihrer Aktion eigentümlich." (I, 701) – Dazu muss man natürlich erwähnen, dass die Revolutionstheorie Benjamins auf alle Fälle vordergründig eine der Marxischen völlig entgegengesetzte ist. Marx erwartete die Revolution erst in einer eindeutigen und beizeiten absehbaren historischen Situation, deren Bedingungen in einer vorgängigen langen Entwicklungsphase der Produktivkräfte noch heranreifen. Benjamin dagegen sieht in der Revolution einen "Griff (..) nach der Notbremse" (I, 1232) im führerlos dahinrasenden sogenannten Fortschritt, eine schockartige Erfüllung der Gegenwart mit messianischer Zeit durch die Stillstellung des Geschehens, und meinte außerdem, es gebe "in Wirklichkeit (..) nicht einen Augenblick, der *seine* revolutionäre Chance nicht mit sich führte". (I, 1231) Tiedemann kritisierte daran, dass dies "eine ästhetische Theorie, keine der Geschichte" (Tiedemann, DS, 93) sei, und dass die sozialistische Revolution beileibe nicht durch einen anarchistischen Willkürakt zu haben sei. Dem stattgegeben, sei trotzdem angemerkt, dass Benjamin doch stets die tiefsten historischen und auch politischen Wahrheiten gerade in ästhetischen bzw. theologischen Miniaturen auszusprechen pflegte, und wenn in der Zukunft (der jüdischen Religion) "jede Sekunde die kleine Pforte (war), durch die der Messias treten konnte" (I, 704), dann ist seine Ankunft aus einer abstrakten Zukunft in einen dem menschlichen Zeitmaß fassbaren Horizont gerückt, und andererseits unterbindet das Erwarten des Messias gerade jede eigenmächtige Herbeiführung eines messianischen Zustandes, höchstens konnte man sich angemessen auf ihn vorbereiten; auch in

jedoch, dass nicht der Rückgriff auf das Vergangene per se melancholisch ist, sondern eine bestimmte Art der mußevollen Betrachtung dazutreten muss, die dessen Gehalt ohne nur zu plündern geduldig freizulegen weiß, um ihn vielleicht einst wirklich einer revolutionären Bewegung zur Verfügung zu geben. Abgesehen von jenen, die sich hektisch aus der Geschichte mal eben das herausgreifen und in den Mund nehmen, was ihren aktuellen Aktionen historische Legitimität aufbappen könnte, ist anhand der jeweiligen Behandlung des Historischen nämlich trotz allem zu unterscheiden, dass das

---

der jüdischen Eschatologie lassen sich historische Phasen nicht einfach überspringen. Und die "*eigentümliche* revolutionäre Chance jedes geschichtlichen Augenblicks" (I, 1231, Herv. von mir) meint doch wohl weniger, dass man, wann man gerade Lust hat, die Revolution durchführen oder auch lassen kann, viel eher dass die Zeit bis zum messianischen Reich kein homogener Leerlauf ist, bis es einem dann irgendwann in den Schoß fällt, sondern dass jeder Zeitpunkt bis dahin mit historischem Potential, einer verborgenen Korrespondenz mit einem jeweils spezifischen Augenblick der Geschichte angefüllt ist, die der materialistische Historiker zur Manifestation führen und so dem revolutionären Bewusstsein hinzufügen kann, dass also Arbeit an der Revolution möglich ist, lange bevor ihre Zeit gekommen ist. (vgl. I, 1231) Denn außer diesem reflexiven, eher passivischen ist es gerade das aktivische Moment in Benjamins Theorie der Revolution, das ihn in Opposition zur optimistischen Sozialdemokratie mit dem Kommunismus vereint; es ist nämlich von Belang, ob man das Warten auf die historische Chance als zuversichtliches Abwarten oder aber als Lauern versteht, welches im richtigen Moment bewusst einzugreifen weiß. Die Geschichte treibt die Hebel hervor, doch aushebeln tut sie sich nicht von alleine: "Die klassenlose Gesellschaft ist nicht das Endziel des Fortschritts in der Geschichte sondern dessen so oft missglückte, endlich bewerkstelligte Unterbrechung." (I, 1231)

Melancholische zu dem genuin Revolutionären eine wenn auch entfernte Verbindung hat, das Nostalgische dagegen gar keine.[63]

Geschlossene Gesellschaft & Romantik: kontemplative Durchdringung der irdischen Hölle

Auch Benjamin ist von seiner Zeit zur Kontemplation verdammt; das Bürgertum des 19. Jhs., das unter dem Banner der Freiheit, Gleichheit und Brüderlichkeit angetreten war, hatte seine großen Versprechungen nicht halten können und alles, was es dem 20. hinterließ, waren seine gegenständlichen Überreste, aus denen jede emphatische Beseelung verflogen war, ohne welche nur die katastrophische Seite des Fortschritts sich als beständig erwies. Entsprechend formulierte Benjamin, dass "mit der Erschütterung der Warenwirtschaft wir die Monumente der Bourgeoisie als Ruinen (zu erkennen beginnen), noch ehe sie zerfallen sind." (V, 59) Als bürgerlicher Intellektueller konnte und wollte er seine Zugehörigkeit zur herrschenden Klasse nicht verleugnen, musste aber gerade als Verfechter ihrer hehren Ansprüche zu ihr den größten Abstand einnehmen. Benjamin fand sich eingeschlossen in einer Welt des Bürgertums, aus der alles genuin Bürgerliche längst entwichen war, bzw. in Institutionen im doppelten Sinne fixiert und damit neutralisiert; der citoyen hatte sich fast ausnahmslos

---

[63]   Es sei aber nochmals darauf hingewiesen, dass der Gegensatz von Melancholie und Nostalgie ein rein begrifflicher ist und nur sehr allegorisch mit verteilten Rollen sich darstellen ließe; noch in jedem lebendigen Nostalgiker steckt ein Melancholiker, der aus einem Unbehagen an der als defizitär empfundenen Gegenwart heraus in seine Vergangenheit flüchtet, genau wie in jedem Melancholiker ein Nostalgiker steckt, der jenen vergangenen Zeiten nachhängt, da man noch darauf hoffen durfte, irgendwann einmal Gott zu verstehen, die Welt zu erkennen oder eine menschenwürdige Gesellschaft zu gründen.

zum bourgeois gewandelt. In dieser geschichtlichen Situation blieb dem engagierten bürgerlichen Intellektuellen nicht viel mehr als die geistige Verarbeitung des Fehlgeschlagenen – das weiterhin in zum Teil grausamer materialer Anschaulichkeit um ihn herumstand –, zum einen, weil eine historische Lösung nicht in Sicht war,[64] zum anderen, weil ohne seine gründliche Reflexion nichts das gescheiterte Vergangene hätte davon abhalten können, sich unbedrängt ins Kommende fortzusetzen.

Nun wäre zu klären, wie diese eine Seite der melancholischen Denkbewegung, das – nach Ficino – forschende Eindringen ins Zentrum der Gegenstände, bei Benjamin zur Ausbildung kommt, wo sie jene besonderen Wahrheiten erbringt, die dem unverbindlichen Nachsinnen über die Welt sich so entziehen – speziell nachdem auch er selber in einer Erörterung der barocken Melancholie der auf dem Irdischen lastenden Kontemplation gleichsam seherische Kräfte zugesprochen hat.[65] Ausführlicher hatte sich Benjamin bereits in

---

[64] Gemeint ist natürlich eine *bürgerliche* historische Lösung. Faschismus und auf der ganz anderen Seite der Kommunismus boten sich als Ausweg an. Wie so viele Intellektuelle setzte Benjamin schließlich seine ganze Hoffnung auf den Kommunismus, weshalb allerdings er sein melancholisches Moment nicht unverzüglich abschalten musste, insofern die kommunistische Theorie beileibe keine sofortige revolutionäre Praxis implizierte (s. dazu das in Anm. 62 Gesagte – der Elan des unmittelbaren Losschlagenkönnens gehörte eher den Faschisten an als den Kommunisten). Überhaupt sind beide Denkrichtungen bei Benjamin nicht als Abfolge, sondern nur in thematischer Unterschiedenheit zu behandeln; zumindest bei Benjamin war es statt eines Umschlags der bürgerlichen Melancholie in kommunistische Zuversicht vielmehr eine parallele Entwicklung, etwa zur selben Zeit begann er sich intensiver für den Kommunismus zu interessieren, als er für den Passagenkomplex die Untersuchung der eigentlichen bürgerlichen Außenwelt begann.

[65] "Aber noch diese Wahrträume sind (..) nicht als erhabene oder gar heilige Einflüsterung zu verstehen. Denn alle Weisheit des Melancholikers ist der Tiefe hörig; sie ist gewonnen aus der

jüngeren Jahren mit seiner Dissertation über den *Begriff der Kunstkritik in der deutschen Romantik* geäußert, womit er, wie es sich in der Retrospektive erweist, gleichsam ein Programm seiner eigenen philosophischen Tiefenforschung umrissen hat; wie jeder große Kritiker würdigte Benjamin an anderer Leute Werken genau das, was seiner eigenen Intention am nächsten kam.[66] Der zentrale Begriff der Kunstkritik der Frühromantik, bzw. ihrer exponierten Vertreter Friedrich Schlegel und Novalis, war der der Reflexion – der Reflexion, die als Urreflexion in jedem individuellen Bewusstsein beginnt, als "im Selbstbewusstsein über sich selbst reflektierendes Denken" (Schlegel, zit. n. I, 18), als "Vermögen der in sich zurückgehenden Tätigkeit, (als) Fähigkeit, das Ich des Ichs zu sein" (I, 19), als "Denken des Denkes" (I, 28), das sich über immer komplexer werdende gedankliche Kreisbewegungen ausweitet und als absolute Reflexion ihre Erfüllung, doch alles andere als ihren Abschluss findet.[67] Die Romantiker[68] regte das unbändige Bestreben, den Begriff der intellektuellen

---

Versenkung ins Leben der kreatürlichen Dinge und von dem Laut der Offenbarung dringt nichts zu ihr. Alles Saturnische weist in die Erdtiefe (..) Der Blick nach unten kennzeichnet (..) den Saturnmenschen, der den Grund mit den Augen durchbohrt." (I, 330)

[66] So z.B. auch den "romantischen Messianismus", "den revolutionären Wunsch, das Reich Gottes zu realisieren" (F. Schlegel, zit. n. I, 12, Anm. 3), wobei "der Gedanke eines sich in der Unendlichkeit realisierenden Ideals der vollkommenen Menschheit (abgelehnt wird), es wird vielmehr das 'Reich Gottes' jetzt in der Zeit, auf Erden, gefordert." (Pingoud, zit. n. I, 13, Anm. 3)

[67] Die Benjaminische Paraphrase der Frühromantiker sei hier im Indikativ wiedergegeben, weil ausschlaggebend nicht deren Gedankengut selber, sondern eben deren Absorption und Fruchtbarmachung durch ihn sein soll.

[68] Da Benjamins Arbeit ausschließlich von der Frühromantik handelt, darf "das bloße 'romantisch' doch ohne die Gefahr einer Äquivokation gebraucht werden." (I, 11, Anm. 2)

Anschauung, den Kant kurz zuvor für den Bereich der Erfahrung ausgeschlossen hatte, "für die Philosophie als Garantie ihrer höchsten Ansprüche wieder zurückzugewinnen"[69] (I, 19) und sahen "in der reflektierenden Natur des Denkens eine Bürgschaft für dessen intuitiven Charakter." (ebd.) Gesucht war eine neue Unmittelbarkeit der Erkenntnis, die dem kritizistischen Zeitgeist der Aufklärung zu entsprechen vermochte, ohne auf eine genuine Erkenntnis der Dingwelt ganz verzichten zu müssen. Man sträubte sich sowohl gegen den Rückfall in eine alte, vorkritische Form der Metaphysik, die den ehrfürchtig verstummten Erkennenden einen kurzen Blick auf das Reich der ewigen Ideen erhaschen ließ, wie gegen das ebenfalls zeitgemäße Abgleiten in die begrifflose Gefühlserkenntnis einer Sturm und Drang-Philosophie; das Gebot der Rationalität sollte unbedingt aufrechterhalten werden, doch ohne auf den Bereich der eigentlichen ratio sich beschränken zu müssen. Der in diesem Punkt mit den Romantikern verwandte Fichte sah die Grundlage solcher Unmittelbarkeit in der Reflexion als der einer Form: Die "Handlung der Freiheit, durch welche die Form zur Form der Form als ihres Gehaltes wird und in sich selbst zurückkehrt, heißt Reflexion." (zit. n. I, 21) Die Reflexion hat keinen Inhalt im landläufigen Sinn, ist frei von aller Gegenständlichkeit und reflektiert einzig über die Form, in der das Gegenständliche gefasst wird; es ging Fichte nicht um unvermittelte Dingerkenntnis durch Aufweichung der Grenzen von Bewusstsein und Welt, sondern um das Denken von Welt und das Denken dieses Denkens (als Denken), welches eine unmittelbare Erkenntnis dadurch gewährleisten soll, dass statt zweier Seinsweisen zwei – homogene – Bewusstseinsformen verschränkt werden. "Das absolute Subjekt (..) ist Zentrum dieser Reflexion und daher unmittelbar zu erkennen." (zit. n.

---

[69] Wie nämlich auch den jungen Benjamin: vgl. *Über das Programm der kommenden Philosophie*, II, 157 ff.

ebd.) Diese Unmittelbarkeit war aber nicht das einzige Moment, das die Romantiker die Reflexion als zentralen Begriff ihrer Erkenntnis bestimmen ließen, auch implizierte sie eine Unendlichkeit, die ein trotz aller begrifflichen Genauigkeit keiner kategorialen Einzäunung unterworfenes Denken ermöglichte. "Das reflektierende Denken gewann für sie vermöge seiner Unabschließbarkeit, in der es jede frühere Reflexion zum Gegenstand einer folgenden macht, eine besondere systematische Bedeutung." (I, 21)[70]

Die Unendlichkeit der romantischen Reflexion ist nun alles andere als ein ewig kreisender Leerlauf, ein gedankliches Perpetuum mobile, das ständig nur wieder sich selber erzeugt; jene zwei Bewusstseinsformen, die bei Fichte sich zusammenschlossen, sind nämlich immer noch *Formen* und keine selbstgenügsamen Bewusstseins*inhalte*, auch die Form der Form beinhaltet eine Form, die selber *von* irgendetwas Form ist. Und zwar von etwas, das als irgend Geformtes von der Reflexion der Form im Innersten betroffen sein kann, ohne zu ihr die geringste Ähnlichkeit hinsichtlich der physischen oder gar ontischen Beschaffenheit haben zu müssen – das heißt, grob gesagt, alles andere. Alles, was Inhalt eines Denkens werden kann, alles, worüber man überhaupt nachdenken kann, lässt sich als derart Gedachtes (und nur als das) auch in den Kreis des Denkens des Denkens hineinziehen.[71] Nicht nur die

---

[70] Unverkennbar ist die Vorbereitung von Einzelteilen der Hegelischen Dialektik bei jenen unterschiedlichen Denkern. Die Romantiker lieferten die prinzipielle Unendlichkeit der erfüllten Denkbewegung, worin jede Synthesis auf einer höheren Stufe eine den Reigen wieder eröffnende Thesis darstellt, Fichte dagegen mit der "Setzung" die diese jeweils begrenzende, doch dadurch gehaltlich ausfüllende bestimmte Negation der Antithesis. (vgl. I, 22 ff.)

[71] "In dieser Erkenntnis des Denkens durch sich selbst ist, wie bemerkt wurde, alle Erkenntnis überhaupt eingeschlossen. Dass aber a priori jene bloße Reflexion, das Denken des Denkens, als ein Erkennen des Denkens von den Romantikern aufgefasst wurde, rührt

Welt des Bewusstseins, auch die weit ausgreifendere Welt der Gegenstände ist von der Reflexion durchdringbar und erweitert deren Zugriffsbereich zu einer immensen Reichhaltigkeit: "Die Unendlichkeit der Reflexion ist für Schlegel und Novalis in erster Linie nicht eine Unendlichkeit des Fortgangs, sondern eine (erfüllte) Unendlichkeit des Zusammenhangs. (..) es sollte in ihr alles auf unendlich vielfache Weise, wie wir heute sagen würden systematisch, wie Hölderlin einfacher sagt 'genau' zusammenhängen. Mittelbar kann dieser Zusammenhang von unendlich vielen Stufen der Reflexion aus erfasst werden, indem gradweise die sämtlichen übrigen Reflexionen nach allen Seiten durchlaufen werden. In der Vermittlung durch Reflexionen liegt aber kein prinzipieller Gegensatz zur Unmittelbarkeit des denkenden Erfassens, weil jede Reflexion in sich unmittelbar ist. Es handelt sich also um eine Vermittlung durch Unmittelbarkeiten. (..) Diese prinzipielle, jedoch nicht absolute, sondern vermittelte Unmittelbarkeit ist es, auf der die Lebendigkeit des Zusammenhangs beruht." (I, 26 f.) Die Anreicherung der Reflexion mit der mannigfaltigen Außenwelt verdeutlicht erst den tieferen Unterschied zwischen der oben schon genannten Urreflexion und der absoluten Reflexion. Die erste "axiomatische Voraussetzung (Schlegels) ist, dass die Reflexion nicht in eine leere Unendlichkeit verlaufe, sondern in sich selbst substanziell und erfüllt sei. Nur mit Hinsicht auf diese Anschauung lässt sich die einfache absolute Reflexion von ihrem Gegenpol, der einfachen Urreflexion, unterscheiden." (I, 31) Nämlich anhand ihrer Sättigung mit allen Bereichen des Denkbaren, bis hinaus zu den niedersten

---

daher, dass sie jenes erste ursprüngliche, stoffliche Denken, den Sinn, bereits als erfüllt voraussetzen. Auf Grund dieses Axioms wird das Reflexionsmedium zum System, das methodische Absolutum zum ontologischen. Auf mannigfache Weise kann es bestimmt gedacht werden: als Natur, als Kunst, als Religion usw. Niemals aber wird es den Charakter des Denkmediums verlieren, eines Zusammenhangs denkender Beziehung." (I, 54)

Gegenständen der Außenwelt: "Man hätte (..) anzunehmen, dass die absolute Reflexion das Maximum, die Urreflexion das Minimum der Wirklichkeit in dem Sinne umfasse, dass zwar in beiden durchaus der Inhalt der ganzen Wirklichkeit, das ganze Denken enthalten sei, jedoch zur höchsten Deutlichkeit in der ersten entfaltet, unentfaltet und undeutlich in der andern." (ebd.) Die Urreflexion garantiert modellhaft das reflexive Potential, das jedoch erst im Durchgang durch alle Regionen der Reflexion samt deren Verästelungen sich verwirklichen, die volle Substanz seines Begriffes erreichen kann. "Schlegel (sieht) unmittelbar (..) das ganze Wirkliche in seinem vollen Inhalt mit steigender Deutlichkeit bis zur höchsten Klarheit im Absolutum sich in den Reflexionen entfalten." (I, 32)

Es wird deutlich, dass die romantische Reflexion den tradierten starren Gegensatz zwischen Cartesischer res cogitans und res extensa in einer dialektischen Beziehung aufhebt, ohne ihn zu tilgen. Das Reich des Gedankens wird erst dann zu einem erfüllten, wenn es das Reich der Außendinge bis in den letzten Winkel durchlaufen hat, dieses wiederum erhält erst seinen vollen Begriff als äußere Wirklichkeit, wenn es durch bewusste Reflexion aus dem Zustand einer blind und unterschiedlos vor sich hin seienden homogenen Masse in den Stand der materialen Differenziertheit erhoben ist. Bewusstsein und Dingwelt werden kommensurabel, ohne dass jenes von deren physisch-stummer, irrationaler Stofflichkeit abgestoßen würde, aber auch ohne dass es über die Geformtheit hinaus deren inhaltlich-materiale Erfülltheit in irgend einer Weise antasten oder gar vorgängig zurichten würde. Die Gegenstandserkenntnis der Romantiker ist eine Ausformung jener zarten Empirie, wie Goethe sie genannt und wie Benjamin sie in seiner gesamten Weltbetrachtung durchzusetzen versucht hat;[72] eine Empirie, die ihre Objekte "ganz" lässt und doch

---

[72]   "(Goethe:) 'Es gibt eine zarte Empirie, die sich mit dem Gegenstand innigst identisch macht und dadurch zur eigentlichen

deren vollen Wesens innewird, welches sich ansonsten jeder Vivisektion durch fachwissenschaftliche Analyse verschließt. Für die Romantiker ist die Objekterkenntnis kein Zerpflücken eines dem Erkennenden Heterogenen, sondern nichts weniger als die "Selbsterkenntnis des Objekts" (I, 55): "Alle Erkenntnis ist Selbsterkenntnis eines denkenden Wesens, das kein Ich zu sein braucht. (..) 'Selbstheit ist der Grund aller Erkenntnis' heißt es bei Novalis. Die Keimzelle jeder Erkenntnis ist also ein Reflexionsvorgang in einem denkenden Wesen, durch den es sich selbst erkennt." (ebd.)

Erkenntnis als kommunikative Vereinigung des Erkennenden mit einem sich selbst erkennenden Gegenstand[73] – dieser mystisch-animistische Einschlag der romantischen Erkenntnistheorie bedarf allerdings einer Interpretation, um sie als mit der materialistischeren Herangehensweise Benjamins kompatibel zu erweisen. Der Kerngedanke ist, dass jedes Ding, welcherart auch immer es beschaffen sei, durch seine

---

Theorie wird. Diese Steigerung des geistigen Vermögens aber gehört einer hochgebildeten Zeit an.' (..) Diese Empirie erfasst das Wesentliche im Gegenstande selbst, daher sagt Goethe: 'Das Höchste wäre, zu begreifen, dass alles Faktische schon Theorie ist. Die Bläue des Himmels offenbart uns das Grundgesetz der Chromatik. Man suche nur nichts hinter den Phänomenen; sie selbst sind die Lehre.' (..) Auch für die Romantiker ist das Phänomen kraft seiner Selbsterkenntnis die Lehre." (I, 60 Anm. 144)

[73] "Demnach ist alles, was sich dem Menschen als sein Erkennen von einem Wesen darstellt, in ihm der Reflex der Selbsterkenntnis des Denkens in demselbigen. (..) Die Steigerung der Reflexion in (dem Ding) hebt vielmehr die Grenze zwischen dem durch sich selbst und durch ein anderes Erkanntwerden in dem Dinge auf und im Medium der Reflexion gehen das Ding und das erkennende Wesen ineinander über. Beides sind nur relative Reflexionseinheiten. Es gibt also in der Tat keine Erkenntnis eines Objekts durch ein Subjekt. Jede Erkenntnis ist ein immanenter Zusammenhang im Absoluten, oder wenn man will, im Subjekt." (I, 57 f.)

Begrenztheit (ohne die es nicht als ein distinktes "Ding" bezeichnet werden könnte) notwendig eine Form besitzen muss, eine konkrete innere Anordung seiner Substanz, die es nach der Seite der allgemeinen Reflexion hin offen macht. Dieser geht es darum, die Form des Dings in ihre Reflexion einzubinden bzw. diese auf jene auszudehnen, gleichsam die Reflexion innerhalb des Gegenstandes zu wecken und dabei mit der eigenen kurzzuschließen. Dieses auf den ersten Blick merkwürdige Verständnis der Reflexion, die sowohl in belebter als auch in unbelebter Materie vorwaltet, mag korrespondieren mit der antiken Vorstellung eines Logos, der gleichzeitig menschliche Vernunft, diskursive Logik und göttliches Weltgesetz bedeutete, d.h. zwischen der persönlichen und der unpersönlichen Gestalt einer Rationalität keinen grundlegenden Unterschied begriff;[74] genauso mag die Reflexion eines Gegenstandes als lokale Fixiertheit, quasi als Versteinerung der ihn formierenden – innerlich anordnenden – objektiven Kräfte gelten, welche erst durch die reflektierende Betrachtung in ihrem Zusammenspiel aktiviert werden: Die Reflexion schlummert solange ungedacht in einem Gegenstand, bis ein reflektierendes Bewusstsein sich in ihren Kreis hineinbegibt, den unbetretenen Pfaden der dort geronnenen Reflexion mit der eigenen folgt und auf diese Weise den Gegenstand mit gedanklichem Leben erfüllt und zu seiner Entfaltung bringt.[75]

---

[74] Oder natürlich auch mit Hegels Geist, der in alles Bestehende sich gleichermaßen entäußert hat, doch nur in bewusster Substanz zur Selbstreflexion durchstößt. Gegenüber dem letztendlich unpersönlichen Logos, der sich von individuellem Bewusstsein in Anspruch nehmen lässt, wäre er eine persönlicher verstandene Gott-Vernunft, die doch zur notwendigen Unbelebtheit sich entfremden muss.

[75] Fichte schreibt dazu: "Dasjenige, was (diese Philosophie) zum Gegenstande ihres Denkens macht, ist nicht ein toter Begriff, der sich gegen ihre Untersuchung nur leidend verhalte, ... sondern es ist ein Lebendiges und Tätiges, das aus sich selbst und durch sich selbst

Dann wäre die romantische "Erkenntnis zweier Wesen durch einander, die im Grunde die Selbsterkenntnis ihrer reflexiv erzeugten Synthesis ist" (I, 57), insofern auf die Füße zu stellen, wie das reflektierende Subjekt[76] durch die Erkenntnis eines Gegenstandes und der Agnoszierung der in ihm gesammelt liegenden Wesenheiten – als ein derselben Welt zugehöriges und denselben Wesenheiten unterworfenes Geschöpf – gleichzeitig etwas über die Bedingungen der eigenen Existenz erfährt; auf der anderen Seite verlagert es sich in den Gegenstand und leiht ihm die eigene tätige Reflexion zur Selbsterkenntnis, die dessen Eigengesetzlichkeit keinen Abbruch tut und doch mit der Objekterkenntnis durch das den Erkenntnisapparat stiftende Subjekt restlos zusammenstimmt. Es ist Selbsterkenntnis des Erkennenden *in* seinem Gegenstand; das Subjekt stülpt sich in sein Objekt hinaus, geht darin auf und verhilft ihm zum Aufblühenlassen der eigenen Reflexion; im Zuge der selben Bewegung, unter veränderter Perspektive, zieht das Subjekt die Gegenständlichkeit in sich herein und reichert sich an mit einem weiteren Stück erkannter Welt. Das sich-an-

---

Erkenntnisse erzeugt, und welchem der Philosoph bloß zusieht. Sein Geschäft ist nichts weiter, als dass er jenes Lebendige in zweckmäßige Tätigkeit versetze, dieser Tätigkeit desselben zusehe, sie auffasse und als Eins begreife." (zit. n. I, 59) Und Benjamin weiter: "Was bei Fichte für das Ich gilt, das gilt bei Novalis vom Naturgegenstand und wird zu einem zentralen Satz der damaligen Naturphilosophie. (..) Das Experiment (– diese Methode) besteht in der Evokation des Selbstbewusstseins und der Selbsterkenntnis im Beobachteten. Eine Sache beobachten, heißt nur, sie zur Selbsterkenntnis bewegen." (I, 59 f.)

[76]   Für die Darstellung dieser modernen Erkenntnisauffassung wollen wir auf die Unterscheidung von Subjekt und Objekt, so dialektisch verschlungen deren Beziehung sein mag, nicht verzichten, müssen aber darauf hinweisen, dass sie in der paraphrasierten romantischen Theorie in der Erkenntnis als Synthese verschwindet. (vgl. z.B. I, 58)

die-Dingwelt-Verlieren der tiefen Kontemplation hat seine untrennbare Ergänzung im sich-Gewinnen in der Außenwelt.

Nun hatten die Romantiker das Vorstehende ursprünglich auseinandergelegt, um es vor allem anderen für die Kunstkritik in Anspruch zu nehmen, und sie blieb auch deren vornehmliches Interesse. Kunstkritik verstanden sie allgemein als Gegenstandserkenntnis im Reflexionsmedium der Kunst, die fern davon, Kunstwerke nach Maßgabe irgendwelcher vorgeblich objektiven Kunstrichtlinien abzuurteilen, das einzelne gegenständliche Werk als Reflexionszentrum behandelte, das zu seiner vollen Erfüllung in sein Reflexionsmedium, die Kunst, aufgelöst werden bzw. die spezifische Begrifflichkeit der Kunst, worin deren Reflexion sich bewegt, in der eigenen Substanz aufweisen wollte, um sein ganzes Dasein als Gegenstand eines sinngebenden Zusammenhangs zu verwirklichen.[77] "So erfasst die Reflexion gerade die zentralen, d.h. allgemeinen Momente des Werkes und versenkt sie in das Medium der Kunst". (I, 68 f.) Die Kunsterkenntnis unterschied sich von der allgemeineren Naturerkenntnis nur durch die Begrifflichkeit und den Aufgabenbereich, einzig dass sie den Romantikern mehr am Herzen lag. "Für sie war die Deutung alles Wirklichen, also auch der Kunst, ein metaphysisches Credo" (I, 62), und die vorherige Entwicklung einer romantischen Erkenntnistheorie war nicht die Propädeutik einer alles überragenden Kunstkritik, diese vielmehr ein bevorzugtes Modell der mannigfaltig realisierbaren Welterkenntnis. "So ist nicht zu vergessen, dass in einer Untersuchung der romantischen Metaphysik, des romantischen Geschichtsbegriffs, diese metaphysische Anschauung alles Wirklichen als eines Denkenden noch andere Seiten an den Tag legen würde, als es mit Beziehung auf die

---

[77]   "Die Beurteilung der Werke an ihren immanenten Kriterien" ist "der Kardinalgrundsatz der kritischen Betätigung seit der Romantik." (I, 72)

Kunsttheorie geschieht, für welche ihr erkenntnistheoretischer Gehalt vor allem ins Gewicht fällt." (ebd.) Der Weg war geebnet zu Benjamins eigener philosophischer Tätigkeit, er hatte die beschriebene romantische Erkenntnistheorie soweit verinnerlicht, dass er seinen deutenden Blick problemlos von der eigentlichen Kunsterkenntnis auf all die Bereiche des materialen Lebens schwenken konnte, deren Betrachtung zur Erhellung eines allgemeinen Weltzustandes beizutragen versprach. Von der Kunstkritik im engeren Sinne, dem *Ursprung des deutschen Trauerspiels* oder den zahlreichen Zeitungsrezensionen, gelangte er so im Passagenkomplex zur philosophischen Deutung der material um ihn stehenden, hauptsächlich urbanen Artefakte der bürgerlichen Welt.[78] "Die Kritik ist also gegenüber dem Kunstwerk dasselbe, was gegenüber dem Naturgegenstand die Beobachtung ist, es sind die gleichen Gesetze, die sich an verschiedenen Gegenständen modifiziert ausprägen. (..) Kritik ist also gleichsam ein Experiment am Kunstwerk, durch welches dessen Reflexion wachgerufen, durch das es zum Bewusstsein und zur Erkenntnis seiner selbst gebracht wird." (I, 65) Und in der Verlagerung bzw. Erweiterung seiner Perspektive systematisierte und vollendete Benjamin jene einander ähnlichen Verfahrensweisen zu einer einheitlichen Kulturerkenntnis, einer Kulturkritik im tiefsten Sinne, die von der Kunstkritik das Menschengemachte als Objekt und von der Naturwissenschaft die Konfrontation mit dem Ungeplanten, Unreflektierten und Naturwüchsigen

---

[78]   Wobei die Erkenntnisintention unterscheidend ist, nicht der Gegenstand. So lässt sich ein Kunstwerk, z.B. ein deutsches Trauerspiel des 17. Jhs., statt als ästhetischer Ausdruck eines singulären Autorenwillens primär als artefaktisches Zeugnis seiner Epoche darstellen, und umgekehrt ein funktionales Gebilde der Industriegesellschaft, wie der Londoner Kristallpalast der Weltausstellung 1851, als wohlintendierte Manifestation eines kollektiven Strebens.

zusammenbringt und "die nahe Verwandtschaft zwischen Kritik und Beobachtung" (ebd.) schließlich zu einer Synthese führt.

Bei der Verallgemeinerung der primär auf Kunstwerke gerichteten Erkenntnisweise taucht jedoch ein Problem auf, das Kunstkritik und Naturwissenschaft doch weniger kompatibel erscheinen lässt als gedacht. Die Romantiker verstanden nämlich die Gegenstandserkenntnis im Grunde als Gegenstandskonstitution: "Simultan jeder Erkenntnis eines Gegenstandes ist das eigentliche Werden dieses Gegenstandes selbst. Denn die Erkenntnis ist, nach dem Grundsatz der Gegenstandserkenntnis, ein Prozess, der das zu Erkennende erst zu dem, als was es erkannt wird, macht." (I, 61) Obwohl hierbei die Erkenntnistätigkeit überhaupt angesprochen ist, erscheint sie doch bei der Kunstkritik am gemäßesten und sinnvollsten, insofern ein Kunstwerk von einem (meistens jedenfalls) reflektierenden Bewusstsein geschaffen wurde, das Sinngehalte in eine ästhetische Form hat gerinnen lassen, die erst in der individuellen Rezeption sich wieder ausfalten und das Kunstwerk als Kunstwerk erstehen lassen; ein Kunstwerk, das niemand sieht, ist überflüssig (und wahrscheinlich gar keins). Eine Kritik des Werkes soll daher "nichts anderes tun, als die geheimen Anlagen des Werkes selbst aufdecken, seine verhohlenen Absichten vollstrecken. Im Sinne des Werkes selbst, d.h. in seiner Reflexion, soll es über dasselbe hinausgehen, es absolut machen. (..) Für die Romantiker ist Kritik viel weniger die Beurteilung eines Werkes als die Methode seiner Vollendung." (I, 69)[79] Welcher Natur- oder auch Kulturerkenntnis könnte aber daran gelegen sein, dem

---

[79]   Oder auch: "Das Subjekt der Reflexion ist im Grunde das Kunstgebilde selbst, und das Experiment besteht nicht in der Reflexion *über* ein Gebilde, welche dieses nicht, wie es im Sinn der romantischen Kunstkritik liegt, wesentlich alterieren könnte, sondern in der Entfaltung der Reflexion, d.h. für den Romantiker: des Geistes, *in* einem Gebilde." (I, 65 f.)

untersuchten Objekt eigenmächtig etwas hinzuzufügen, es zu vervollständigen oder gar zu verändern, gerade wenn aus ihm allgemeingültige, objektive Bestimmungen gezogen werden sollen, die nicht für die jeweils untersuchten, sondern für alle derartigen Objekte Gültigkeit beanspruchen. Wenn die gerade etablierte Korrespondenz der unterschiedlichen Erkenntnisarten nicht gleich wieder fallengelassen werden soll, bietet sich nur die Interpretation an, dass Vollendung eines Gebildes im erkenntnistheoretischen Sinne nicht bedeuten kann, dass der Erkennende dem Objekt etwas hinzufügt oder es einem äußeren Ideal gemäß perfektioniert, was die Romantik der Erkenntnistheorie ja gerade mühsam ausgetrieben hatte, sondern dass dieses Gebilde erst dann wirklich vollkommen ist, wenn es zu einem umfassenden Begriff seiner selbst geworden ist, wenn seine individualisierende Oberfläche auf die in ihm wirkenden Weltstrukturen hin transparent gemacht wurde. Danach besitzt das einzelne Ding erst dann sein ganzes Dasein als Einzelding, als Besonderheit, wenn es als Besonderung eines dagegenstehenden Allgemeinen rekonstruiert ist, welches die abstrakten Vergleichsmaßstäbe stellt, die es gegen alle anderen Einzeldinge inhaltlich abzugrenzen erlauben.[80] Die wirkliche Erkenntnis eines Gegenstandes beinhaltet die Erkenntnis seiner Daseinskonstituenten, die sich als reflektierbare Form tief in seine ungestalte Materie gefressen haben – ob sie ästhetischer Willkür oder einem irgend gearteten Automatismus entspringen ist dabei zweitrangig. Von daher ist das Eindringen in die Gegenstände der melancholischen Kontemplation nichts weniger als ein Kopf in den Sand Stecken; ganz entgegen der gängigen Wissenschaftlichkeit, die

---

[80]   "In dieser Arbeit beruht (die Kritik) auf den Keimzellen der Reflexion, den positiv formalen Momenten des Werkes, die sie zu universal formalen auflöst. So stellt sie die Beziehung des einzelnen Werkes auf die Idee der Kunst und damit die Idee des einzelnen Werkes selbst dar." (I, 73)

beim Allgemeinen beginnt und ihren Gesichtskreis hinunter auf das Einzelne fokussiert bis es den gesamten Horizont ausfüllt, setzt jene an der individuellen Oberfläche an und gräbt sich durch die Schichten der Spezifizierung, bis sich im Zentrum ihr Blick auf das Allgemeine weitet.[81]

Am Läuterungsberg: durch das Niederste zum Höchsten

Darin steckt auch der erste Schritt zur melancholischen Fahrt ins Himmelreich der Spekulation, die nicht von den Dingen weg, sondern durch sie hindurch zur höchsten Erkenntnis strebt. Das Ideal der vollständigen Transparenz der Universalien in den historischen Gegenständen lässt Benjamin diese als Monaden betrachten, deren jede einzelne ein Bild der Welt in sich verschlossen hat, welches es in ihr zum Vorschein zu treiben gilt. In seinem messianisch durchtränkten Denken der Spätzeit, worin er mit dem Begriff der Jetztzeit seine materialistische Monadologie dem historischen Potential überantwortete,[82] schreibt Benjamin noch einmal deutlich, dass

---

[81]   "Und so könnte denn wohl die reale Welt in dem Sinne Aufgabe sein, dass es gelte, derart tief in alles Wirkliche zu dringen, dass eine objektive Interpretation der Welt sich drin erschlösse." (I, 228) Und wenn diese reale Welt sich so präsentierte wie Benjamin sie erlebte, dann ist sein späteres Vorhaben nur konsequent, anhand umfassender materialer Analysen das 19. Jahrhundert als Hölle darzustellen. (vgl. V, passim)

[82]   "Die Jetztzeit, die als Modell der messianischen in einer ungeheueren Abbreviatur die Geschichte der ganzen Menschheit zusammenfasst, fällt haarscharf mit *der* Figur zusammen, die die Geschichte der Menschheit im Universum macht." (I, 703) Die Stelle folgt einem Zitat über das inzwischen bekannte Modell, wonach in der Geschichte des organischen Lebens, auf einen Tag umgerechnet, der zivilisierte Mensch in der letzten Sekunde vor Mitternacht auftauchte. Doch weit davon entfernt, die Menschheit zu einem Sandkorn zu bagatellisieren, wie es heutige Feierabendphilosophen gern tun ("Ach,

die Aufgabe gerade des historischen Materialismus ist, dem zähen Kontinuum der Geschichte Bruchstücke zu entreißen und anhand deren monadischer Struktur jene über sich aufzuklären, in ihnen der Geschichte zur Selbsterkenntnis zu verhelfen.[83]

Doch auch diese Wendung von den konkreten Dingen ins Universale hat seine Vorbereitung in der romantischen Philosophie – der Goethischen Einheit der Kunst in der Vielheit der Werke setzten die Romantiker die "Relation der Kunstwerke zur Kunst als Unendlichkeit in der Allheit" entgegen, "- das heißt: in der Allheit der Werke erfüllt sich die Unendlichkeit der Kunst". (I, 117) Denn "jedes Gedicht, jedes Werk soll das Ganze bedeuten, wirklich und in der Tat bedeuten und durch die Bedeutung ... auch wirklich und in der Tat sein." (Schlegel, zit. n. I, 115) "Die Aufhebung des Zufälligen, des

---

der Mensch ist doch ein Nichts verglichen mit dem riesigen Universum."), geht es Benjamin gerade darum, dass in einem einzigen kurzen Augenblick, einem kleinen Bruchstück des Weltverlaufs, die gesamten Leistungen ihrer Geschichte der Menschheit zur Verfügung stehen können.

[83]   "Der materialistischen Geschichtsschreibung ihrerseits liegt ein konstruktives Prinzip zugrunde. Zum Denken gehört nicht nur die Bewegung der Gedanken sondern ebenso ihre Stillstellung. Wo das Denken in einer von Spannungen gesättigten Konstellation plötzlich einhält, da erteilt es derselben einen Chock, durch den es sich als Monade kristallisiert. Der historische Materialist geht an einen geschichtlichen Gegenstand einzig und allein da heran, wo er ihm als Monade entgegentritt. In dieser Struktur erkennt er das Zeichen einer messianischen Stillstellung des Geschehens, anders gesagt, einer revolutionären Chance im Kampfe für die unterdrückte Vergangenheit. Er nimmt sie wahr, um eine bestimmte Epoche aus dem homogenen Verlauf der Geschichte herauszusprengen; so sprengt er ein bestimmtes Leben aus der Epoche, so ein bestimmtes Werk aus dem Lebenswerk. Der Ertrag seines Verfahrens besteht darin, dass *im* Werk das Lebenswerk, *im* Lebenswerk die Epoche und *in* der Epoche der gesamte Geschichtsverlauf aufbewahrt ist und aufgehoben." (I, 703)

Torsohaften der Werke ist die Intention in dem Formbegriff Friedrich Schlegels" (I, 115), der sich auch darin direkt gegen Goethes platonisierende Auffassung von einer ontologischen Kluft stellt, die die Idee der Kunst von ihren einzelnen Werken trennt. "Wohl haben (bei Goethe) die einzelnen Werke an den Urbildern Anteil, aber einen Übergang aus ihrem Reich zu den Werken gibt es nicht, wie ein solcher im Medium der Kunst, von der absoluten Form zu den einzelnen, wohl besteht." (I, 114) Diesen Übergang, der das sisyphische und letztlich unerfüllbare Strecken des Konkreten nach seinem Allgemeinen in einer dynamischen Synthese auflösen sollte, suchten die Romantiker mit aller theoretischen Kraft herzustellen. "Über das Verhältnis der Werke zum Unbedingten und damit zu einander hat Goethe entsagend gedacht. Im romantischen Denken aber rebellierte alles gegen diese Lösung. Die Kunst war dasjenige Gebiet, in welchem die Romantik die unmittelbare Versöhnung des Bedingten mit dem Unbedingten am reinsten durchzuführen strebte." (ebd.) Und von der Kunsttheorie zur allgemeinen Welttheorie war es dann nur noch ein kurzer Schritt – wie wir uns erinnern, geschah es in der Zeit der Romantik, dass die Sehnsucht nach dem unerreichbaren Unbedingten aus der ontologischen in die Zeitachse gekippt wurde.

Was Benjamin also im Innern des Konkreten erblickt, sind weder dessen Wesen noch dessen Idee, sondern nichts weniger als dessen Epoche. Genauer: Auch wenn das untersuchte Stück ein abgeschlossenes, herausgesprengtes, dem Zugriff der Welt entzogenes ist, sind sein Wesen oder seine Idee doch untrennbar mit der Geschichte verbunden, bzw. *ist* seine Geschichte sein Wesen. Wie der Splitter einer holographischen Platte eine vollständige Kopie von deren Bild, so trägt das Konkrete seine Entstehungszeit en miniature in sich.

Himmelfahrt zur Wahrheit: die Welt als Konstellation

Allerdings bleibt noch zu klären, wie genau dieses Konkrete zu verstehen ist, in dem alles Größere zu erkennen sei, dieser "Begriff von Konkretion, der dem Werk Benjamins einbeschrieben ist und den es doch nie voll expliziert, wiewohl immerfort darstellend bewährt." (Schweppenhäuser, 22 f.) Es gehört zu Benjamins Eigentümlichkeiten, einen Begriff, den er als Eigenprägung oder in neuer Verwendung seinem persönlichen Gedankeninventar beifügt, nicht von vornherein und ein für allemal in einer Definition festzulegen; vielmehr lässt er ihn im Strom seiner philosophischen Entwicklung treiben, worin er mal hier mal da in unterschiedlicher Wendung auftaucht, bis er letztendlich – im besten Falle –, von der Strömung rundgewaschen und gereinigt, zu seinem tiefsten und reichsten Gehalt kommt. Eine Begriffsbestimmung Benjamins geschieht nicht nach dem Ausschließungsprinzip der Definition, die mit einem Handstreich alles Ungleiche aussperrt, sondern im Zuge der geschichtlichen Anwendung, die immer neue, gleichsam halbtransparente Schichten um den Begriff anlagert, die dessen untere Schichten gerade mal so überdecken, dass der Kern noch durchschimmert und vor allem der gesamte Komplex wächst und an Gravität gewinnt. Dabei kann es natürlich zu Widerständen und Abstoßungen kommen, die eine formallogisch geeichte, die historische Unterworfenheit auch der Gedanken missachtende Betrachtung als Widersprüche brandmarken würde. So deutet Benjamin an, dass das monadische Konkrete, das ein Bild der ganzen Welt enthält, in jedem kleinsten und abseitigsten Weltbaustein zu finden sein kann, (z.B. wiegt "in (Kellers Prosa) (..) jede kleinste angeschaute Zelle Welt soviel wie der Rest aller Wirklichkeit." II, 288,) was bedeuten würde, dass man mit jeder Nussschale, so klein oder groß sie sei, das Universum in der Hand hielte. Dann aber wäre Philosophie bald zuende, man bräuchte aus den parataktisch nebeneinanderliegenden Einzeldingen nur eins herauszugreifen und stolz mit sich herumzutragen, weil zur Erkenntnis der Welt das eine so gut wäre wie das andere (und auch nur eins genügte). Dieses mystisch-phänomenologische Moment seiner Philosophie – nach romantischem Vorbild – ist bei Benjamin andererseits mit seinem Grundsatz konterkariert, dass die allegorische Anschauung, der "was da in Trümmern abgeschlagen liegt, das hochbedeutende Fragment, das Bruchstück (als) edelste Materie"(I, 354) gilt, einer modernen, aufgeklärten und antiillusionären Philosophie am gemäßesten sei. Notwendig unvollständiges Fragment vs. kleine Totalität – dieser vielleicht größte aller Gegensätze verschränkte sich in Benjamins Denken zu einer dialektischen Einheit der Extreme, wenn auch, wie benannt, nicht ohne Probleme.[84] An anderer Stelle schreibt Benjamin hingegen: "Die Idee ist Monade. Das Sein, das da mit Vor- und Nachgeschichte in sie eingeht, gibt in der eigenen verborgen die verkürzte und verdunkelte Figur der

---

[84]   Es war wohl Adornos Verdienst, diese Widersprüchlichkeit als erster aufgewiesen und im selben Atemzug der Kraft des Benjaminischen Denkens gutgeschrieben zu haben. "Der einmal sich einverstanden erklärte mit der Charakteristik, er denke in Brüchen, hat auch vor dem Äußersten sich nicht gescheut; das ihm tödliche Fremde in sich hineingezogen, selbst auf die ihm mögliche Gestalt von Stimmigkeit verzichtet: die der fensterlosen Monade, die da gleichwohl das Universum 'vorstellt'. Denn er wusste, dass keine Berufung auf prästabilierte Harmonie mehr stichhaltig wäre, wenn anders sie es je gewesen ist. An dem tour de force, auf das er sich ohne viel Illusionen übers mögliche Gelingen einließ, lässt nicht weniger sich lernen als an dem Meisterlichen, das er vollbrachte. (..) Das Vermögen (gegen sich selber zu schreiben) ist von seiner produktiven Kraft nicht zu scheiden." (Adorno, 48 f.) Zur Stärkung der philosophischen Substanz auf die innere Stimmigkeit verzichtet zu haben, vielleicht ist dies das Signum von theoretischer Stringenz bei gleichzeitigem Gedankenreichtum: aufkeimende Widersprüche nicht herauszureißen sondern integrieren zu können. Einzig mit dem Bewusstsein seiner Unzulänglichkeit kann der Begriff der Monade aufrechterhalten werden.

übrigen Ideenwelt, so wie bei den Monaden der 'Metaphysischen Abhandlung' (Leibnizens) von 1686 in einer jeweils alle andern undeutlich mitgegeben sind." (I, 228) Damit ist zurechtgerückt dass die Monaden, wiewohl sie das ganze Universum in sich bergen, doch nicht alle dessen Aspekte in gleicher Deutlichkeit herausstellen können, dass es in der Tat mehrere bzw. alle Monaden bräuchte, das Universum adäquat auf mikrologischer Ebene abzubilden. Das führt hinüber zum Bereich der Benjaminischen Ideen, die in der Tat einen Bezug zur universalen Wahrheit herstellen können, ohne jedoch diese in irgendeiner Form in sich aufweisen oder ihrer habhaft werden zu können. Die Wahrheit ist nicht Gegenstand einer bündig formulierbaren und handhabbaren Erkenntnis,[85] welche immer an der Übereinstimmung mit der Dingwelt gemessen würde, ihr Wesen ist vielmehr das "sich darstellende Ideenreich" (I, 211), die objektive Anordnung und Interpretation der disparaten Ideen, und die Methode der Philosophie ist statt der Aussprache der Wahrheit die Darstellung ebendieser Ideen.[86] "Die Wahrheit, vergegenwärtigt im Reigen der dargestellten Ideen, entgeht jeder wie immer

---

[85]   Benjamins Erkenntnisbegriff ist hier eindeutig ein engerer als unserer bzw. der geläufige, d.h. er bezeichnet vor allem die Art von Wissen, die in positiv formulierten Satzwahrheiten aufbewahrt werden kann und die daher zur eigentlichen universalen Wahrheit, deren Komplexität einer ausdrücklichen diskursiven Fixierung in Wörtern sich verweigert, nur sehr indirekt – als selber Material – einen Zugang hat. Der Klarheit halber soll in unserer Darstellung aber weiterhin die Erkenntnis durchgängig als das verstanden werden, was idealerweise den Weg zur Wahrheit weist.

[86]   "Die Wahrheit ist ein aus Ideen gebildetes intentionsloses Sein. (..) Als ein Ideenhaftes ist das Sein der Wahrheit verschieden von der Seinsart der Erscheinungen. (..) Nicht als ein Meinen, welches durch die Empirie seine Bestimmung fände, sondern als die das Wesen dieser Empirie erst prägende Gewalt besteht die Wahrheit. (Sie) bestimmt die Gegebenheit der Ideen." (I, 216)

gearteten Projektion in den Erkenntnisbereich." (I, 209) Stattdessen realisiert sie sich auf einer höheren Ebene in der inneren sowie topologischen Bezugnahme der Ideen untereinander: "Jede Idee ist eine Sonne und verhält sich zu ihresgleichen wie eben Sonnen zueinander sich verhalten. Das tönende Verhältnis solcher Wesenheiten ist die Wahrheit." (I, 218) – Mit der Hereinnahme der Monadologie in diesen Gedankenkreis und der Identifizierung von Monaden und Ideen erfahren beide Seiten eine nähere Ausdeutung und philosophische Bereicherung; die Monade lernt, dass sie nur in genauer Abstimmung mit ihresgleichen das Ganze in sich vorstellig machen kann, und die Idee, die bei Platon in vornehmer Trennung von der Dingwelt residierte, erhält das Königreich des gegenständlichen Universums zu ihrem Umkreis dazu.

Doch bleibt noch zu klären, wie das Verhältnis der Ideen zur Dingwelt im einzelnen beschaffen ist, oder umgekehrt auf welche Weise man durch das Wühlen und Graben in den Gegenständen den Ideen und über diese der allgemeinen Wahrheit ansichtig bzw. einsichtig werden kann; die romantische Theorie der Erkenntnis schwieg sich darüber aus, wie die Erregung der Reflexion innerhalb des Gegenstandes genau vonstatten gehen soll, ob bezüglich der Reflexionsweisen der Erkennende und das Erkannte überhaupt von vornherein kompatibel sind und welche Rolle in dieser unmittelbaren Zusammenschließung die Sprachlichkeit innehat. Die Romantik konnte Benjamin für eine materialistische Theorie der Erkenntnis den Rahmen liefern, nicht aber die spezifische Strukturiertheit dieser Erkenntnis; im Gegenteil scheint die durchgeführte reflexive Synthese beider Seiten in ihrer etwas breiigen Vagheit keinen Anhaltspunkt für einen inneren Aufbau des Erkenntnisgehalts oder einer gewissen weitergehenden Spontaneität seitens des Erkennenden zu bieten, sondern es entsteht der Eindruck, als würde dieser auf einen Schlag, ohne Begriffe und ohne eigenes Zutun eine mystische Schau des

Dingwesens erleben. Aber genau dieser unterstellte Monismus, die monolithische Totalität des Wahren ist es, die Benjamin durch eine diskontinuierliche, zeithafte und gleichsam epische Auffassung der Erkenntnis,[87] und damit der Ideenwelt selber, ersetzen will: "Nicht selten hat die Unkunde von dieser ihrer diskontinuierlichen Endlichkeit energische Versuche zur Erneuerung der Ideenlehre, zuletzt noch die der älteren Romantiker,[88] gebrochen. In ihrem Spekulieren nahm die Wahrheit anstelle ihres sprachlichen Charakters den eines reflektierenden Bewusstseins an." (I, 218)

---

[87]   Die grundlegende Charakterisierung der philosophischen Erkenntnis als Kontemplation deutet schon darauf hin, dass mit ihr ein langwieriger, anstrengender, gewundener und letztlich unvorhersehbarer Akt der Gedankenarbeit gemeint ist: "Darstellung als Umweg – das ist denn der methodische Charakter des (philosophischen) Traktats. Verzicht auf den unabgesetzten Lauf der Intention ist sein erstes Kennzeichen. Ausdauernd hebt das Denken stets von neuem an, umständlich geht es auf die Sache selbst zurück. Dies unablässige Atemholen ist die eigenste Daseinsform der Kontemplation" (I, 208), denn "die Kontemplation kennt kein Ende." (I, 926) – Die an anderer Stelle erwähnte blitzartige Erkenntnis ("Das dialektische Bild ist ein aufblitzendes. So, als ein im Jetzt der Erkennbarkeit aufblitzendes Bild, ist das Gewesne festzuhalten." V, 591 f.) steht dazu nicht im Widerspruch, insofern eine geradlinige, bruchlos und zielbewusst herbeigeführte und daher graduell anwachsende Wahrheitsfindung gerade deren genaues Gegenteil hinstellt. Blitzhaft ist die Erkenntnis nur dort, wo das kontemplativ zusammengetragene Gedankenmaterial eine kritische Masse erreicht hat und sich plötzlich entzündet, bzw. wo eine Wahrheit sich kurz offenbart und vom "Wellenschlag der Kontemplation" (I, 926) herausgewaschen werden will. "In den Gebieten, mit denen wir es zu tun haben, gibt es Erkenntnis nur blitzhaft. Der Text ist der langnachrollende Donner." (V, 570)
[88]   Womit natürlich nur die frühen, nicht die späteren (= jüngeren) gemeint sein können.

Die Darstellung der Ideen ist von ihrem sprachlichen Charakter nicht zu trennen, nur ist dieser etwas komplizierter als die landläufige – und übrigens platonische – Ansicht, mit einer Idee sei nichts weiter als ein Begriff gemeint, ein geistiges Ding, das eine begrenzte Anzahl von Gegenständen "unter sich" versammelt, die sich alle durch in eben ihrem Begriff festgelegte Eigenschaften gleichen und von anderen unterscheiden. Die Begriffe fungieren vielmehr als ein Bindeglied, als ein Katalysator, als ein Adapter zwischen der geistigen Welt der Ideen und der äußeren Wirklichkeit, welche ohne die beiderseitige Übersetzungsleistung der Begriffe nur die rohe, abweisende und trügerische Kehrseite des jeweils Anderen wahrnehmen und somit in schroffer Gegensätzlichkeit versteinern würden – die plumpe Spielart des Idealismus und der Positivismus stellen in der von Benjamin anvisierten Epoche die Paradebeispiele für diesen Antagonismus. "Die Phänomene gehen aber nicht integral in ihrem rohen empirischen Bestande, dem der Schein sich beimischt, sondern in ihren Elementen allein, gerettet, in das Reich der Ideen ein. Ihrer falschen Einheit entäußern sie sich, um aufgeteilt an der echten der Wahrheit teilzuhaben. In dieser ihrer Aufteilung unterstehen die Phänomene den Begriffen. Die sind es, welche an den Dingen die Lösung in die Elemente vollziehen. Die Unterscheidung in Begriffen ist über jedweden Verdacht zerstörerischer Spitzfindigkeit erhaben nur dort, wo sie auf jene Bergung der Phänomene in den Ideen, das Platonische tà phainómena sózein (etwa: die Phänomene am Leben erhalten) es abgesehen hat. Durch ihre Vermittlerrolle leihen die Begriffe den Phänomenen Anteil am Sein der Ideen." (I, 213 f.)[89] Doch

---

[89]　Das haben auch schon die Romantiker gewusst, wenn sie von der Reflexion sagten, sie "erfasst gerade die zentralen, d.h. allgemeinen Momente des Werkes und versenkt sie in das Medium der Kunst" (s.o. S. 54), doch konnten sie noch nicht das begriffliche Gerüst nennen, worin dies vonstatten geht.

auch in diesem Verständnis hat die Trias der Ideen, Begriffe und Phänomene, wie Benjamin die Gegenstände der materialen Welt als dem menschlichen Sinnenapparat zugängliche auch bezeichnet, noch nicht den linear-hierarchischen Einschlag verloren, solange die Begriffe nur als stummes Mittelding, als bloßer Umschlagplatz und nicht als Medium der spontanen, eingreifenden Menschenvernunft gelten.[90] Die Beziehung der Ideen zu den Phänomenen, bzw. zu den diese "rettenden" Begriffen, gleicht vielmehr der Beziehung der Wahrheit zu den sie vorstellenden Ideen: Die Darstellung der Ideen durch die Phänomene erfolgt nicht in deren Unterordnung, sondern in einer für Benjamins Denken zentralen Kategorie: der *Konfiguration*. "Als Gestaltung des Zusammenhangs, in dem das Einmalig-Extreme mit seinesgleichen steht, ist die Idee umschrieben." (I, 215) "Indem die Rettung der Phänomene vermittels der Ideen sich vollzieht, vollzieht sich die Darstellung der Ideen im Mittel der Empirie. Denn nicht an sich selbst, sondern einzig und allein in einer Zuordnung dinglicher Elemente im Begriff stellen die Ideen sich dar. Und zwar tun sie es als deren Konfiguration." (I, 214) Benjamin selber konkretisierte dieses Verhältnis in einem inzwischen wohlbekannten Bild: "Die Ideen verhalten sich zu den Dingen wie die Sternbilder zu den Sternen." (ebd.)

In diesem Verhältnis rangieren die Begriffe eindeutig auf der Seite der Dinge. Im Verbund mit ihnen, die es gleichsam reinigt und zum philosophischen Gebrauch aufbereitet, bildet das Begreifen die Konfigurationen oder Konstellationen heraus, in denen die Idee aufscheint.[91]

---

90   "Während der Begriff aus der Spontaneität des Verstandes hervorgeht, sind die Ideen der Betrachtung gegeben. Die Ideen sind ein Vorgegebenes." (I, 210) Doch natürlich ein Hochstehendes, Transzendentes, das von jenem spontanen Verstand erkannt werden möchte.

91   "Der Stab von Begriffen, welcher dem Darstellen einer Idee dient, vergegenwärtigt sich als Konfiguration von jenen. Denn in

Entscheidend ist dabei trotz allem, dass diese Darstellung einer Idee als Vorgang und nicht als Ziel aufgefasst wird, dass es nicht darum gehen kann, die geeignetsten Dinge heranzuziehen und soweit zuzurichten, dass eine vorgängig umrissene Idee hinlänglich getreu abgebildet werde; die Tatsache, dass die Ideen nicht an sich formulierbar sind, darf nicht bedeuten, dass der Umweg durch das Medium des Empirischen als notwendiges Übel toleriert und dann schnell sowie möglichst ökonomisch hinter sich gebracht wird. Der Idee, die nur im Gegenständlichen sich entfaltet und Lebendigkeit bekommt, wird am ehesten gerecht, wer dieses ihr einziges Medium nicht abfällig sondern mit dem ihm gebührenden philosophischen Respekt behandelt – ein nachlässiger Umgang mit dem Äußerlichen ist gleichbedeutend mit einer Nachlässigkeit im Gedanken, und erst einer würdigsten Behandlung der Phänomene entspringt die Idee in ihrer reinsten und tiefsten Form: "Die Relation der mikrologischen Verarbeitung zum Maß des bildnerischen und des intellektuellen Ganzen spricht es aus, wie der Wahrheitsgehalt nur bei genauester Versenkung in die Einzelheiten eines Sachgehalts sich fassen lässt."[92] (I, 208) Dementsprechend betont Benjamin die echte Verwandtschaft von Mosaik und philosophischem Traktat, deren beider Einzelelemente an sich nichts, doch im Zusammenspiel alles

---

Ideen sind die Phänomene nicht einverleibt. Sie sind in ihnen nicht enthalten. Vielmehr sind die Ideen deren objektive virtuelle Anordnung, sind deren objektive Interpretation. (..) Als solche gehört die Idee einem grundsätzlich anderen Bereiche an als das von ihr Erfasste. Es kann also nicht als Kriterium ihres Bestandes aufgefasst werden, ob sie das Erfasste wie der Gattungsbegriff die Arten unter sich begreift." (I, 214)

[92]   Tiefere Einsicht in solche Zusammenhänge bekommt auch, wer in Madrid vor dem Palacio Real steht und plötzlich – blitzhaft – erkennt, dass in einigen südlichen Sprachen das Wirkliche gleichbedeutend mit dem Königlichen ist.

mit dem Gesamtbild verbindet.[93] Das Eindringen in die Gegenständlichkeit und der Aufschwung zum höchsten Bereich des Geistigen, die anfangs genannten zwei Erkenntnisbewegungen des melancholischen Geistes, sind in ihrer Benjaminischen Ausformung weder zwei widerstreitende Geisteszustände, noch zwei aufeinanderfolgende Phasen des Denkens, noch nicht mal zwei Seiten einer Medaille, – sie sind nichts anderes als eine dialektische Synthese in der Kontemplation, ein einziger Vorgang, der ein Doppeltes vollendet: "die Rettung der Phänomene und die Darstellung der Ideen." (I, 215)

Noch ist aber nicht klar, was das spezifisch Melancholische an dieser Art und Weise der Erkenntnis ist, zumal das bloße Vorhandensein zweier gegenläufig ausgerichteter Intentionen noch lange nicht deren produktiven Widerstreit impliziert; auch keine ausreichende Antwort gibt der Hinweis, dass seinem romantischen Vorbild folgend Benjamin den melancholisierenden Zwiespalt von irdischen Phänomenen und transzendenten Ideen zwar partiell versöhnt, doch ihn stattdessen in der Ebene der Zeitlichkeit erneuert und das Ersehnte aus dem metaphysisch Unerreichbaren ins physisch Unerreichbare verlagert. Das Melancholische kann sich nämlich im kontemplativen Aufblühenlassen und in-sinnreiche-Konstellationen-Rücken der Gegenstände nicht

---

[93] "Wie bei der Stückelung in kapriziöse Teilchen die Majestät den Mosaiken bleibt, so bangt auch philosophische Betrachtung nicht um Schwung. Aus Einzelnem und Disparatem treten sie zusammen; nichts könnte mächtiger die transzendente Wucht, sei es des Heiligenbildes, sei's der Wahrheit lehren. Der Wert von Denkbruchstücken ist um so entscheidender, je minder sie unmittelbar an der Grundkonzeption sich zu messen vermögen." (I, 208) In diesen Überlegungen "dürfte (..) das Bewusstsein mitsprechen, dass ein tiefes Atemholen des Gedankens gerade dort fruchtete, wo die Betrachtung ans Geringste sich wenden muss ohne sich zu verlieren." (I, 939)

erschöpfen, das grundlegend kritische Moment der Melancholie ist nicht dadurch allein gewährleistet. Das Erinnern einer Epoche in ihren Kleinoden kann durchaus eine harmonisierende, verklärende und affirmative Seite haben, und der Seufzer über die guten alten Zeiten ist eher schlicht wehmütig als im engeren Sinn melancholisch. Zum bloßen Erkenntnismodell muss eine inhaltliche Präzisierung hinzukommen, um den materialistischen Dialektiker vom nostalgischen Altertumskundler zu unterscheiden.

Melancholische Landschaften & dialektische Bilder

Nun hatte Benjamin schon über die romantische Theorie der Erkenntnis geschrieben, dass sie dadurch sich auszeichnete, mit der eigenen Reflexion die Reflexion innerhalb des Gegenstandes zu wecken, beide zu synchronisieren und so, durch die teilnehmende Anregung der Selbsterkenntnis des Gegenstandes, dessen Rationalität gleichsam im eigenen Bewusstsein sich entfalten zu lassen, ohne dass der Autonomie des Erkannten noch des Erkennenden ein Leid angetan wird. Dabei ist zu bedenken, dass eine solche gerichtete Öffnung der eigenen Reflexion auf einen zu erkennenden Gegenstand zwar eine freie Entfaltung seiner Rationalität (d.i. der in seinem Inneren kristallisierten Kräfte) im ausgelagerten Subjekt hervorrufen mag, diese Art der Synthese zweier Reflexionsweisen aber, wie jede Vermischung anfangs getrennter Substanzen, nicht nur die eine im Bereich der anderen aufgehen lässt, sondern durchaus auch die erkennende im Bereich der erkannten. Will sagen, dass das erkennende Subjekt, gleichsam im Sinne eines romantischen Kantianismus, von vornherein die eigene Reflexion in den Erkenntnisvorgang hineinlegt und somit das zu erkennende Objekt durch die Bereitstellung des subjektiven Bewusstseins gerade das zur Entfaltung bringen lässt, was dessen eigener Reflexion am gemäßesten ist. Diese besondere Korrespondenz von Subjekt und Gegenstand hatten schon die Romantiker erkannt – den Gedanken, "dass jedes Wesen allein sich selbst erkenne, modifiziert zu dem Satz, jedes Wesen erkenne nur das ihm selbst Gleiche und werde allein durch Wesen erkannt, die ihm selbst gleichen." (I, 56)[94] –, und Benjamin trägt dem in historischer Wendung Rechnung mit der Feststellung, dass geschichtliche Forschung immer in einer Synthese von Gewesenem und aktuellem Erkenntnisinteresse resultiert. (s.o.)

In dieser Hinsicht würde ein Melancholiker, so sehr er sich auch zurücknehmen wollte, nicht viel anderes als die melancholische Seite der Dinge an ihnen entdecken und zum Ausdruck bringen. Entsprechend liegt in Benjamins eigener Betrachtung des 19. Jahrhunderts seine ganze Erbitterung darüber, dass die Herrschaft des Bürgertums dessen große Versprechungen von der Humanisierung der Welt nicht halten konnte, im Fundament.[95] Besonders der Benjamin des

---

[94] Und obwohl die Romantiker mit Kant mehr gemein hatten, als gemeinhin angenommen wird (beispielsweise in beider Antidogmatismus und Antiskeptizismus: Dem alle festen Grundsätze und Kriterien überstürmenden Geniekult des Sturm und Drang standen die Romantiker ebenso fern wie dem älteren Kunstrichtertum. Vgl. I, 51 ff.), muss der benutzte Ausdruck des romantischen Kantianismus doch mit sehr dicken Anführungszeichen gedacht werden. Auch wenn in beiden steckt, dass das Wesen des Erkannten von der geistigen Beschaffenheit des Erkennenden abhängt, nahmen die Romantiker doch eine objektiv seiende Welt an, deren einige Wesenszüge dem Erkennenden sich offenbaren und andere sich verbergen, je nach der im Subjekt korrespondierenden Wesenheit. Bei Kant dagegen *konstituiert* sich die erkennbare Welt erst mit dem sie begutachtenden Geistesapparat, lässt an sich keine dunklen Ecken, die dieser durch eine veränderte Perspektive aufhellen könnte. Das Ding an sich aber, die weder beweis- noch widerlegbare Welt jenseits der fünf Sinne, bleibt dem forschenden Bewusstsein verborgen, möge es sich noch so winden.

[95] Die Frage, ob diese Melancholie Benjamins krankhaften oder natürlichen Ursprungs ist, d.h. ob die geschichtliche Forschung

Passagenwerks (und dessen Auskoppelungen) entdeckte in den Hervorbringungen der Vergangenheit nicht nur kulturhistorisch interessante Artefakte einer untergegangenen Welt, sondern dialektische Bilder, die mit der Imago ihrer Epoche auch deren innere Widersprüche konserviert in sich tragen.

Der Begriff des dialektischen Bildes ist eine zentrale Kategorie der späteren materialistischen Philosophie Benjamins. Im Gegensatz zur gewöhnlichen klassifizierenden Erkenntnisauffassung, aber zum Teil auch zur frühen Benjaminischen, behandelt sie ihre Gegenstände weder als in sich irreduzible Exemplare einer Gattung, noch als in sich ruhende Kleinstewigkeiten, sondern als zu Objekten geronnene Verschlingungen widerstreitender Prinzipien der Geschichte. So sind es beispielsweise nicht nur die Bedingungen der ökonomischen Produktion, die sich in deren Produkte einschreiben, sondern auch die historisch-spezifischen Wunschbilder der sie produzierenden Menschen; und diese utopische Seite der Dinge ist es, sedimentiert in den inneren Schichten von deren Form, die nicht im Verbund mit deren Nützlichkeit abstirbt, und die somit an ihnen um so deutlicher dasjenige festhält, was sie einmal sein wollten. Und wenn, wie bei vielen Phänomenen des 19. Jahrhunderts, die Glaubwürdigkeit ihres inneren Versprechens mit ihrer physischen Stabilität nicht mithalten kann, ist es eben möglich, jene "Monumente der Bourgeoisie als Ruinen zu erkennen, noch ehe sie zerfallen sind." (s.o.)

Wie jeder Zentralbegriff der Benjaminischen Philosophie hat auch der des dialektischen Bildes im Lauf der Jahre eine Wandlung, genauer: eine Klärung, Differenzierung und Bereicherung erfahren. Im Grunde ist er die

---

melancholisiert oder der von sich aus melancholische Historiker zum Materialisten wird, ist nicht von philosophischem Interesse, da, der Ficinischen Einschätzung folgend (s.o.), beide Momente sich letztlich gegenseitig verstärken und erhalten.

geschichtsphilosophische Präzisierung der Benjaminischen Monadologie, insofern die dialektischen Bilder in keiner Weise erst in der Transzendenz der Idee als monadische Komplexe sich konstituieren, im Gegenteil sie nur dann ihre ganze philosophische Kraft entbinden, wenn sie der Materialität, auf die ihr ganzes Sinnen gerichtet ist, nicht entraten und im historischen Gegenstand selber bereits als dialektische Einheit sich konfigurieren. Die Darstellung dialektischer Bilder hat nur dann Sinn, wenn sie an der greifbaren Dingwelt aufzuweisen sind, wie eben der Teil des kulturellen Überbaus einer Gesellschaft, der als gegenständlicher Ausdruck der ökonomischen Basis das Universum der Alltagsgegenstände bildet, nur in ebendieser Gegenständlichkeit zu beschreiben ist. Auf der anderen Seite reicht es eben nicht aus, die kollektiv hervorgebrachten Dinge des künstlerischen oder Alltagslebens als abgeschlossene, selbstidentische und gleichsam versiegelte Elemente zu ergreifen und sie dann in einem nächsten Schritt zu einer Konstellation zu gruppieren, die erst auf dieser Ebene der Anordnung und inneren Konfrontation ihre gesellschaftliche Aussagekraft erlangt; die Konstruktion eines dialektischen Bildes verlangt es, die unterste, d.h. erste Stufe der mit geschichtlichem Gehalt erfüllten Konstellation bereits in der materialen Konkretion des Gegenstandes selber zu suchen, welcher als Miniatur des Allgemeinen nicht den momentan von äußerlichen Wirren umhergeworfenen Abglanz eines ewigen Urbilds, aber vielmehr die kristallisierte Bündelung der antagonistischen gesellschaftlichen Kräfte selber umschließt. Eine dialektisch inspirierte Konfiguration als Darstellung der geschichtlichen Wirklichkeit, die in ihren grundlegenden Elementen den Trug einer ungebrochenen Essentialität gewähren lässt, ist von vornherein auf Sand gebaut. Hierin unterscheidet sich die in gewissem Sinne nur kritische materialistische Gesellschaftstheorie von einer genuin dialektischen, die nämlich die Korrumpierung der materialen Welt beklagt, diese Korrumpierung jedoch nicht zuende denkt, indem sie dem Schein einer integren Identität ihrer Gegenstände auf den Leim geht, bzw. marxisch gesprochen den Illusionen der Dinge über sich selbst anheimfällt.[96] Die Rettung des Vergangenen liegt, wie wir schon sahen, nicht bloß in seiner Erinnerung, doch in der Art und Weise seiner Erinnerung: "Wovor werden die Phänomene gerettet? Nicht nur, und nicht sowohl vor dem Verruf und der Missachtung in die sie geraten sind als vor der Katastrophe wie eine bestimmte Art der Überlieferung, ihre 'Würdigung als Erbe' sie sehr oft darstellt. – Sie werden durch die Aufweisung des Sprungs in ihnen gerettet." (V, 591)

Dialektische Bilder, die Manifestationen der ihre Epoche durchwirkenden Kräfte, versteht Benjamin nicht so sehr als eine Zusammenziehung des geschichtlichen Raumes denn primär als eine Zusammenziehung der geschichtlichen Zeit, ihr Gehalt ist, in Benjamins Worten, Dialektik im Stillstand, worin der Geschichtsverlauf einsteht und die beiden Pole der Intention des materialistischen Historikers, das Gewesene und das Jetzt,

---

[96] So kann etwa eine Emanzipation der Arbeiterklasse nicht bedeuten, dass sie endlich tun und lassen darf was sie will, sondern dass sie davon emanzipiert ist, Arbeiterklasse zu sein. – Gerade Adorno beklagte die fehlende Vermittlung bzw. Differenzierung in der Behandlung der wichtigsten gesellschaftstheoretischen Fragen, z.B. gegen Brecht ("Berta") oder, wie er meinte als Anwalt von dessen eigensten Interessen, gegenüber Benjamin selber. (vgl. z.B. V, 1127 ff.) – Und noch etwas pro domo: Die Dekonstruktion auch noch der kleinsten Zellen der Welt, die im Konzept des dialektischen Bildes angemahnt ist, behält nur dann ihre philosophische Dignität, wenn sie nicht auf halbem Wege aufhört, sondern die dialektische Rekonstruktion in ihre Intention mit aufnimmt. Ihr geht es nicht um die Auflösung aller Substantialitäten in Schall und Rauch, wonach es sich bequem zurücklehnen und in die Welt quaken lässt, dass ja nichts mehr sicher sei, sondern gerade um die Rettung der Substantialität im Angesicht ihrer essentialistischen Verdrehung und Inbetriebnahme in der gesellschaftlichen Phantasmagorie.

zu einer Konfiguration sich ausfällen, zu einem Differential sich verdichten wie ein Geschenkband, das losgelassen sich zusammenrollt und statt zweier Enden einen Ring zurücklässt. Benjamins spezielle Ausführung der Dialektik als simultane Bildlichkeit steht der klassischen insofern entgegen, als sie keine Verzeitlichung des Raumes durchführt wie jede dialektische Dekonstruktion es tut, wenn sie eine scheinbar ewige, festgefügte und selbstidentische Entität in die zeitliche Ebene ausrollt und als keineswegs abgeschlossene Resultante einer geschichtlichen Auseinandersetzung beschreibt; im Gegenteil geht Benjamin den gegenläufigen Weg, in bezug auf Gegenstände, die anhand ihres ephemeren Auftretens an einem Punkt in der Zeit in die gleichgültige Verantwortungslosigkeit einer historischen Einmaligkeit sich flüchten, betreibt er eine anschauliche Verräumlichung der Zeit: "Nicht so ist es, dass das Vergangene sein Licht auf das Gegenwärtige oder das Gegenwärtige sein Licht auf das Vergangene wirft, sondern Bild ist dasjenige, worin das Gewesene mit dem Jetzt blitzhaft zu einer Konstellation zusammentritt. Mit anderen Worten: Bild ist die Dialektik im Stillstand. Denn während die Beziehung der Gegenwart zur Vergangenheit eine rein zeitliche, kontinuierliche ist, ist die des Gewesnen zum Jetzt dialektisch: ist nicht Verlauf sondern Bild(,) sprunghaft. (..) Nur dialektische Bilder sind echt geschichtliche, d.h. nicht archaische Bilder. Das gelesene Bild, will sagen das Bild im Jetzt der Erkennbarkeit trägt im höchsten Grade den Stempel des kritischen, gefährlichen Moments, welcher allem Lesen zugrundeliegt." (V, 577 f.) Jene beiden historischen Indizes der konkreten Dingwelt, der Vergangenheit zugehörig vs. gegenwärtig, sind keinesfalls als kollektive bzw. mythische Erzählung zu verstehen, die ihren Gegenstand in einen geschichtlichen Ablauf einbettet und ihn dort auf seinen Platz verweist, vielmehr ist ihre Funktion, den Gegenstand gerade aus aller historiographischen Einlullung herauszureißen, indem ihre symbiotische Spannung innerhalb eines Gegenstandes dessen jede historische Etikettierung mittels deren inkorporiertem Gegenstück relativiert, evaluiert oder kurz: dialektisch vermittelt. Als punktuelle Synthese der Vor- und Nachgeschichte eines Gegenstandes konstituiert sich das dialektische Bild, und erst der kognitive Zugriff des Historikers vermag den Objekten der Geschichte die philosophische Energie einzuschießen und den Sprung in ihnen zu einem Spalt zu weiten, ihre in langjähriger Fossilisation versteinerten Widersprüche aufzuspreizen und das zu Boden gesackte Aktuelle, ja Revolutionäre an ihnen vom Staub zu befreien.[97] "Die Vor- und Nachgeschichte eines historischen Tatbestandes erscheinen kraft seiner dialektischen Darstellung an ihm selbst. Mehr: jeder dialektisch dargestellte historische Sachverhalt polarisiert sich und wird zu einem Kraftfeld, in dem die Auseinandersetzung zwischen seiner Vorgeschichte und Nachgeschichte sich abspielt. Er wird es, indem die Aktualität in ihn hineinwirkt." (V, 587) Diese epochendurchschlagende Synthese im Bild, die das Anvisierte gerade aus der Mumifizierung durch eine verewigende Überlieferung befreien will, ist nicht anders möglich als blitzhaft, d.h. der spezifischen Beschaffenheit des Augenblicks geschuldet: "Der historische Index der Bilder sagt nämlich nicht nur, dass sie einer bestimmten Zeit angehören, er sagt vor allem, dass sie erst in einer bestimmten Zeit zur Lesbarkeit kommen. Und zwar ist

---

[97]   "Die Würdigung oder Apologie ist bestrebt, die revolutionären Momente des Geschichtsverlaufs zu überdecken. Ihr liegt die Herstellung einer Kontinuität am Herzen. Sie legt nur auf diejenigen Elemente des Werkes wert, die schon in seine Nachwirkung eingegangen sind. Ihr entgehen die Stellen, an denen die Überlieferung abbricht und damit ihre Schroffen und Zacken, die dem einen Halt bieten, der über sie hinausgelangen will." (V, 592) "In jeder Epoche muss versucht werden, die Überlieferung von neuem dem Konformismus abzugewinnen, der im Begriff steht, sie zu überwältigen (..), im Vergangenen den Funken der Hoffnung anzufachen". (I, 695)

116

dieses 'zur Lesbarkeit' gelangen ein bestimmter kritischer Punkt der Bewegung in ihrem Innern. Jede Gegenwart ist durch diejenigen Bilder bestimmt, die mit ihr synchronistisch sind: Jedes Jetzt ist das Jetzt einer bestimmten Erkennbarkeit. In ihm ist die Wahrheit mit Zeit bis zum Zerspringen geladen." (V, 577 f.)

Neben der abweichenden Behandlung der materialen Dinge ist es auch die zeitliche Struktur des dialektischen Bildes, die es von der Monade im engeren Sinne unterscheidet und damit den epistemologischen Wandel unterstreicht, den Benjamins Philosophie zwischen der Trauerspielarbeit und dem Passagenkomplex durchmachte: "Wenn im Trauerspielbuch die Idee als Monade 'das Bild der Welt' in sich birgt (I, 228), dann enthält im Passagenwerk der Ausdruck als Urphänomen in sich das der Geschichte. An den konkreten historischen Formen, in denen die Ökonomie ihren kulturellen Ausdruck findet, sollte das Wesen der kapitalistischen Produktion sich greifen lassen." (Tiedemann, V, 30) Die Monade bildet eine, wie es bei Leibniz hieß, prästabilierte Harmonie, die ewig ruhend die ganze Welt, d.h. – wenn auch undeutlich – alle anderen Monaden in sich vorstellt, darin eingeschlossen die Vor- und Nachgeschichte des in ihr geborgenen Seins; derart ist sie, wie klein sie auch angegeben sein mag, eine Totalität. (vgl. I, 228) Das dialektische Bild, dessen monadische Struktur bis zuletzt aufrechterhalten wird, insofern es in sich größere Zusammenhänge erkennen lässt, kehrt die hierarchische Ordnung innerhalb der monadischen Einheit in dem Sinne um, dass das Geschichtliche nicht mehr als Element der Welt, sondern die Welt als Element der Geschichte erscheint. In der früheren Anschauung thront die Wahrheit in doppelt verborgener Transzendenz – die Wahrheit ist den Ideen was die Ideen den Phänomenen – und vergegenwärtigt sich im Reigen der sich darstellenden Ideen, welche ihrerseits ein dem menschlichen Verstand Vorgegebenes sind. Wahrheit und Idee sind ein Sein, das zur Bekräftigung das Epitheton des Ewigen noch gar nicht benötigt. (vgl. I, 209 ff.) In ihrer späteren Gestalt gerinnt die Wahrheit zu einer Funktion – nicht aber einem ideologischen Anhängsel – der Geschichte, sie muss ihren Anspruch auf Ewigkeit preisgeben, um die Würde der Objektivität behalten zu können; denn es ist zwar "entschiedene Abkehr vom Begriff der 'zeitlosen Wahrheit'" geboten, doch unterliegt sie, eben als geschichtliche, nicht willkürlicher Inanspruchnahme, sondern ist "an einen Zeitkern, welcher im Erkannten und Erkennenden zugleich steckt, gebunden." (V, 578) Beide Seiten besitzen notwendig einen historischen Index, der aber, so es zu echter Erkenntnis kommt, in beiden der selbe ist, auch wenn sie Jahrhunderte auseinanderliegen.

Das dialektische Bild nun, das mit jenem Zeitkern in engster Verbindung steht, ist nicht wie andere Bilder das ikonische Zeugnis eines ihm gegenübersitzenden Statischen, sondern bedeutet die bildliche, d.h. gleichzeitige, zeitlich unausgedehnte, eben "blitzhafte" Abbildung einer geschichtlichen Dynamik – ganz wie ein Blitz nicht nur selber aufleuchtet, sondern für Sekundenbruchteile eine ganze dunkle Landschaft erhellt. Dazu muss sein Gegenstand dem Fortgang der Geschichte selber enthoben, ihm entrissen werden, um nicht selber von ihrer trügerischen Kontinuität, die in der "Würdigung als Erbe" mündet, fortgeschwemmt zu werden. "Zum Denken gehört ebenso die Bewegung wie das Stillstellen der Gedanken. Wo das Denken in einer von Spannungen gesättigten Konstellation zum Stillstand kommt, da erscheint das dialektische Bild. Es ist die Zäsur der Denkbewegung." (V, 595) Die Darstellung einer Dialektik im Stillstand erfordert eine wirkliche Stillstellung des Geschehens, ein Aufsprengen des Geschichtsverlaufs als Voraussetzung dafür, dass er in dessen mitgeführten Einzelheiten für einen kurzen, aber tiefen Augenblick zur Kenntlichkeit erstarrt. "Dass der Gegenstand der Geschichte aus dem Kontinuum des Geschichtsverlaufs herausgesprengt werde, das wird von seiner monadologischen Struktur gefordert. Diese tritt erst am herausgesprengten

Gegenstand zu Tage. Und zwar tut sie das in Gestalt der geschichtlichen Auseinandersetzung, die das Innere (..) des historischen Gegenstands ausmacht und in die sämtliche historischen Kräfte und Interessen in verjüngtem Maßstabe eintreten. Kraft dieser monadologischen Struktur des historischen Gegenstandes findet er in seinem Innern die eigene Vorgeschichte und Nachgeschichte repräsentiert." (V, 594, vgl. o. Anm. 83) Hierin zeigt sich die ganze geschichtsphilosophische Dignität der Benjaminischen Denkbruchstücke und Fragmente, die mehr sind als bloße Metaphern für kleine sinntragende Einheiten, die zu etwas Größerem zusammengesetzt werden wollen. Sie deuten vor allem an, dass sie *von* etwas Bruchstück und Fragment sind, und zwar derart, dass sie in ihren vorherigen Verbund nicht einfach wieder eingefügt werden können. "Das destruktive oder kritische Moment in der materialistischen Geschichtsschreibung kommt in der Aufsprengung der historischen Kontinuität zur Geltung, mit der der historische Gegenstand sich allererst konstituiert. In der Tat kann im kontinuierlichen Verlauf der Geschichte ein Gegenstand der Geschichte überhaupt nicht visiert werden." (V, 594) Der Unterschied zwischen traditionaler und materialistischer Geschichtsschreibung liegt mithin im Herausgreifen bzw. Heraussprengen ihrer Gegenstände. Das Ergriffene schnellt zurück in sein Kontinuum sobald es losgelassen wird, es erfordert keine Anstrengung des Begriffs, um wieder in seine Überlieferung einzugehen; das Abgesprengte, Fragmentierte dagegen fügt sich nur mehr durch neuerliche Konstruktion in einen Zusammenhang. Und zwar einen, der als notwendig von der Spontaneität des Verstandes hervorgebrachter den heilen und durch sich selbst stabilisierten Kontinuitäten an Aussagekraft einiges voraus hat, "weil aus den Trümmern großer Bauten die Idee von ihrem Bauplan eindrucksvoller spricht als aus geringen noch so wohl erhaltenen." (I, 408)

Allegorische Ruinenfelder & die bürgerliche Welt als Kristallpalast

Entsprechend der allegorische Blick Benjamins auf die Gesamtheit der abgeschlagenen Fragmente als Trümmerfeld: "Das Bild im Feld der allegorischen Intuition ist Bruchstück, Ruine. Seine symbolische Schönheit verflüchtigt sich (..) Der falsche Schein der Totalität geht aus." (I, 352) Der materialistische Historiker kann die geschichtliche Welt einzig als eine "erstarrte Urlandschaft" in Augenschein nehmen, derart in Stücke geschlagen, dass jeder symbolische, d.h. harmonisierende und gleichzeitig diabolische[98] Schleier, den eine blind naturwüchsige, über ihr inneres Wesen illusionäre Epoche um sich herum gesponnen hat, aufgebrochen und verweht ist, auch wenn die ihn manifestierenden großen Bauten, kleinen Utensilien und sozialen Gebräuche ihren physischen Zerfall hinauszögern konnten.[99] Symbol und Allegorie, die Verkörperung eines abstrakten, transzendenten, sogar göttlichen Begriffes vs. die sinnbildliche Andersformulierung eines ebenso Irdischen – das sind die Begriffe Benjamins zur kategorialen Abgrenzung der materialistischen von traditionaler Geschichtsschreibung. Dieser letzteren, symbolischen, die die Welt als einheitliche, harmonische und planvolle Ausführung einer letztendlich göttlichen Vernunft in einer kontinuierlichen und totalisierenden Überlieferung sich verfestigen lässt, – der Historiographie der Sieger –, steht die allegorische entgegen, die auf die diskontinuierliche und dissonante, brüchige, dem Verfall preisgegebene, wurmzerfressene Kehrseite der hübschen Fassade ihren Lichtstrahl wirft. Den sinnstiftenden Partikeln gleich, gründet sich das Verhältnis von Allegorie und

---

[98]   "Diabolos" ist der Verleumder und Trugbildner.
[99]   Bis schließlich, so möchte man hinzufügen, der Weltenlauf auch diese Denkmäler eines kollektiven Gedächtnisses in einem periodisch wiederkehrenden Inferno in Trümmer legt.

Symbol ebenfalls auf die "entscheidende Kategorie der Zeit": "Während im Symbol mit der Verklärung des Untergangs das transfigurierte Antlitz der Natur im Lichte der Erlösung flüchtig sich offenbart, liegt in der Allegorie die facies hippocratica der Geschichte als erstarrte Urlandschaft dem Betrachter vor Augen." (I, 343 f.) Die Abwendung vom göttlich-ewigen Sein des Symbols hin auf das leidenschafts- und illusionslose, "hippokratische" Angesicht der unerbittlich fortmarschierenden Geschichte ist das entscheidende Charakteristikum der Allegorie; und was sollte der prosaisch nüchterne Blick des Arztes an der Welt anderes erblicken als ihre Leidensgeschichte.[100]

Der Allegoriker hat die zehrende Aufgabe übernommen, den beruhigenden Legenden der Welt über sich selbst nicht mehr zu trauen und stattdessen ihrem wahren Kern, der "diskontinierlichen Härte des Stofflichen"[101] sich zu stellen und den Blick von den oberen Luftschichten auf die zerklüftete Oberfläche zu senken. Und der Blick, der die Geduld hat, so lange auf dem opaken Kokon der Geschichte zu ruhen, bis dieser auf die darunterliegende Ruinenlandschaft transparent

---

[100]   So Görres: "Beide sind zu einander wie stumme, große, gewaltige Berg- und Pflanzennatur, und lebendig fortschreitende Menschengeschichte." (zit. n. I, 342) Und Benjamin: "Das ist der Kern der allegorischen Betrachtung, der barocken, weltlichen Exposition der Geschichte als Leidensgeschichte der Welt; bedeutend ist sie nur in den Stationen ihres Verfalls. (..) Ist aber die Natur todverfallen, so ist sie auch allegorisch von jeher." (I, 343)

[101]   "das schroffe unversöhnliche Gegeneinanderstehen, das nicht im Überfliegen vereinigt, nicht vom Zeitstrom aufgesogen und in ihm homogenisiert, sondern im mühseligen Überklettern, durch gähnende Leeren hindurch und von Abgrund zu Abgrund überhaupt erst ermessen wird." (Schweppenhäuser, 44) Wobei auch im tiefsten Abgrund dem Allegoriker die Sicht auf das Ganze nicht verstellt ist, da er in der Substanz dieses Abgründigen selber stets die dialektische Verschränkung von Raum und Zeit vor Augen hat. (vgl. ebd.)

wird, ist der des Melancholikers: Die Melancholie "umgibt sich mit den Bruchstücken der Dingwelt als ihren eigensten, sie nicht überfordernden Gegenständen. (..) Ihre ausdauernde Versunkenheit nimmt die toten Dinge in ihre Kontemplation auf, um sie zu retten." (I, 334) Der Melancholiker befreit die toten Dinge vom falschen Schein ihrer ewigen Lebendigkeit und revitalisiert sie auf einer höheren Ebene als dialektische Bilder, welche statt ihre Physis zu galvanisieren ihren geschichtsphilosophischen Gehalt auferstehen lassen. Er nimmt sich die Zeit, die abseitigsten Phänomene als integrale Figurationen von spezifischen historischen Produktions-bedingungen und den diesen entsprechenden kollektiven Wunschträumen zu rekonstruieren, und genauer, in eben diesem manifestierten Verbund erstere, deren Kontinuität ungebrochen sich fortgesetzt hat, an ihren einstigen, nun fossilisierten Verheißungen zu messen, wodurch jeder derart betrachtete Gegenstand zu einem Gedenkstein eines unerfüllten, vom geschichtlichen Verlauf eines besseren belehrten utopischen Entwurfs wird. Der Melancholiker kann nicht anders als hinter jedem Ding das zu sehen, was es eigentlich hätte sein wollen; der Melancholiker ist ein Allegoriker, weil demjenigen, der die Urteilskraft besitzt, eine mit den Materialien eines Schlosses gebaute Gartenlaube niederzureißen, statt intakter Bausteine nichts als die zurückgebliebenen Trümmer für die Rekonstruktion zur Verfügung stehen, und der Allegoriker ist ein Melancholiker, weil ein Ruinenfeld erst vor dem Hintergrund eines grandiosen Bauplans als ein solches sich deutlich abzeichnet.[102] – Der Kristallpalast, architektonische

---

[102]   "Wird der Gegenstand unterm Blick der Melancholie allegorisch, lässt sie das Leben von ihm abfließen, bleibt er als toter, doch in Ewigkeit gesicherter zurück, so liegt er vor dem Allegoriker, auf Gnade und Ungnade ihm überliefert. Das heißt: eine Bedeutung, einen Sinn auszustrahlen, ist er von nun an ganz unfähig; an Bedeutung kommt ihm das zu, was der Allegoriker ihm verleiht. (..) In seiner Hand wird das Ding zu etwas anderem, er redet dadurch von

Sensation der ersten Weltausstellung 1851 in London sowie in seiner Monumentalität bei gläserner Transparenz das größte Symbol der jungen bürgerlichen Gesellschaft, wurde nur drei Jahre später aus dem Hyde Park, dem Zentrum der Stadt, nach Sydenham versetzt. 1936 brannte er schließlich ab und wurde nicht wieder aufgebaut.

In diesem Sinne war es Benjamins großes Projekt seiner späteren Jahre, die Formenwelt des 19. Jahrhunderts, den kulturellen Gesamtausdruck des Früh- und Hochkapitalismus, als eine Ruinenlandschaft darzustellen, deren materiale Seite den Übergang ins 20. Jahrhundert weithin schadlos überstanden hat.[103] Jene Formenwelt, die sich wie ein Hof um die kollektive ökonomische Produktionsweise herausbildete und die von vornherein, weil "das Jahrhundert", wie sich an dessen Ende herausstellte, "den neuen technischen Möglichkeiten nicht mit einer neuen gesellschaftlichen Ordnung zu entsprechen vermochte," (V, 1257) dazu verdammt war, als funkensprühende Phantasmagorie der warenproduzierenden Gesellschaft die eigenen Unzulänglichkeiten zu vertuschen. Der Marxische Fetischcharakter der Ware wurde zur zentralen Kategorie des Passagenkomplexes, insofern die industrielle Produktionsweise des 19. Jahrhunderts alle ihre Phänomene mittels deren Warencharakter produzierte und definierte und damit die grundlegenden inneren Widersprüche und Trugbilder der Warenform in alle unter deren Ägide hervorgebrachten Objekte projizierte.[104] "Es soll gezeigt werden, wie diese

---

etwas anderem und es wird ihm ein Schlüssel zum Bereiche verborgenen Wissens, als dessen Emblem er es verehrt. Das macht den Schriftcharakter der Allegorie." (I, 359)

[103] Wohingegen deren verheißungsvoller Überzug spätestens im reinigenden Gewitter des Weltkriegs, der endgültig klärte, in welcher Richtung die ungeregelte Akkumulation des Hochkapitalismus sich entladen würde, restlos fortgewaschen wurde.

[104] "Die Eigenschaft, die der Ware als ihr Fetischcharakter zukommt, haftet der warenproduzierenden Gesellschaft selber an. (..)

Das Bild, das sie so von sich produziert und das sie als ihre Kultur zu beschriften pflegt, entspricht dem Begriffe der Phantasmagorie." (V, 822) Dieses Bild, wohlgemerkt, bezeichnet ein trügerisches Verhältnis in den Objekten selbst, nicht die falsche Vorstellung einer ansonsten eindeutigen und selbstidentischen Gegenstandswelt: "Phantasmagorie: Trugbild, Blendwerk, ist bereits die Ware selbst, in der der Tauschwert oder die Wertform den Gebrauchswert verdeckt." (Tiedemann, V, 26) – Überhaupt sind bereits in den grundlegenden Kategorien des Kapitalismus die Widersprüche aufzufinden, die bis in die hintersten Ausläufer des Warenuniversums sich fortsetzen: In der – industriell produzierten und für Geld kaufbaren – *Ware* selber steckt das Versprechen, allen und jedem zugänglich und eigentlich schon zugehörig zu sein, und gleichzeitig ist schon in ihrer ökonomischen Struktur festgelegt, dass ein Großteil der sie produzierenden Menschen von ihr ausgeschlossen sein wird. Im *Geld* steckt die egalitäre Utopie, dass nichts dem Menschen irgend Erreichbares sich ihm versperrt, dass jeder Mensch Zugang zu jeder gesellschaftlichen Leistung hat, ohne Ansehung der Person, ohne Rücksicht auf Klasse, Religion oder Hautfarbe; der unabtrennbare Zusatz: sofern er es sich leisten kann, musste erst am eigenen Leib erfahren werden. Als Kunden sind alle Menschen gleich: Die Geldform war das ökonomische Pendant des bürgerlichen Rechts, und die klassische bürgerliche Gesellschaft ging an dem Paradox zugrunde, dass sie den Kapitalismus zum Aufleben brauchte, obwohl er von Anfang an den Keim der Zerrüttung in ihr nährte. Kein Wunder, dass die Hure, als "Menschwerdung" der Ware (vgl. z.B. I, 671, sonst passim), bei Benjamin (und übrigens auch bei Godard) als zentrale allegorische Figur auftauchte: In ihr ist die Utopie einerseits der Symbiose von Arbeit und Lebensfreude verkörpert, andererseits der universalen Liebe, die jedem offensteht, ohne Rücksicht auf Stand, Bildung, charakterliche Launen oder physische Erscheinung; und diese Utopie musste in der gesellschaftlichen Wirklichkeit ihre Pervertierung erfahren, einmal darin, dass natürlich ausschließlich die Solvenz des Kunden die Qualität der Ware bzw. überhaupt den Zugang zu ihr bestimmt, zum zweiten darin, dass die Arbeitsverhältnisse und -zustände die der Arbeit inhärente Lust oftmals in Abscheu und Ekel verwandeln, sodass nicht mal mehr die arbeitsfreie Zeit als ihr

Kreationen nicht erst in theoretischer Verarbeitung ideologisch sondern in unmittelbarer Präsenz sinnlich 'verklärt' werden. Sie stellen sich als Phantasmagorien dar." (V, 1256) Die dinglichen Ablagerungen jener Epoche sollten als ein Ensemble dialektischer Bilder nachgezeichnet werden, ihr primäres physisches Dasein als charakteristische Stilisation der auseinanderlaufenden Prinzipien des ökonomischen Vorwärtsdrangs, des durch ihn evozierten Glücksversprechens und deren zum Ding ausgefällten Vereinigung, die keinesfalls eine Synthese beider Einflüsse war, vielmehr eine Usurpation des letzteren durch inhaltliche Festlegungen, die einzig dem ersteren dienten. Zwar war jede dieser Manifestationen eine Zusammenführung jener vermeintlich parallelen und letztendlich antagonistischen Mächte, doch gingen sie nicht in deren ursprünglichem und offenbarem Gehalt in den Gegenstand ein, als welcher sie unmittelbar hätten erkannt und reflektiert werden können, sondern in einer selber epochal indizierten Art der mechanischen Schleierproduktion: Jene gegenständliche Vereinigung im Produkt war der einzige Ort, wo die dieses Produkt generierenden gesellschaftlichen Kräfte handfest zum Ausdruck kamen, weswegen es als eben deren Ausdruck in seiner Faktur nichts anderes als deren geschichtlich herausgebildete Entfremdungsmechanismen reproduzierte. Eine solche materiale Ideologisierung, der das humanisierende Momentum willkommen war, dem ökonomischen die freundliche Maske einer Gefälligkeit zu verleihen, neutralisierte damit im Gegenzug das utopische derart, dass sie dessen

---

Refugium übrigbleibt, und drittens und ausschlaggebend darin, dass jene beiden Seiten dieser Utopie sich nicht etwa gegenseitig bedingen, sondern einander ausschließen: Edelhuren nehmen nur big spender, und die preisgünstigen Bordsteinschwalben haben selten erfreuliche Arbeitsbedingungen – wie bei einer Wippe bewirkt die annähernde Erfüllung der einen Seite den Niedergang der anderen. Die Hure ist die Personifikation der enttäuschten Zuversicht, und damit eine melancholische Figur par excellence.

Ausdruck nur in solchen Formen zuließ, die mit der konjunkturellen Ambition vereinbar, d.h. ihr dienlich waren – und damit die Existenz überhaupt jener Antagonismen verwischte.[105] Mit dieser Funktion eines Blitzableiters möglicher revolutionärer Regungen behielten "die trügerischen Vermittelungen des Alten und des Neuen", die den "Kern der Phantasmagorien" darstellten (V, 1258) die Oberhand, nämlich die industrielle Hervorbringung eines scheinbar völlig Neuen, das doch nichts anderes war als das totalitäre Alte in den Farben der Saison; und das der materialistische Historiker zuallererst entlarven muss, will er das Hervorgebrachte in irgendeiner Weise weiterdenken: "Benjamins Wissenschaft von den dialektischen Bildern, Figurationen, Allegorien und Auren ist (..) von der ideologiekritischen Intention unabtrennbar und verleiht der rettenden erst ihr Gewicht." (Schweppenhäuser, 27) Die dialektische Methode setzt nicht erst am Zusammenspiel von an sich scheinbar neutralen Gegenständen an, sondern in diesen von einer phantasmagorischen Produktionsweise hergestellten Gegenständen selber, deren Oberfläche erst gleichsam aufgeknackt werden muss, um das in ihnen wirkende Kräftespiel zu vergegenwärtigen.[106]

Jenes Ensemble dialektischer Bilder, dem es angelegen ist, die gesellschaftliche Phantasmagorie in ihrer Gesamtheit

---

[105] So fanden die Versprechungen der bürgerlichen Gesellschaft von Lebensfreude, persönlicher Freiheit und Identitätsbildung ihre Erfüllung und gleichzeitig ihre Travestie in der Vergnügungsindustrie, der Konsumfreiheit und den standardisierten Luxusgütern.

[106] "Die Scheidung des Wahren vom Falschen ist für die materialistische Methode nicht der Ausgangspunkt sondern das Ziel. Das heißt mit anderen Worten, dass sie bei dem vom Irrtum, von der doxa durchsetzten Gegenstand ihren Ansatz nimmt. Die Scheidungen, mit denen sie einsetzt (..) sind Scheidungen innerhalb dieses höchst gemischten Gegenstands selbst." (I, 1160) Der historische Materialismus "verändert das Bild der Landschaft, indem er die Kräfte beim Namen nennt, die in ihr am Werke gewesen sind." (I, 1161)

konfigurativ zu repräsentieren und damit zu dekonstruieren, dachte sich Benjamin anfangs als ein riesiges Traumbild jener Epoche, das entschlüsselt werden will, es ging ihm um die Konstruktion des 19. Jahrhunderts als "Traum, aus dem es zu erwachen gilt: ein Alptraum, der solange auf der Gegenwart lasten wird, wie sein Bann ungebrochen ist" (Tiedemann, V, 29) – als Traum, der unentwegte kulturelle Traumarbeit geleistet und im Zuge dessen das ganze materiale Universum errichtet hat – vom kleinsten Gebrauchsgegenstand und der kurzlebigsten Mode bis hin zu den dauerhaftesten Bauten –, das auch heutzutage immer noch um uns herumsteht und den materialistischen Historiker daran gemahnt, dass alle moderne Umformung, Erneuerung und Diversifizierung seine fortdauernde Unerlöstheit nicht verbergen kann. Von Anfang an verband Benjamin in dieser Konzeption die surrealistische Traumtheorie mit der Marxistischen Theorie der Revolution, eine Verbindung, die der frühe Marx selber ihm gleichsam eingeflüstert hat, als er schrieb: "Die Reform des Bewusstseins besteht nur darin, dass man die Welt ... aus dem Traume über sich selbst aufweckt." (zit. n. V, 570) Dieses kollektive Träumen hängt zusammen, ist aber nicht identisch mit dem ideologischen Überbau einer Gesellschaft, dem Marxischen "notwendig falschen Bewusstsein"; das Traumbild belegt eine andere Stelle des Mythos, und wie dessen antike Form ist es nicht in dem Sinne falsch, dass es ein unzutreffendes oder verzerrtes Bild der Welt entwürfe, sondern es drückt in Bildern aus, wofür ihm noch die Begrifflichkeit fehlt. In ihm stehen wahres Sehnen und falsche Erfüllung ineins, und hier liegt der Grund, warum die Rettung des Vergangenen nur darin bestehen kann, das Phantasmagorische einer Epoche zu deuten und nicht als wertlosen Plunder zu zerstreuen. Jeder Traum ist ein Wunschtraum, sagt eine Konstante der modernen Traumtheorie und wirft damit ein Licht auf "die wahre Bedeutung der Utopie: sie ist ein Niederschlag kollektiver Träume." (V, 1212) Im Gegensatz zu den persönlichen der Nischen und kleinen

Fluchten, die in ihrem singularen Dasein höchstens ein ungestaltes Nebeneinander, keinen wirklichen Zusammenhang ausbilden und historisch gesehen verpuffen, kann der Niederschlag *kollektiver* Träume sich nur in einem Entwurf für die *kollektiv* bearbeitete Außenwelt realisieren, und diese Utopie des in-die-Welt-Tretens des allgemeinen Traums steckt noch in allem, worin es sich vermeintlich vollzogen hat, zwar korrumpiert, verbildet und verzerrt, eben als Trümmer, aber nichtsdestotrotz in der Materialität fixiert und aufgehoben.

Die Betrachtung der empirischen Wirklichkeit des 19. Jahrhunderts als Traum, als "Bildphantasie eines kollektiven Unbewussten" (Tiedemann, V, 17), die gleichsam einen polarisierten Filter vor die Gegenstände des täglichen Lebens zieht, deren gewohnte, zweckrationale, festgelebte Verbindungen ausblendet und stattdessen neue, buntschillernde Korrespondenzen zwischen ihnen offenbart, welche deren verborgenen Gehalt nachzeichnen und wie jeder Trauminhalt nur entziffert dem Wachzustand sich preisgeben,[107] verdankte Benjamin dem Surrealismus: "Balzac hat als erster von den Ruinen der Bourgeoisie gesprochen. Aber er wusste noch nichts von ihnen. Den ersten Blick auf das Trümmerfeld, das die kapitalistische Entwicklung der Produktivkräfte hinter sich ließ, hat der Surrealismus getan." (V, 1236) Im Angesicht des Universums der neuen Formen und Materialien beschrieb er seine *mythologie moderne*: "Er zuerst stieß auf die revolutionären Energien, die im 'Veralteten' erscheinen, in den ersten Eisenkonstruktionen, den ersten Fabrikgebäuden, den frühesten Photos, den Gegenständen, die anfangen auszusterben, den Salonflügeln, den Kleidern von vor fünf Jahren, den mondänen Versammlungslokalen, wenn die vogue beginnt sich von ihnen zurückzuziehen." (II, 299) Er zuerst

---

[107]   "Indem die Optik des Traums auf die Wachwelt gerichtet wurde, sollten die verborgenen, latenten Gedanken, die in ihrem Schoß schlummerten, entbunden werden." (Tiedemann, V, 17)

befreite die Dinge von ihrer Fron, nützlich zu sein, und rückte sie in oberflächlich absurde Verhältnisse, die jedoch an den Etiketten vorbei statt der funktionalen die der Materie eingeschriebene historische Dimension direkt ins Spiel brachte. Nach diesem Vorbild betrieb Benjamin seine Untersuchung der Urgeschichte des 19. Jahrhunderts, die dessen Kollektivtraum, der als allgemeiner nur unbewusst und nicht explizit ausformuliert, d.h. zäh, unausgegoren und inkonsistent sich ausdrückte, in eine Reihe dialektischer Bilder zerlegen, in deren Konstellation nachkonstruieren und darin sinnfällig machen sollte, wie jene Epoche die ihr nachfolgende als umfassendes Traumbild antizipierte. Denn "die dialektischen Bilder sind Wunschsymbole. In ihnen ist zugleich mit der Sache selbst ihr Ursprung und ihr Untergang vergegenwärtigt."[108] Sie sind "die dem kollektiven Unbewussten entstammenden Bilder", die die Geschichtsdarstellung "anschaulich zu fixieren hat." (V, 1217)[109] Jedes Detail der neuen, von den Surrealisten entdeckten Welt[110] will zum dialektischen Bild gestaltet werden, das

---

[108] Letzteres als das Alte und das Neue, und das in mehrfacher Deutung. Einmal in ihrer *historischen*, entfremdeten Form als die Auslösung des Wunschsymbols durch ökonomische Kalkulation und dessen Untergang als wirkliche Utopie im jeweiligen merkantilen Gegenstand, d.h. als vermeintlich Neues, das nur immer wieder das schlechte Alte in unterschiedlicher Gewandung zur Anschauung bringt. Dann in ihrer *utopischen* Form als der überzeitliche Kern eines jeden utopischen Ausdrucks und dessen erhoffter Untergang als bloßes Symbol in seiner Verwirklichung, d.h. als dialektische Konfrontation und revolutionäre Kurzschließung des Neuen mit dem Alten, worin das Alte sich erneuert und das Neue die historische Gravität des Alten in sich aufnimmt.

[109] Zu vermeiden sind "die laxe und billige Anschaulichkeit bürgerlicher Geschichtsbücher" sowie "die dürftige der marxistischen." (V, 1217)

[110] Die Weihe der künstlerischen Entdeckung der Physiognomie der Industriegesellschaft gebührt natürlich, auch im Sinne Benjamins,

untersucht und an sich festhält, welche gesellschaftlichen Antagonismen in ihm stillgestellt sind, oder speziell: welchen materialen Produktionsbedingungen es entstammt, welche Art von Wunschvorstellungen in ihm zum Ausdruck gebracht sind und schließlich mit welcher individuellen Maskerade es den Schein erweckt, letztere seien in ihm erfüllt, – denn "die Auflösung des historischen Scheins muss im gleichen Fortgang erfolgen wie die Konstruktion des dialektischen Bildes." (V, 1251) Was bedeutet, dass jeder derart konstruierbare Gegenstand, als Hybrid unvermittelter und unreflektierter Einflüsse, dem historischen Schein unterliegt und jedes dialektische Bild als nichtscheinhafte Neusynthese der gesellschaftlichen Kräfte ein Modell der historischen Versöhnung darstellt:[111] "Der Form des neuen Produktions-mittels, die im Anfang noch von der des alten beherrscht wird (Marx), entsprechen im Kollektivbewusstsein Bilder, in denen das Neue sich mit dem Alten durchdringt. Diese Bilder sind Wunschbilder und in ihnen sucht das Kollektiv die Unfertigkeit des gesellschaftlichen Produkts sowie die Mängel der gesellschaftlichen Produktionsordnung sowohl aufzuheben wie zu verklären. (..) In dem Traum, in dem jeder Epoche die ihr folgende in Bildern vor Augen tritt, erscheint die letztere vermählt mit Elementen der Urgeschichte, das heißt einer klassenlosen Gesellschaft. Deren Erfahrungen, welche im Unbewussten des Kollektivs ihr Depot haben, erzeugen in Durchdringung mit dem Neuen die Utopie, die in tausend Konfigurationen des Lebens, von den dauernden Bauten bis zu den flüchtigen Moden, ihre Spur hinterlassen hat." (V, 46 f.) Ausladende Gedankengerüste oder in innerster Tiefe

---

Baudelaire. Doch erst der Surrealismus vernahm das Rumoren der unter der toten Kruste schwelenden "revolutionären Energie".
[111] Und daher das Signum eines erlösten Zustands wäre, dass jeder Gegenstand an sich und von sich aus als dialektischer sich zu erkennen gibt.

unaufgewühlt ruhendes Wesentum verlieren hierbei ihre philosophische Vormachtstellung, der einzige Bereich, woran der materialistische Historiker die handfesten Mächte und Vorstellungen der Geschichte ebenso handfest aufzeigen, d.h. allgemein ansichtig festhalten und rationalisieren kann, ist deren "Oberfläche oder Außenseite, die Trug und Versprechen ineins enthalten." (Tiedemann, V, 27) Wo der klassische Marxismus an der gesamten materialen Produktionsweise die Phantasmagorie der warenproduzierenden Gesellschaft offenbart, wendet sich Benjamin deren einzelnen Produkten zu. Wenn er seinen allegorischen Blick lange genug auf sie richtet, erzählt jedes Ding ihm gleichzeitig von einer Utopie und deren Suspendierung, von einem Anspruch und der Wirklichkeit. Benjamin war vielleicht der erste Materialist, der den Materialismus wirklich ernstgenommen hat.

Es sei angemerkt, dass Adorno den Komplex des dialektischen Bildes als Traumbild, "die Auffassung des dialektischen Bildes also eines – ob auch kollektiven – Bewusstseinsinhalts" (Adorno, V, 1128), einer wohlmeinenden aber scharfen Kritik unterzogen hat. Im Interesse von Benjamins eigener Begrifflichkeit mahnte er an, dass das dialektische Bild, wenn es als Traumelement aus der wirklichen Welt ins Bewusstsein verlegt wird, seiner "objektiven Schlüsselgewalt (..), die gerade materialistisch ihn legitimieren könnte," (ebd.) verlustig gehe und selber Teil des Ideologems des vergangenen Jahrhunderts werde, das unter dem Banner der Verinnerlichung alles Substantielle aus der Wirklichkeit in eine imaginierte Bewusstseinsimmanenz abgezogen hat. Der Fetischcharakter der Ware, und mit ihm die gesellschaftliche Phantasmagorie, die im dialektischen Bild entziffert und gedeutet wird, sei ja gerade keine Tatsache des Bewusstseins, keine Fehlinterpretation des ökonomischen Daseins, die sich durch einen simplen Wechsel der Perspektive zerstreuen und damit letzteres erlösen könnte, sondern eine "objektiv geschichtsphilosophische Kategorie" (Adorno, I, 1095), ein material existierendes, eingefahrenes Verhältnis von Mensch und Ding, das selber Bewusstsein produziert, nämlich solches, das sich über die eigene Lage hinwegtäuscht.[112] (vgl. V, 1127 ff.) Befreiung von diesen entfremdeten Verhältnissen läge nicht in der Veränderung des Bewusstseins in ihnen, (auch wenn Aufklärung der erste Schritt ist,) sondern in der Veränderung ihrer materialen Grundlagen selber.

Diese Einwände des Freundes hat Benjamin sich soweit zu Herzen genommen, dass er im weiteren Verlauf seiner Arbeit das Traummotiv nicht ausdrücklich zurücknahm, doch es weithin unerwähnt ließ bzw. so formulierte, dass am objektiven Charakter der dialektischen Gegenstände keine Zweifel blieben.[113] Doch meine ich, dass Adornos Einlass weniger als Kritik denn als Absicherung gegen eine irreführende Interpretation jenes Traumbilds verstanden werden müsste. M. E. ist dessen Konstruktion sehr wohl zu vereinbaren mit der objektiven Existenz des dialektischen Bildes wenn man unterstellt, dass zwischen individuellem und kollektivem Traum, zwischen individuellem und kollektivem Bewusstsein ein substantieller Unterschied besteht, der nur mit Gott, C. G. Jung oder spiritistischen Turnübungen verschleiert werden kann, in denen die Menschheit eine telepathische Verbindung

---

[112]   "Phantasmagorie ist der kapitalistische Produktionsprozess insgesamt, der sich den Menschen, die ihn vollziehen, als Naturmacht gegenüberstellt." (Tiedemann, V, 26) "Nicht also wäre demnach das dialektische Bild als Traum ins Bewusstsein zu verlegen, sondern durch die dialektische Konstruktion wäre der Traum zu entäußern und die Bewusstseinsimmanenz selber als eine Konstellation des Wirklichen zu verstehen." (Adorno, V, 1128)

[113]   Etwa in dem Abschnitt über das dialektische Bild als "Zäsur der Denkbewegung. (Sie) ist da zu suchen, wo die Spannung zwischen den dialektischen Gegensätzen am größten ist. De(m)nach ist der in der materialistischen Geschichtsdarstellung konstruierte Gegenstand selber das dialektische Bild. Es ist identisch mit dem historischen Gegenstand." (V, 595)

untereinander hielte. Ein Kollektivzusammenhang unter den Menschen kann sich nirgendwoanders als in deren materialer Umwelt realisieren, und Trauminhalte, die mehr als einen persönlichen Horizont haben, müssen in die Welt hinausgestellt sein, um überhaupt kollektiv bemerkt und fruchtbar zu werden. Das Bewusstsein einer Epoche, worin sie ihre Träume ins Bild setzt, darf nicht mit dem Partikularbewusstsein der in ihr lebenden Individuen verwechselt werden – im Gegenteil ist es gerade die letzteres ausdrückende wie vor allem hervorbringende gegenständliche Seite der Wechselwirkung zwischen Mensch und Wirklichkeit; ein Kollektivbewusstsein kann schwerlich anders als in den aus dem menschlichen Geist herausgestülpten Bauten, Kunstwerken, Schriften, Riten, Verträgen oder Gebrauchsgegenständen existieren, wenn seine Funktion ist, seinen ideellen Gehalt im Individuum hervorzurufen und zu verankern – bzw. seinen ideologischen, wenn man bedenkt, dass die reale Existenz eines Dings, wie der Warenfetisch und mit ihm die gesamte kapitalistische Gesellschaftsordnung zeigt, es noch nie davor bewahrt hat, scheinhaft zu sein.[114] Das kollektive Bewusstsein beginnt und endet zwar, wie sein Name andeutet, im individuellen Bewusstsein, doch greifbar ist es nur in seiner dinglichen Form. Entsprechend ist ein *kollektives* Unbewusstes, in dem Benjamin die Traumbilder der Epoche aufsucht, als der Ort, an dem alle Menschen ohne sich darüber bewusst zu sein miteinander zusammenhängen, nicht wie bei Jung in dunklen Tiefen der Seele, wo Wotan und seine Verwandten noch hausen, zu

---

[114]   Benjamin bemerkte vom kollektiven Bewusstsein, dass ihm "natürlich sehr vieles innerlich (ist), was dem Individuum äußerlich ist, Architekturen, Moden, ja selbst das Wetter sind im Innern des Kollektivums, was Organempfindungen, Gefühl der Krankheit oder der Gesundheit im Innern des Individuums sind. Und sie sind, solange sie in der unbewussten, ungeformten Traumgestalt verharren genau so gut Naturvorgänge, wie der Verdauungsprozess, die Atmung etc." (V, 492)

suchen, sondern im Gegenteil in der äußeren Wirklichkeit, in der material niedergelegten ökonomischen Produktionsweise und jenen tausend Konfigurationen des täglichen Lebens, die die Menschheit über ihre wahren Bedürfnisse und deren wahre Befriedigung hinwegtäuschen. Gerade die unreflektierten oder nichtexpliziten allgemeinen Wunschvorstellungen sind statt in der Utopieliteratur oder in Schriften zum ewigen Frieden in jenen kleinsten und größeren Wunschsymbolen zu entdecken, deren wahre, utopische oder gar revolutionäre Natur in ihrer jeweiligen Zweckdienlichkeit verborgen steckt.[115]

Dazu kommt, dass Benjamin den Gehalt der dialektischen Bilder ausdrücklich nicht in einer Traumwelt verhangen lassen will, er vielmehr das Moment der Dialektik des Aufwachens in seine Theorie des Traumbilds mitaufgenommen hat: "Im Erwachen steht der Traum still" (V, 1217) und kristallisiert als stillgestellte Dialektik zum Bild. Nach seinen Notizen zu urteilen plante Benjamin eine "Polemik gegen Jung, der vom Traum das Erwachen fernhalten will" (V, 1212), im selben Zusammenhang schrieb er vom "Traum als historischem Phänomen" (V, 1214) und sah sich im "Gegensatz zu Aragon: dies alles auf die Dialektik des Erwachens hin durchdringen, nicht müde in den 'Traum' oder in die 'Mythologie' sich einlullen lassen." (ebd.) Mit diesem seiner Traumtheorie substantiellen Element des Erwachens grenzte sich Benjamin explizit gegen die surrealistische ab, die Konstruktion des dialektischen Bildes bestimmte er als gleichbedeutend mit dem Zeitpunkt des Erwachens, da die

---

[115]   Unter Berücksichtigung dieser Deutung ist auch die obige Darstellung der dialektischen Bilder und näher deren Beschreibung als Traumbilder zu verstehen, d.h. sie ist der Versuch, (mindestens) zwei variierende Bedeutungen des dialektischen Bildes in der Interpretation ihrer Kompatibilität wiederzugeben, also gleichsam die frühere zu retten, statt beide in ihrer chronologischen Abfolge bzw. Entwicklung so detailliert zu differenzieren, wie Tiedemann es bereits getan hat. (vgl. Tiedemann, V, 34 ff. – Dialektik im Stillstand?)

Trauminhalte gedeutet und dergestalt in ihrem Bestande gerettet in die Wachwelt eingebracht werden. "Während Aragon (scil. die surrealistische Traumtheorie) im Traumbereiche beharrt, soll hier die Konstellation des Erwachens gefunden werden. Während bei Aragon ein impressionistisches Element bleibt – die 'Mythologie' – (..) geht es hier um die Auflösung der 'Mythologie' in den Geschichtsraum. Das freilich kann nur geschehen durch die Erweckung eines noch nicht bewussten Wissens vom Gewesnen." (V, 572) Und zwar in der Deutung des Traums, die nur dann einen Sinn ergibt, wenn man ihn nicht aus sich heraus, sondern in Beziehung auf die ihm zugrundeliegende Wachwelt erklärt, welche selber über ihre inneren Gründe im unklaren ist, sich – nach Freud: ihr Unbewusstes – im Traum metaphorisch ausdrückt und damit ein verklausuliertes, doch möglicherweise verdeutlichendes Bild ihrer selbst zeichnet. In Benjamins Theorie des epochalen Traums ist diese Wachwelt die Gegenwart,[116] deren beider bewusstmachende Deutung in eben der Konstellation liegt, in die Traum und Wachwelt, bzw. Vergangenes und Gegenwart gebracht werden: "Das Jetzt der Erkennbarkeit ist der Augenblick des Erwachens."[117] (V, 1217, vgl. o. S. 43 od. Anm.

---

[116] "Die neue dialektische Methode der Historik präsentiert sich als die Kunst, die Gegenwart als Wachwelt zu erfahren, auf die sich jener Traum, den wir Gewesenes nennen, in Wahrheit bezieht." (V, 491)

[117] Es ist bei Benjamin nicht immer ganz eindeutig, ob mit dem Zeitpunkt des Erwachens, der Dialektik im Stillstand, der Konstruktion des dialektischen Bildes, dem "Jetzt der Erkennbarkeit" ein Geistesblitz der Erkenntnis als vorbereitendes Element auf dem Weg zur messianischen Zeit gemeint ist, oder aber diese messianische Wende selber, in deren Rahmen erst solche historischen Konstellationen real werden. Der vermeintliche Widerspruch mag vielleicht so aufgelöst werden, dass, insofern historische Forschung ein langwieriger Prozess ist, die Darstellung einzelner dialektischer Bilder zur Bewusstmachung gehört, aber erst deren Versammlung in

52) Speziell im Kapitalismus sah Benjamin einen "neuen Traumschlaf", mit dem eine "Reaktivierung der mythischen Kräfte" einhergegangen war, (V, 494) und der nicht darin überwunden wird, dass man ihn als Traum – bzw. sich als Träumenden – erkennt, sondern dass man die in ihm verfangene Welt aufweckt. Und entgegen dem individuellen Traum, der beim – oft zufälligen – Aufwachen widerstandslos verschwindet und dem Wachbewusstsein Platz macht, dessen Auflösung und mögliche Deutung also nur eine Sache des individuellen Vorstellens ist, stellt der kollektive Traum vor die Schwierigkeit, dass er als wirklich existierender, der physischen Realität eingesenkter durch einen bloßen Streich des Gedankens oder auch eine gründliche Aufklärung des Bewusstseins nicht zu zerstreuen ist. Um die träumende Welt zum Erwachen zu bringen, muss der Materialist an ihrer materialen Außenseite sich betätigen und an jedem zentralen Gegenstand, der gleichsam in den Lichtkegel seiner historischen Erkennbarkeit tritt, das mobilisierende Element aus seinem paralysierenden herauslösen, er muss regelrechte Aufweckarbeit leisten, "durch alle denkbaren Gradstufen des Erwachtseins aller möglichen Zentren" hindurch. (V, 492) Damit wird klar, warum Benjamin betont, dass das Erwachen aus dem kollektiven Traum von der revolutionären politischen Aktion unabtrennbar ist:[118] Die

---

einer substantiellen Konfiguration den revolutionären Akt darstellt, der den Gehalt der gesamten Vergangenheit in die Gegenwart einbringt, und den jedes dialektische Bild modellhaft vorstellt. Benjamin selber wies u. a. darauf hin, dass in dessen monadischer Struktur er das "*Zeichen* einer messianischen Stillstellung des Geschehens" erblickt (I, 703, Herv. v. mir), und dass das Erwachen "als ein stufenweiser Prozess" (V, 490) zu verstehen ist, mit dem Schlaf als dessen "Primärstadium". (ebd.)

[118]   "Dem revolutionären Denker bestätigt sich die eigentümliche revolutionäre Chance jedes geschichtlichen Augenblicks aus der politischen Situation heraus. Aber sie bestätigt sich ihm nicht minder durch die Schlüsselgewalt dieses Augenblicks über ein ganz

Erlösung aus dem träumenden und die Herbeiführung eines selbstbewussten und scheinlosen historischen Zustands ist nur möglich, wenn die dem Traum unserer Epoche zugrundeliegende, d.i. die scheinhafte bzw. scheinproduzierende kapitalistische Produktionsordnung selber aufgehoben wird.

Diese sich und anderen gestellte Aufgabe herakleischen Ausmaßes ist Benjamin in den letzten gut zehn Jahren seines Lebens angegangen und tauchte ab ins fossilisierte Paris des vergangenen Jahrhunderts, in das Universum der Passagen, der Interieurs, der Moden, der Glas- und Eisenkonstruktionen, der Katakomben, der Boulevards, der Weltausstellungen, der Panoramen, der Photographien und der Prostituierten. Er hatte vorgegeben, dass man das Wesen der Welt nicht dadurch erkennt, dass man wie etwa sein Zeitgenosse Heidegger in einer einsamen Berghütte darauf lauscht, was die tonlose Stimme des Seins einem zuraunt, sondern dass man ein imaginäres Fenster aufstößt und den Großstadtlärm in seine Studierstube schlagen lässt. Benjamin wühlte sich durch die Formenwelt des beginnenden Hochkapitalismus, auf Streifzügen durch dessen "Haupstadt" ebenso wie in Augenzeugenberichten aus der Bibliothèque Nationale; sein Vorhaben war, in einer "literarischen Montage" (V, 574), der "Kunst, ohne Anführungszeichen zu zitieren" (V, 572), eigene und fremde Texte über die großen und kleinen Äußerungen der Stadt in gegenseitiger Illumination zusammenzustellen und miteinander zu konfrontieren, sodass in langsamer und stetiger Überlagerung der Konfigurationen eine dialektische Rekonstruktion jenes epochalen Traumbilds sich aufbaue.

---

bestimmtes, bis dahin verschlossenes Gemach der Vergangenheit. Der Eintritt in dieses Gemach fällt mit der politischen Aktion strikt zusammen." (I, 1231)

Dramatis personae: Flaneur & Sammler

Im Zuge seiner Forschungen beschrieb Benjamin neben einer Vielzahl von Bauwerken und Gerätschaften auch einige Sozialcharaktere und emblematische Figuren, die die unterschiedlichsten paradigmatischen Verhaltensweisen jener Zeit personifizieren. Von ihnen seien zwei herausgegriffen, die vereinigt die doppelte Denkbewegung der Melancholie vorstellen, das kontemplative Durchleuchten der irdischen Gegenstände und den allegorischen Aufschwung zur Ahnung des Allgemeinen, und damit als eine Art partielles Selbstbildnis Benjamins verstanden werden können. Die Rede ist vom Flaneur und dem Sammler. Der Flaneur ist der Grenzgänger zwischen der individuellen privatio und dem rauschenden Leben der Großstadt. Er steht auf dem Umschlagspunkt zwischen den historischen Stufen, er wandelt auf der Schwelle der gesellschaftlichen Territorien und Geschwindigkeiten und ist auf beiden Seiten so sehr zu Hause, so wenig er in einer von ihnen verfangen ist. An diesem historischen Angelpunkt, der zugleich in der Mitte und ganz außerhalb seiner Umwelt sich befindet, fungiert er als einfacher Zuschauer, Chronist, Philosoph oder Dichter, der seismographisch die historischen Erschütterungen registriert, die an der Schnittfläche der Lebenswelten ihm noch in kurioser Fremdheit sich offenbaren. Wie dem baudelairischen Promeneur tun sich "die Perspektiven des Vergangenen und des Zukünftigen" vor ihm auf, denn "der Promeneur ist (zum) 'Lustwandeln' nicht mehr imstande; er flüchtet sich in den Schatten der Städte: er wird Flaneur." (V, 554) Sein Modell entdeckt Benjamin eben in Baudelaire; in dessen Physiognomie realisiert sich ein letztes Mal das autonome künstlerische Subjekt in Anverwandlung an die Industriegesellschaft, bevor es sich vollends auf den Markt begibt.[119] Der Flaneur spaziert durch die Passagen in einer Geschwindigkeit knapp über dem spakigen Stillstand der Bürgerstuben und knapp unter der geschäftigen Strömung der Masse. Von dieser lässt er sich treiben, in ihr geht er auf, ohne in ihr unterzugehen; durch seinen eigensten Habitus der mit Ausdauer gepaarten Gemächlichkeit stellt er die Nähe her, die gerade nötig ist, in die Großstadtmenge sich einzubilden und in sich zu versenken, und den kritischen Abstand, der gerade nötig ist, nicht in ihr zu versinken.[120] "Im Flaneur feiert die Schaulust ihren Triumph. Sie kann sich in der Beobachtung konzentrieren – das ergibt den Amateurdetektiv; sie kann im Gaffer stagnieren – dann ist aus dem Flaneur ein badaud geworden." (I, 572) Was den Flaneur vom Gaffer unterscheidet, ist dass jener, auch in der rauschhaftesten Einfühlung in die Masse, seine Individualität zu keiner Zeit aufgibt. Die des Gaffers dagegen

---

[119]   "Baudelaires Ingenium, das sich aus der Melancholie nährt, ist ein allegorisches. Zum ersten Male wird bei Baudelaire Paris zum Gegenstand der lyrischen Dichtung. Diese Dichtung ist keine Heimatkunst, vielmehr ist der Blick des Allegorikers, der die Stadt trifft, der Blick des Entfremdeten. Es ist der Blick des Flaneurs, dessen Lebensform die kommende trostlose des Großstadtmenschen noch mit einem versöhnenden Schimmer umspielt. Der Flaneur steht noch auf der Schwelle, der Großstadt sowohl wie der Bürgerklasse. Keine von beiden hat ihn noch überwältigt. In keiner von beiden ist er zu Hause." (V, 54)

[120]   "Es gab den Passanten, welcher sich in die Menge einkeilt; doch es gab den Flaneur, welcher Spielraum braucht und sein Privatleben nicht missen will. Müßig geht er als eine Persönlichkeit; so protestiert er gegen die Arbeitsteilung, die die Leute zu Spezialisten macht. Ebenso protestiert er gegen deren Betriebsamkeit." (I, 556) "Die Langeweile im Produktionsprozess entsteht mit seiner Beschleunigung (durch die Maschinen). Der Flaneur protestiert mit seiner ostentativen Gelassenheit gegen den Produktionsprozess." (I, 679)

verschwindet.[121] Der Flaneur ist der modellhafte Typus der Verbindung von Müßiggang und Kontemplation (vgl. V, 567), sein unverbrüchliches Selbstbewusstsein verleiht ihm eine Aufmerksamkeit noch in der äußersten Selbstaufgabe, die an das romantische Modell wahrer Erkenntnis rührt und ihn darüber zum "Chronisten", gar "Philosophen" (I, 539) der Passagen macht, die "eine Stadt, eine Welt im Kleinen" sind. (E. Fuchs, zit. n. I, 538) Der Flaneur, der "philosophische Spaziergänger" (V, 526), "der auf dem Asphalt botanisieren geht" (I, 539), d.h. die dortigen Pflanzen zu Studienzwecken sammelt, wird zu einem "Detektiv wider Willen" (I, 543), und "seine Indolenz (Gleichgültigkeit) ist nur eine scheinbare. Hinter ihr verbirgt sich die Wachsamkeit eines Beobachters, der den Missetäter nicht aus den Augen lässt. So sieht der Detektiv ziemlich weite Gefilde seinem Selbstgefühl aufgetan." (ebd.) Jedes Detail, das er entdeckt, entfaltet ihm größere Zusammenhänge, "welche Spur der Flaneur auch verfolgen mag, jede wird ihn auf ein Verbrechen führen." (ebd.) – Mit der Übersetzung Poes durch Baudelaire war in Frankreich die Detektivgeschichte eingeführt, deren Interesse im Gegensatz zur Kriminalnovelle in einer logischen Konstruktion liegt.

"Damit ist angedeutet, wie auch die Detektivgeschichte, ihres nüchternen Kalküls ungeachtet, an der Phantasmagorie des pariser Lebens mitwirkt." (ebd.) Der klassische Flaneur war noch kein Allegoriker im strikten Benjaminischen Sinne, er ließ die gesellschaftliche Wirklichkeit mit der Menge auf sich einwirken, sich von ihr tragen, er hielt sie sich als Schleier bewusst, doch da deren Entwicklung noch im Aufgehen begriffen war, konnte und wollte er sie noch nicht entlarven; der

---

[121]   "Sie wird von der Außenwelt aufgesogen...; diese berauscht ihn bis zur Selbstvergessenheit. Unter dem Einfluss des Schauspiels, das sich ihm bietet, wird der badaud zu einem unpersönlichen Wesen; er ist kein Mensch mehr: er ist Publikum, er ist Menge." (V. Fournel, zit. n. I, 572, Fußn.)

Flaneur war noch kein Relikt, sondern auf der Höhe der Geschichte, und das Massenhafte ihm noch nicht antagonistisch, sondern sein eigener Nährboden. Erst später, nach der klärenden Zerstörung des Weltkriegs, der dem 19. Jahrhundert (nicht jedoch dessen ökonomischen Grundlagen) alle Verschleierung austrieb, entstand jener Typus des von der Geschichte überrannten, melancholischen Flaneurs, die Flanerie des 20. Jahrhunderts, deren Vorbild so deutlich Benjamin selber ist.[122] Noch deutlicher und unerbittlicher als sein früheres, bezaubertes Gegenstück führt ihn sein labyrinthischer Weg in das Gestrüpp des Gewesenen;[123] auf seinen Exkursionen sieht er die Stadt wirklich als erstarrte Urlandschaft vor sich liegen und erblickt in den aus der vorigen Epoche übriggebliebenen Formen vor allem den fatalen Verlauf, den sie in der späteren Entfaltung der Geschichte genommen haben.[124] Der Flaneur

---

[122]   "Dem Flaneur liegt ein Schleier auf diesem Bild (der Stadt als Hölle). Die Masse ist dieser Schleier. (..) Sie macht, dass das Grauenhafte auf ihn bezaubernd wirkt. Erst wenn dieser Schleier zerreißt und dem Blick des Flaneurs 'einen der volkreichen Plätze' freigibt, 'die im Straßenkampfe menschenleer daliegen', sieht auch er die große Stadt unverstellt." (I, 562, Zitate v. Baudelaire, Nachw. ebd.)

[123]   "Den Flanierenden leitet die Straße in eine entschwundene Zeit. Ihm ist eine jede abschüssig. Sie führt hinab (..) in eine Vergangenheit, die um so bannender sein kann als sie nicht seine eigene, private ist." (V, 525)

[124]   Paradigmatisch mag dabei u.a. die Gepflogenheit der Etuis und Futterale anmuten, mit denen das Bürgertum in seinem Interieur "unverdrossen den Abdruck einer Fülle von Gegenständen" nahm, um "sich für die Spurlosigkeit des Privatlebens in der großen Stadt zu entschädigen" (I, 549), denn "wohnen heißt Spuren hinterlassen. Im Interieur werden sie betont. (..) Auch die Spuren des Wohnenden drücken sich im Interieur ab." (V, 53) Die Bürgerwohnung wurde zum "Futteral des Menschen", stellvertretend für seine Person verwahrte er alle die Gebrauchsgegenstände, in denen er seine individuelle Werthaftigkeit aufgehoben fühlte, in stoßfesten Behältnissen wie auch

streicht durch die Straßen und entdeckt in den abseitigsten Dingen Ablagerungen der Geschichte, sein allegorischer Blick aktiviert die melancholische Spannung im Gefüge der umherstehenden oder umherliegenden Artefakte und lässt diese aus dem nahtlosen Stadtpanorama sich absetzen. "Das von der allegorischen Intention Betroffene wird aus den Zusammenhängen des Lebens ausgesondert: es wird zerschlagen und konserviert zugleich. Die Allegorie hält an den Trümmern fest. Sie bietet das Bild der erstarrten Unruhe." (I, 666) Der Melancholiker sammelt diese Trümmer ein, während die Passanten achtlos an ihnen vorbeirennen: "Auf dem Passionswege des Melancholikers sind die Allegorien die Stationen." (I, 663)[125]

Begriffen, Gesetzbüchern und Verfassungen, die sie gegen den gesellschaftlichen Zugriff und die Unbill des Schicksals abschirmen sollten, – deren oft harte und opake Hülle jedoch meist darüber im unklaren ließ, ob der einst hineingelegte Inhalt überhaupt noch darin war. Nur so ist das allgemeine Erschrecken zu erklären, das das spätere kunstsinnige Bürgertum paralysierte, als während der ersten Hälfte unseres Jahrhunderts Gangsterrackets in schwarzen Anzügen ihre geigenförmigen Etuis aufklappten, statt der einst hineingelegten Geigen hingegen Maschinenpistolen herausholten und in die Menge feuerten. Nicht umsonst ist das Bild zur selben Zeit in den ikonographischen Fundus der Populärkultur eingegangen.

[125]   Betreff Benjamins Geschichtstheologie ist selten Bündigeres gesagt worden als dies: "Wer den Satz sagt: Der Marxismus ist eine Kryptotheologie, trifft nur dann etwas Wahres, wenn er den anderen: Die Theologie ist ein Kryptomaterialismus, nicht unterschlägt." (Schweppenhäuser, 37, Anm. 5) – Auch die im Text angemerkte Vorstellung hat ihren mittelalterlichen Vorläufer – im Hl. Bonaventura, "neben Thomas v. Aquino die führende Gestalt der Hochscholastik", für den "das Sehen der Weltdinge zu einem Wanderweg zu Gott werden kann", auf dem durch die Gegend spazierend an den mannigfaltigsten Naturdingen man die Hand Gottes ablesen kann. (Hirschberger, a.a.O., 452, 455) Und nicht zuletzt weist das Lesen zahlreicher irdischer, oft flüchtiger Phänomene als Zeichen

Der Sammler ist gleichsam der nach Hause zurückgekehrte Flaneur. Er sortiert die aufgestöberten Gegenstände in seine Kammer, integriert sie in seine Sammlung. Dadurch verändern sich sowohl der Gegenstand wie die Sammlung, – diese, indem jeder Neuzugang die vorhandene Reihe um seinen Gehalt erweitert, jener, indem er, als zugehörig befundener, alle anderen Sammlerstücke als Äquivalent in sich reflektiert; vor allem aber verliert er jede Verbindung zu seiner vorherigen Funktion als Ding der Außenwelt, als Gebrauchsgegenstand, als Ware. Der Sammler sprengt seinen Neuerwerb aus dem phantasmagorischen Zusammenhang heraus wie der Historiker seinen Gegenstand aus dem geschichtlichen, er löst sowohl den Tauschwert als auch den ursprünglichen Gebrauchswert von ihm ab, sodass seine Dinghaftigkeit in ihrer geschichtlich markierten Geformtheit, gereinigt von aller gesellschaftlichen Inanspruchnahme, klar hervortritt.[126] Er stellt seinen Gegenstand gleichsam ins Regal und wartet so lange, bis der Überzug seiner Verwertbarkeit brüchig geworden und abgebröckelt ist. Als solches nacktes Ding, das statt all seinen

---

eines Umfassenderen zurück auf den antiken Seher, der in ihnen Botschaften der Götter entzifferte und erkannte, was war, ist, und sein wird. Diese Wendung bedeutet (vgl. Vorwort & Anmerkungen v. Karl Albert, in: Hesiod, *Theogonie*, Academia, St. Augustin 1993) nicht unbedingt, dass er in andere Zeiten zu sehen vermochte, eher dass das allem Vergänglichen zugrundeliegende Konstante ihm sich offenbarte. Der materialistische Historiker ist ein moderner Seher.

[126]   Der Sammler "macht die Verklärung der Dinge zu seiner Sache. Ihm fällt die Sisyphosaufgabe zu, durch seinen Besitz an den Dingen den Warencharakter von ihnen abzustreifen. Aber er verleiht ihnen nur den Liebhaberwert statt des Gebrauchswerts. Der Sammler träumt sich nicht nur in eine ferne oder vergangene Welt sondern zugleich in eine bessere, in der zwar die Menschen ebensowenig mit dem versehen sind, was sie brauchen, wie in der alltäglichen, aber die Dinge von der Fron frei sind, nützlich zu sein." (V, 53)

143

wahren Gehalt verloren zu haben, ihn jetzt erst unbehindert –
ohne den verzerrenden Schleier einer Nützlichkeit – entfaltet,
kann das Sammlerstück als selbständiges in Korrespondenz zu
anderen treten, "in ein neues eigens geschaffenes historisches
System, die Sammlung" (V, 271).[127] Darin bekommt der Gehalt,
der von keinem Kalkül mehr verengt und kanalisiert wird, die
ganze historische Fülle zurück, die einst in seine Produktion
eingegangen, jedoch in seiner entfremdeten Geformtheit
ausgeblendet war: "In diesem Systeme (wird) jedwedes
einzelne Ding zu einer Enzyklopädie aller Wissenschaft von
dem Zeitalter, der Landschaft, der Industrie, dem Besitzer von
dem es herstammt." (V, 271) Der Sammler vollzieht – wie der
materialistische Historiker – eine Rettung der Objekte seines
Interesses, und zwar auf zweifache Weise: einmal, indem er
ihren genuinen Gehalt hinter dem bis dato vom eingesponnenen
Dasein als Gebrauchsgegenstand produzierten Schleier
hervortreibt, und zweitens, indem er Dingen, denen der
Weltenlauf selber ihren Nutzen bereits entzogen und damit der
Vergessenheit oder gar Verschrottung preisgegeben hat, ihre
besondere Würde als Gegenstand zurückgibt, der keine
Wertform braucht, um wertvoll zu sein. Im Gegenteil bekommt
dieser seine individuelle Signatur erst dadurch, dass er vom
bloßen Exemplar einer gesellschaftlichen Funktion zu einem
physiognomischen Objekt sich wandelt, das mit seiner
persönlichen Geschichte bzw. der seiner Besitzer gleichzeitig
deren geschichtliches Dasein in sich eingelassen hat. Ursprung
und Endstadium, Entstehungskoordinaten eines Gegenstands
und die gegenwärtigen Interessen und Leidenschaften des
Sammlers ziehen sich in jenem zusammen und veredeln erst
dadurch ihn zu einem Sammlerstück, beschriften es als –
monadischen – Gedenkstein seiner eigenen Vor- und

---

[127] "Es ist beim Sammeln das Entscheidende, dass der
Gegenstand aus allen ursprünglichen Funktionen gelöst wird um in die
denkbar engste Beziehung zu seinesgleichen zu treten." (V, 271)

Nachgeschichte.[128] "Hier also (..) lässt sich verstehen, wie die großen Physiognomiker (und Sammler sind Physiognomiker der Dingwelt) zu Schicksalsdeutern werden." (V, 274) Sie sammeln vergangene Dinge; genauer: spätestens in ihrem Besitz werden Dinge vergangen, denn erst als vergangene werden Dinge für sie bedeutsam, erst wenn diese sich als fossile, abgenutzte Rückstände einer früheren Traumwelt zu erkennen geben, erwecken sie das Interesse des Sammlers: "Der Sammler deutet Träume des Kollektivs." (V, 1214)

Doch tut er dies nicht an nur jeweils einem Gegenstand, gerade er "nimmt den Kampf gegen die Zerstreuung auf" (V, 279), und nicht nur gegen diejenige des Wesens an den Dingen, sondern vor allem gegen die Zerstreuung dieser in sich wesenhaften Dinge in der Geschichte. Der Sammler bewahrt sie einzeln in seinem Kämmerlein und lässt ihnen ursprünglich keinen weiteren Zusammenhang als den ihres räumlichen Nebeneinanders; er ist ein Allegoriker, insofern dieser die Phänomene als Fragmente überlebter Zusammenhänge betrachtet, und das einzig als zeugnishafte Überbleibsel, nicht etwa als störenden Abfall. Und als Sammler ist der Allegoriker um die Beharrlichkeit bereichert, mit der gerade erreichten Zusammenhanglosigkeit seiner Stücke sich nicht abzufinden und mit dem vollen Wissen um deren Einzelheit eine durchgreifende Sinnhaltigkeit seiner Sammlung herzustellen; unablässig nimmt er die verschiedensten und auseinanderliegendsten Stücke seiner Sammlung zur Hand, in den mannigfaltigsten Kombinationen und solange, bis aus deren Zusammenstellungen philosophische Funken schlagen, bis in

---

[128]   "Man erinnere doch nur, von welchem Belang für einen jeden Sammler nicht nur sein Objekt sondern auch dessen ganze Vergangenheit ist," – deren profanste und deren substantiellste Daten "rücken für den wahren Sammler in jedem einzelnen seiner Besitztümer zu einer magischen Enzyklopädie, zu einer Weltordnung zusammen, deren Abriss das *Schicksal* seines Gegenstandes ist." (V, 274)

der Konfrontation der Extreme plötzlich eine untergründige Konnexion aufblitzt und die Momente der Geschichte zu deren wahrem Gehalt zusammenschießen.[129] Und dieser Gehalt verändert bzw. multipliziert und differenziert sich mit jedem hinzugefügten Objekt in einem unendlichen Progress, da die Sammlung, als ein dem offiziellen entrissenes Bild der Welt, nie vollständig werden kann; denn sollte sie einmal wirklich sich vervollständigen, d.h. alle Dinge des realen Daseins zu singulären Sammlerstücken veredelt in sich versammelt haben, dann wäre sie schon keine vom Weltgeschehen abgeschiedene Sammlung mehr, sondern die Welt selber, und das in deren befreitem Zustand. Als Sammler arbeitet der materialistische Historiker darauf zu, dass seine Sammlung sich gleichsam irgendwann selbst auflöst und umschlägt in ein universales Ensemble von Gegenständen, deren Liebhaberwert von ihrem Gebrauchswert nicht mehr getrennt ist.

In der Beschreibung des Flaneurs und des Sammlers hat Benjamin zwei Hauptmomente seines melancholischen Ingeniums, entsprechend seiner materialistischen Intention, als

---

[129]   Der Allegoriker löst die Dinge "aus ihrem Zusammenhange und überlässt es von Anfang an seinem Tiefsinn, ihre Bedeutung aufzuhellen. Der Sammler dagegen vereint das Zueinandergehörige; es kann ihm derart gelingen, über die Dinge durch ihre Verwandschaft oder ihre Abfolge in der Zeit zu belehren. (..) In jedem Sammler (steckt) ein Allegoriker und in jedem Allegoriker ein Sammler. (..) (Diesem) bleibt doch alles, was er versammelt hat, eben Stückwerk, wie es die Dinge für die Allegorie ja von vornherein sind." (V, 279) "Ein Zeitalter, das der Grübelei abhold ist, hat im puzzle deren Geberde festgehalten. Sie ist im besonderen die des Allegorikers. Der Allegoriker greift bald da bald dort aus dem wüsten Fundus, den sein Wissen ihm zur Verfügung stellt, ein Stück heraus, hält es neben ein anderes und versucht, ob sie zueinander passen: jene Bedeutung zu diesem Bild oder dieses Bild zu jener Bedeutung. Vorhersagen lässt das Ergebnis sich nie; denn es gibt keine natürliche Vermittlung zwischen den beiden." (V, 466)

modellhaft handelnde Personen in die Welt hinausgestellt, und nicht nur, weil die historische Person W.B. beide Rollen mit Leidenschaft ausfüllte, d.h. ausgiebig durch Städte flanierte und u.a. Kinderbücher sammelte. Auch sonst, beim Lesen, Schreiben, Denken etc., war Benjamin Flaneur und Sammler zugleich, der der in der Philosophie notwendig imaginierten Weltkulisse am ehesten mit einem imaginierten Akteur beizukommen meinte.

Politisierung der Kunst: Benjamins Manía

Trotzdem bleiben jene beiden nicht die einzigen Hauptmomente in Benjamins Dasein als Melancholiker, auch in der Moderne beschränkt sich der seit der Antike beschriebene ekstatische Ausbruch des Melancholikers als Gegenreaktion auf seine Niedergeschlagenheit nicht auf ein – im engeren Sinne der trübsinnigen Grübelei – melancholisch eingemeindetes Ficinisches "Verständnis des Höchsten". Eine plötzliche Begeisterung, zumindest das scheinbar unvermittelte Erblicken eines weiten Horizonts der Hoffnung, so unmelancholisch es wirken mag, gehört doch zuinnerst der Melancholie an, als gleichsam unmelancholischer Einschluss in ihr, der trotzdem nur durch sie sich erklären lässt. Mit diesen Überlegungen ließe sich der zum Teil beinah fiebrige revolutionäre Elan rekonstruieren, der Benjamin im Laufe der 30er Jahre immer wieder erfasste und der im Kunstwerkaufsatz von 1937 seinen Höhepunkt fand. Dessen emphatischer Gestus, nicht weit entfernt von philosophisch fundierter Agitprop, musste merkwürdig erratisch anmuten in einer Zeit, da das deutsche Proletariat bereits geschlossen zum Faschismus übergelaufen, Benjamin über die Situation in der Sowjetunion sich durchaus im klaren war und die Kinematographie zum kapitalistischen Goldesel bzw. zum stalinistischen Erfüllungsgehilfen sich entwickelt hatte.

Auch Freud war diese Absonderlichkeit bekannt: "Die merkwürdigste und aufklärungsbedürftigste Eigentümlichkeit der Melancholie ist durch ihre Neigung gegeben, in den symptomatisch gegensätzlichen Zustand der Manie umzuschlagen." (Freud, 440) An der grundlegenden Homogeneität beider Phänomene bestand für ihn wenig Zweifel,[130] und Freuds vorläufige und durchaus plausible Erklärung ist, dass in der melancholischen Zerknirschung ein großes Maß an psychischer Energie gebunden ist, welche, wenn der Anlass der Zerknirschung wegfällt, sich auflöst oder auch nur lockert, frei wird und in irgendeine Richtung sich entlädt.[131] Doch interessiert uns auch hier weniger Benjamins Seelenhaushalt als sein philosophischer Gehalt, und es wäre nachzuvollziehen, wie die melancholische Manie im philosophischen Material selber sich auswirkt. Bereits im Trauerspielbuch, ganz am Ende der gesamten Argumentation, gibt Benjamin einen Hinweis, inwiefern eine Figuration nicht nur ihren allegorischen Gehalt, sondern auch das ihm

---

[130]   "Der Eindruck (..) geht dahin, dass die Manie keinen anderen Inhalt hat als die Melancholie, dass beide Affektionen mit demselben 'Komplex' ringen, dem das Ich in der Melancholie erlegen ist, während es ihn in der Manie bewältigt oder beiseite geschoben hat." (Freud, 441)

[131]   Gemeint ist "eine Einwirkung, durch welche ein großer, lange unterhaltener, oder gewohnheitsmäßig hergestellter psychischer Aufwand", "den das schmerzhafte Leiden der Melancholie aus dem Ich an sich gezogen und gebunden hatte", "endlich überflüssig wird, so dass er für mannigfache Verwendungen und Abfuhrmöglichkeiten bereitsteht." (Freud, 441 f.) – In einer allgemeineren bzw. strukturalen Wendung wäre zu formulieren, dass die Manie den ekstatischen Teil des in die Lebenswelt extrapolierten melancholischen Zwiespalts von höchstem Streben und ernüchterndem Ungenügen ausfüllt; der innere Konflikt, als philosophisch-abstrakte Verklammerung paradoxer Begriffe gleichsam zerreißend simultan, verlebendigt sich im linearen Ablauf einer persönlichen Vita zu einer sich selbst verstärkenden Achterbahn von Schwermut und Begeisterung.

Entgegengesetzte allegorisch auszudrücken vermag, ohne in einen erneuerten Symbolismus zu flüchten. Im Angesicht der überbordenden "düstren Prachtentfaltung" des Barock (I, 404) stellt sich die Ahnung ein, dass dessen Häufung von Sinnbildern des Grotesken sowie die Allegorisierung dieser Sinnbilder durch wiederum andere Sinnbilder "im Schwindel ihrer grundlosen Tiefe" (I, 205) den Gehalt des ursprünglich Versinnbildlichten verwischen und in solch endloser Spiegelung vergessen machen, was in den Bildern des Verfalls als Verfallendes eigentlich angesprochen ist, so dass gerade die dermaßen essentialisierte Verdammnis, Weltleere und Gottferne selber als scheinhaft sich entlarvt und im Kollaps ihres Extremums das genaue Gegenteil, die Heilsidee, sich andeutet.[132] Die tiefste und gründlichste Funktion der Allegorie ist mithin, dass die in ihr ausgedrückte Bedeutung, die als Resultat einer Allegorisierung nur schlecht in ihrer selbstidentischen Einheit verharren kann, selber allegorisch, d.h. selber bedeutend wird; ohne sie je näher zu bestimmen, d.h. nur in der Arbeit an ihrem eigensten Material evoziert die Allegorie in dessen letztendlich selbstbesorgter Negation eine Vorstellung der Erlösung.[133] – Die geschichtliche Arbeit des wahren Allegorikers wäre demnach so beschaffen, dass er die Objekte seines Interesses so lange zu ihrem vollen historischen

---

[132]   "Heißt es doch ganz das Allegorische verkennen, den Bilderschatz, in welchem dieser Umschwung in das Heil der Rettung sich vollzieht, von jenem dustern, welcher Tod und Hölle meint, zu sondern. Denn gerade in Visionen des Vernichtungsrausches, in welchen alles Irdische zum Trümmerfeld zusammenstürzt, enthüllt sich weniger das Ideal der allegorischen Versenkung denn ihre Grenze." (I, 205)

[133]   "Die trostlose Verworrenheit der Schädelstätte (..) ist nicht allein das Sinnbild von der Öde aller Menschenexistenz. Vergänglichkeit ist in ihr nicht sowohl bedeutet, allegorisch dargestellt, denn, selbst bedeutend, dargeboten als Allegorie. Als die Allegorie der Auferstehung." (I, 206)

Gehalt hinaustreibt, dass ohne positive Vorgabe sie eines Augenblicks in eine messianische Konstellation sich fügen, aufleuchten und selbsttätig den Übergang aus dem phantasmagorischen ins messianische Zeitalter vollziehen: "In Gottes Welt erwacht der Allegoriker." (I, 206)[134]

In Benjamins späterer materialistischer Phase hat auch dieser mystische Ursprung des Umschwungs sich in die gegenständliche Lebenswelt eingesenkt, ohne von jenem den Anspruch noch von dieser das ausdrücklich Diesseitige aufzugeben. In der Untersuchung der Formenwelt des Hochkapitalismus musste Benjamin auf den Kommunismus sowie auf die neuen Techniken der Reproduktion stoßen; weder gehörten sie der überkommenen Ikonographie einer verblassenden Epoche zu, noch einer der neuen entgegengehaltenen nostalgischen Parallelwelt. Wie die großstädtische Masse für den Flaneur, so stellte die technische Zivilisation für die Arbeiterklasse sowie für die Reproduktionstechniken keine primär feindliche Macht dar, sondern im Gegenteil deren notwendige Matrix; erst das Industriezeitalter hatte die materialen Voraussetzungen geschaffen, dass die selbstbewussten Assoziationen des Industrieproletariats und die ausschließlich auf Reproduktion beruhenden Künste wie Photographie und Kinematographie entstehen konnten. Und genau in diesen seinen ureigenen Nebenprodukten, Kommunismus und Film, hatte nach

---

[134] "Das löst die Chiffer des Zerstückeltsten, Erstorbensten, Zerstreutesten (..), die vermeintliche Unendlichkeit der Hoffnungsleere. All das zerstiebt mit jenem *einen* Umschwung, in dem die allegorische Versenkung die letzte Phantasmagorie des Objektiven räumen muss und, gänzlich auf sich selbst gestellt, nicht mehr spielerisch in erdhafter Dingwelt sondern ernsthaft unterm Himmel sich wiederfindet. Das ist eben das Wesen melancholischer Versenkung, dass ihre letzten Gegenstände, in denen des Verworfnen sie am völligsten sich zu versichern glaubt, in Allegorien umschlagen (..) (und sie) zur Auferstehung (..) überspringt." (I, 206)

Benjamins Anschauung der Kapitalismus die einzigen Kräfte hervorgebracht, die gleichsam aus dem selben Holz und ihm daher noch gefährlich waren. Der Kapitalismus produzierte die Grundlagen und Mittel seiner eigenen Abschaffung, die das philosophisch-revolutionäre Ingenium nun in adäquater Weise organisieren müsse, um die Verhältnisse zum Umschwung zu treiben. Der allegorische Gehalt der industriellen Trümmerlandschaft deutet sich hierbei in zweifacher Modalität an, einmal passiv als eine Art materialistisches Traumbild, das den Historiker angesichts des herrschenden Elends, d.h. in negativer Bestimmung eine menschenwürdige Gesellschaft imaginieren lässt, andererseits aktiv als den historischen Augenblick, da einst diese Industrielandschaft in ihrem Betrieb gleichsam über sich selbst hinausproduziert, in Teilen derart sich selber transzendiert hat, dass jene bis dahin passive Antizipation ihrer Traumebene sich zu entwinden vermag, in die empirische Welt sich ausbreitet und in dieser das Erwachen vollbringt.

Die Entdeckung und theoretische Durchdringung dieser potentiell gesellschaftüberwindenden Mächte versetzte Benjamin in eine zumindest sporadische Begeisterung über die ungeahnten revolutionären Möglichkeiten innerhalb der antagonistischen Gesellschaft.[135] Historischer Auftrag und Möglichkeiten des Kommunismus waren dabei allseits zur Kenntnis genommen, der Film dagegen galt noch lange als avantgardistische Jahrmarktspielerei bzw. Gebrauchsgegenstand. Als einer der wenigen entdeckte Benjamin im Film vor allem dessen emanzipatorischen Gehalt, und das weniger in den Inhalten, die durch ihn unters Volk geworfen werden konnten, als vielmehr in seiner ästhetischen und perzeptiven Struktur selber, der einzigen, die ihm der Reaktionsweise der modernen

---

[135] Wobei natürlich auch die Verzweiflung angesichts des Durchmarsches der Nationalsozialisten hineinspielte, die den fast ekstatischen Ausbruch Benjamins gleichzeitig als ein letztes Aufbäumen verstehen lässt.

Zeit angemessen schien. Bereits die Photographie als solche hielt er für nichts geringeres als ein kritisch-philosophisches Modell sowie auch handfestes Instrument,[136] das die gegenüber der modernen Gesellschaft allen anderen Künsten – bzw. Theorien allgemein – innewohnenden Anachronismen nicht teilte: Ebenso wie diejenige des materialistischen Historikers geschieht ihre besondere Art der "Erkenntnis", will sagen der fixierenden Rekonstruktion einer Objektivität in einem dieser heterogenen Medium, blitzhaft, mit einem Klick – und bisweilen mit einem Blitz, der von der Position des Photographierenden aus die anvisierte Szenerie erhellt –, der ein Bild von einer Sache festhält, aufgenommen aus genau der Perspektive und mit genau dem Material, die ihr Wesen am deutlichsten zum Ausdruck kommen lassen – welches nämlich ein ganz anderes sein kann als das dem bloßen Auge erscheinende. Als weitere Aufgabe bleibt dem Photographen, dieses Bild, das vorerst nur als Negativ, d.h. in bildlicher Verschlüsselung vorliegt, in einer längeren Phase der Bearbeitung, eben dem einem Blitz langnachrollenden Donner, zu seiner vollen Anschaulichkeit zu entwickeln.[137] In der

---

[136]   Das Modell einer philosophischen Erkenntnis, der an der sinnhaltigen Auseinandersetzung mit der physischen Welt gelegen ist, tut gut daran, mitunter selber in deren Daseinsform hinauszutreten und wie bei der Figur etwa des Flaneurs sich zu dessen Instrumentarium zu vergegenständlichen.

[137]   "Ein Bild von Baudelaire liegt hiermit vor. Es ist dem Bilde in einer Kamera zu vergleichen. Die gesellschaftliche Überlieferung ist diese Kamera. Sie gehört zu den Instrumenten der kritischen Theorie, und sie ist unter diesen ein unentbehrliches. Der materialistische Dialektiker operiert mit ihr. (..) Auf der anderen Seite ist er der einzige, der es verwerten kann. Er verliert sich nicht, wie der bürgerliche Theoretiker, an die zartgetönten inversen Bildchen, die im Sucher einander ablösen. Seine Sache ist festzustellen. Der Dialektiker 'drückt ab' und trägt die Platte, das Bild der Sache wie sie in die gesellschaftliche Überlieferung einging, davon. Dieses Bild ist ein

Kinematographie schließlich ist dieses statische Bild zu einem Bewegungsbild erweitert (bzw. sind, von der Technik her, viele Einzelbilder zu einer Einstellung aufgehoben), welches selber mit seinesgleichen zu einer Bilderfolge, d.i. einer aussagekräftigen Konstellation in der Zeit, montiert wird.[138] Die Kamera dringt in die Dingwelt ein und fixiert sie in ihrem wahren Glanz, die Montage formuliert unter den herausgerissenen Weltfragmenten eine neue Beziehung[139] – ohne Benjamins Philosophie über Gebühr verdinglichen oder veranschaulichen zu wollen, mag man sagen, dass die Photographie das Werkzeug des Flaneurs, die Montage das Werkzeug des Sammlers ist; und beide zusammen, in ihrem Dasein als Handelnde vereinigt, ergeben sie den Filmmacher.[140]

Solche Parallelisierungen müssen natürlich nicht bedeuten, dass Benjamin von den Möglichkeiten des Films so fasziniert war, dass er seine Philosophie fortan nach dessen Maßgabe gestalten wollte; einiges plausibler ist, dass er in

---

Negativ. Es entstammt einer Apparatur, die nicht anders kann, als für Licht Schatten, für Schatten Licht zu setzen. (..) (Dann) tritt der Begriff in seine Rechte und er entwickelt es." (I, 1164 f., Herv. v. mir)

[138] Wobei das Blitzartige der Erkenntnis zum großen Teil von der Aufnahme selber in die Konfrontation der einzelnen Bilder untereinander sich verlagert, sei es in deren Montage, sei es innerhalb eines längeren, sequentiellen Bildes.

[139] Die allerdings in der "unsichtbaren" Kontinuitätsmontage des klassischen Erzählfilms als *neue* sich verbirgt. Nichtsdestotrotz ist *jede* Filmmontage die *Herstellung* einer Beziehung – nämlich unter *Bildern* von Dingen; was nicht heißt, dass die so entstehende Bildersequenz nicht allzuoft den Schein einer kontinuierlichen Abbildung des realen Gangs der Dinge zu erwecken versuchte.

[140] "Ließe nicht ein passionierender Film sich aus dem Stadtplan von Paris gewinnen? aus der Entwicklung seiner verschiedenen Gestalten in zeitlicher Abfolge? aus der Verdichtung einer jahrhundertelangen Bewegung von Straßen, Boulevards, Passagen, Plätzen im Zeitraum einer halben Stunde? Und was anderes tut der Flaneur?" (V, 135)

seiner Arbeit über die Jahre hinweg einigen Vorgehensweisen des Films sich angenähert hat – von der Favorisierung einer nicht-diskursiven, bildhaften Erkenntnisweise über das Motiv des epischen Fortschreitens bis zum Denken in Konstellationen[141] –, bis er in ihm den praktisch-ästhetischen Arm seiner eigenen philosophischen Intentionen gewahrte: Zum einen natürlich in der Hinwendung auf die konkreten Dinge der Außenwelt bis zu dem Punkt, wo diese vorgefundenen Fragmente der physischen Realität zur einzigen Quelle der Erkenntnis erklärt und damit zur Vermittlung philosophischer Wahrheit erhoben werden.[142] Damit eng verbunden ist das

---

[141]　Beispielsweise in der Würdigung des Bildhaften der Allegorie als eigenständigem Medium der Sinnrekonstruktion: "Allegorie (..) ist nicht spielerische Bildertechnik, sondern Ausdruck, so wie Sprache Ausdruck ist, ja so wie Schrift." (I, 339) Oder, zustimmend Creuzer zitierend: "'Dort' – im Symbol – 'ist momentane Totalität; hier (in der Allegorie) ist Fortschritt in einer Reihe von Momenten.'" (I, 341) Und weiter: "Das (fortschreitende) Epos ist in der Tat die klassische Form einer Geschichte der bedeutenden Natur wie die Allegorie ihre barocke. Verwandt, wie sie beiden Geistesrichtungen war, musste die Romantik Epos und Allegorie einander annähern." (I, 343 f.) Und über das Mosaik schrieb Benjamin paradigmatisch, dass "die Darstellung dem großen Zug der Zeichnung, der Gedankenführung, nicht einfach folgt, vielmehr ihn fast wie aus der Zusammenstellung einzelner und ihm sehr disparater Gedanken hervortreten lässt." (I, 927)

[142]　Die Philosophie vergewissert sich ihres Anspruchs auf Welthaltigkeit in der Selbstentäußerung, im Hinüberreichen in die Bilderwelt der Naturdinge, welche dann ihrerseits durch das bloße Gedacht- bzw. auch Gefilmtwerden zu Partikeln einer philosophischen Reflexion geadelt werden – schon an Shakespeare lobte Benjamin, dass bei ihm "alle elementare Äußerung der Kreatur durch deren allegorische Existenz bedeutungsvoll (wird) und alles Allegorische nachdrücklich durch das Elementare der Sinnenwelt." (I, 402) Adorno schließlich lobte an Benjamins Intentionen, dass "der Gedanke die

Moment der Montage, die bei Benjamin sich als literarische entwickelte, d.h. worin er zahlreiche vorgefundene Texte mit eigenen philosophischen Kommentaren zu diesen wie zu den dazugehörigen Entsprechungen in der Dingwelt zu einer sinnerzeugenden Konstellation aus Texten montierte – bzw. zu montieren noch vorhatte.[143] Und diese Übereinstimmung wäre keineswegs verwunderlich, fand die Ausfaltung sowohl von Benjamins Denken als auch der filmischen Formen doch im Vordergrund einer allgemeineren Entwicklung der Kunst hin zu vielerlei Arten der Ver- bzw. Entzerrung sowie der Montage und Collage von Realitätsausschnitten statt, seine ganze Zeit war noch durchtränkt vom dynamischen und dissonanten Geist des Expressionismus (und dann des Surrealismus) und bildete eine alles durchdringende Atmosphäre, der wenige Äußerungen der Kunst bzw. des Geistes allgemein sich entziehen konnten. (vgl. Holz, 24 ff.) Andererseits deutete sich womöglich eine bewusste Neigung Benjamins an, in seinem eigenen Bereich der Philosophie den Grad der Wirklichkeitsbewältigung nachzuvollziehen, den die neue Zeit von all denen erforderte, die sich irgend angemessen zu ihr verhalten wollten, und den er in der Filmkunst angelegt, wenn nicht gar verwirklicht sah;[144] wenn es

---

Dichte der Erfahrung gewinnen (soll) und doch auf nichts von seiner Strenge verzichten." (Adorno, 24)

[143] Eine frühe Form der Montage innerhalb einer Abfolge von Bildern beschrieb Benjamin am barocken Trauerspiel: "Unermüdlich verwandelnd, deutend und vertiefend vertauscht es seine Bilder miteinander. Vor allem herrscht dabei der Gegensatz. (..) Zugrunde liegt das Schema des Emblems, aus welchem (..) sinnfällig das Bedeutete hervorspringt." (I, 405) Was auf die Natur jener Bilderfolge nicht ohne Auswirkung bleibt: sie ist gekennzeichnet durch "die intermittierende Rhythmik eines beständigen Einhaltens, stoßweisen Umschlagens und neuen Erstarrens." (I, 373)

[144] Zumal im Gegensatz zu den traditionalen Künsten der Film nicht erst mühsam zu den neuen Formen sich durchringen musste, er besaß sie von vornherein in seiner technischen Struktur: "Das Kino

so ist, dass spätestens mit der Zeit des Weltkriegs das geschichtliche Dasein zu schnell, zu jäh, zu dissonant, zu schockartig und zu simultan für die klassische diskursiv-lineare Exposition der Historiographie geworden war, dann stellte in der Tat die reinste Montagekunst, der Film, die kognitiven Mittel bereit, der neuen Ära in Augenhöhe entgegenzutreten: die simultane Ausdrucksform des Bildes und das Intermittierende des Schnitts.[145] Durch seine neue Art der Perzeption und der Rezeption – "Chok"wirkung, Kontrast, Montage und Zerstreuung – würde der Film seinem Publikum das Rüstzeug für die veränderten Reaktionsweisen innerhalb des technischen Zeitalters mitgeben. – Offensichtlich ist eine Verwandtschaft des Benjaminischen Materialismus mit der Kinematographie weniger in direkter Korrespondenz zu suchen denn in beider Genese innerhalb einer bestimmten Lebenswelt.

(formuliert) heute alle Probleme der modernen als seine technischen Daseinsfragen auf die kürzeste, konkreteste, kritischste Weise." (V, 658)

[145] "Ein zentrales Problem des historischen Materialismus, das endlich gesehen werden sollte: Ob das marxistische Verständnis der Geschichte unbedingt mit ihrer Anschaulichkeit erkauft werden muss? Oder: auf welchem Wege es möglich ist, gesteigerte Anschaulichkeit mit der Durchführung der marxistischen Methode zu verbinden. Die erste Etappe dieses Weges wird sein, *das Prinzip der Montage in die Geschichte zu übernehmen*. Also die großen Konstruktionen aus kleinsten, *scharf und schneidend* konfektionierten Baugliedern zu errichten. Ja in der Analyse des kleinen Einzelmoments den Kristall des Totalgeschehens zu entdecken." (V, 575, Herv. v. mir) Daher nannte er es ein Hauptanliegen der Passagenarbeit, "die materialistische Geschichtsdarstellung als in höherem Sinne als die überkommene bildhaft zu erweisen" (V, 578), denn "Geschichte zerfällt in Bilder, nicht in Geschichten." (V, 596)

Wo Gefahr ist, wächst das Rettende auch: die Zerstörung der Aura in Kunst & Gesellschaft

Über bloße Möglichkeiten und Hoffnungen hinaus bleibt noch die bereits erbrachte Leistung zu untersuchen, die Benjamin den Reproduktionstechniken zusprach, nämlich die so durchgreifende wie produktive Zerstörung der Aura in der Kunst. Mit der Aura ist ein später Zentralbegriff Benjamins in die Philosophie eingeführt, der, wie bei Benjamin gewohnt, seine durchaus schillernde Bedeutung weniger durch eine eindeutige Definition denn als ein in der Überlagerung verschiedenster Bestimmungen sich aufbauendes Kompositum darlegt, das denn auch nicht ohne innere Widersprüche (oder zumindest Klärungsbedarf) bleibt. Adorno, der den Aurabegriff des Freundes in all seinen Facetten genau abgeschritten hatte und ihn in seiner Essenz womöglich klarer sah als dieser selbst, beschrieb ihn konzis als "die Spur des vergessenen Menschlichen am Ding" (I, 1132) und traf damit sowohl den Aufschein der humanistischen Verheißung als auch den Anschein der gleichzeitigen Einlösung, die im Schein eines jeden Phänomens der natürlichen oder kultürlichen Umwelt ineinander verschwimmen. Er schreibt, dass der Erfahrungsgrund der idealistischen Spekulation Benjamins überhaupt in der Bemühung liegen könnte, "diese Spur – und zwar eben an den fremd gewordenen Dingen – festzuhalten." (Adorno, ebd.)[146] Selber deutlich wird Benjamin wenn er sagt, dass "die Erfahrung der Aura (..) auf der Übertragung einer in der menschlichen Gesellschaft geläufigen Reaktionsform auf

---

[146]   Leider müssen wir auf eine vollständige bzw. hinreichende Darstellung der Idee der Aura bei Benjamin verzichten, sie erforderte mindestens den Umfang einer eigenen Magisterarbeit. Hier können wir uns nur auf diejenigen ihrer Schichten beschränken, die unmittelbar zur Argumentation gehören, d.h. die mit dem Mechanismus der Melancholie in Benjamins Denken in Zusammenhang stehen.

das Verhältnis des Unbelebten oder der Natur zum Menschen (beruht). (..) Die Aura einer Erscheinung erfahren, heißt, sie mit dem Vermögen belehnen, den Blick aufzuschlagen." (I, 646 f.) Wir können für den Verlauf unserer Argumentation provisorisch zusammenfassen, dass mit der Aura der Phänomene deren schöner Schein eines inhärenten Maßes des Menschlichen gemeint ist, eines Verhältnisses der Individuen zur sie umgebenden Welt, das von jener zarten Empirie geprägt ist, die zwischen dem Subjekt und seinem Gegenüber eine offene und harmonische, d.h. von keinerlei instrumenteller Inanspruchnahme verzerrte Beziehung stiftet.[147] Demgemäß wechselten in der Geschichte mehr und weniger auratische, d.h.

---

[147]   In seiner meistzitierten Umschreibung der Aura fragt Benjamin: "Was ist eigentlich Aura? Ein sonderbares Gespinst aus Raum und Zeit: einmalige Erscheinung einer Ferne, so nah sie sein mag. An einem Sommermittag ruhend einem Gebirgszug am Horizont oder einem Zweig folgen, der seinen Schatten auf den Betrachter wirft, bis der Augenblick oder die Stunde Teil an ihrer Erscheinung hat – das heißt, die Aura dieser Berge, dieses Zweiges atmen." (II, 378) Diese einmalige Ferne auch im nächsten Gegenstand deutet an, dass die Seite, die die Naturdinge uns zukehren, nur die offensichtliche ist, hinter der sich ein kleiner Kosmos bedeutsamer Einzigartigkeit verbirgt, individualisiert gerade durch den Zeitindex, und der sonst in jeglicher Inbetriebnahme abgeschnitten ist, die seinen Gegenstand auf bloße Funktionalität reduziert. – Übersehen wird hierbei meist, dass Benjamin in diesem (an anderer Stelle nahezu wortgleich übernommenen) "Begriff einer Aura von natürlichen Gegenständen" "den oben für geschichtliche Gegenstände vorgeschlagenen Begriff der Aura" "illustrieren" (I, 479), will sagen im Bild darstellen wollte. Die Evokation des Naturschönen ersetzt hier die unanschaulichere Imagination eines Kulturschönen, und zwar in einer gereinigten und womöglich idealen Projektion jener beiläufigen und unreflektierten Reaktionsformen der menschlichen Gesellschaft; in ihrem vollen Gehalt kann die Aura auf die Utopie einer menschenwürdigen Gesellschaft keinesfalls verzichten: "das Schöne (ist) als Versprechen, nicht als Erfüllung." (Schweppenhäuser, 27)

einheitlich-universalistische und dissonante Phasen sich ab, entsprechend dem Wechsel symbolischer und allegorischer Epochen,[148] bis im Laufe des vergangenen Jahrhunderts die harmonische Verklärung dem Geist des Industrialismus zum Opfer fiel. Die zerrüttende Kraft des Allegorischen (und nicht zuletzt der Panzergranaten) vertrieb den Glanz des Auratischen aus jedem Bereich der Wirklichkeit, speziell aus dem Kunstwerk, das durch die neuen Techniken der Reproduktion seiner mystischen Einzigartigkeit, seines "Hier und Jetzt", des "einmaligen Daseins an dem Orte, an dem es sich befindet" (I, 475), beraubt wurde.[149] Der Film, als die diesen Reproduktionstechniken selber entsprungene ästhetische Form, von dem es a priori kein mystifizierbares kanonisches Original gibt, entstand innerhalb der entauratisierten als einzige von vornherein auralose Kunst.[150]

Damit stellte der Film die bewusst rezipierbare Bündelung des allgemeinen Prozesses des Zerfalls der Aura in der industriellen Zivilisation dar. Hatten die alten Handwerksgüter noch die Einkerbung individueller und lebendiger menschlicher Arbeit an sich, auch wenn sie schon längst als standardisierte Waren produziert wurden, – die Industrie, welche in der allgegenwärtigen unpersönlichen und entfremdenden Massenproduktion den Beziehungen der Individuen untereinander und zur Natur den menschelnden

---

[148]   "Die Vermutung liegt nahe, dass Zeitalter, die zu allegorischem Ausdruck neigen, eine Krisis der Aura erfahren haben." (V, 462)
[149]   Während gleichzeitig der ästhetische Modernismus ihn der Illusion seiner symbolischen Einheit beraubte.
[150]   Der Photographie sprach Benjamin in ihrer Frühzeit, als sie selber noch Handarbeit war, ein letztes Aufglimmen der Aura zu. "Im flüchtigen Ausdruck eines Menschengesichts winkt aus den frühen Photographien die Aura zum letzten Mal. Das ist es, was deren schwermutvolle und mit nichts zu vergleichende Schönheit ausmacht." (I, 485)

Schein des Einzigartigen und Selbstbestimmten entriss, entlarvte das geschichtliche Dasein als das, was es mit wenigen Ausnahmen schon immer war: ein auf Herrschaft und Unterdrückung beruhendes Gebilde, das seine wechselnden Ausbeutungsverhältnisse die längste Zeit mit der auratischen Erscheinung des persönlichen Kontakts zwischen Mensch, Artefakt, Natur und vor allem Gott verkleidete. Zu ihren Zeiten war die Aura der versöhnende Glanz, der den Menschen einen gesellschaftlichen Zusammenschluss als gottgegebenen und ihren Platz darin nur selten infragestellen ließ, damals, als sie "noch nicht abgesprengt und gottverloren in die Welt sahen (..). Es war eine Aura um sie, ein Medium, das ihrem Blick, indem er es durchdringt, die Fülle und die Sicherheit gibt." (II, 376) Und dessen man sich seit jeher in Kultus und Ritual, von Tragödien über den Gottesdienst hin zur bürgerlichen Hausmusik, immer wieder aufs neue versicherte. Als mit dem Voranschreiten der kapitalistischen Industriegesellschaft die Aura ihren substantialen Schein der zwar herrschaftlichen, aber dennoch persönlichen Verhältnisse verlor, wurde sie überflüssig und zerfiel, bzw. zog als nur noch bloßer Schein in die gesellschaftliche Phantasmagorie ein;[151] "die Zertrümmerung der Aura" ist "die Entschälung des Gegenstandes aus seiner Hülle" (I, 479), und übrig bleiben die leere Hülle und der nackte Gegenstand, die fortan – entweder im Industrieproduktdesign zu einer trügerischen Einheit zusammengesetzt oder auch ganz getrennt – als fertige Konsumobjekte die Warenwelt beleben,

---

[151] "Die Photographen jedoch sahen in der Zeit nach 1880 ihre Aufgabe vielmehr darin, die Aura, die von Hause aus mit der Verdrängung des Dunkels durch lichtstärkere Objektive aus dem Bilde genauso verdrängt wurde wie durch die zunehmende Entartung des imperialistischen Bürgertums aus der Wirklichkeit, (..) durch alle Künste der Retusche (..) vorzutäuschen." (II, 377)

meist jene als unnützer Kitsch, dieser als zweckdienliches Gerät.[152]

Die Klage über den Verfall der Aura hat nur dann geschichtliche Substanz, wenn sie dessen epochale Notwendigkeit in ihr Klagen miteinbezieht, und jeder Versuch,

---

[152] Aber nie als reine Lüge und nackte Wahrheit, vielmehr überlagern sie sich: Noch in jedem Industrieprodukt scheint etwas, sei es das Trugbild industriell produzierter Schönheit im Kitsch, sei es das Trugbild unverhüllter und nichtentfremdeter Dingwelt im rein funktionalen, bediener- d.h. menschenfreundlichen und daher "formschönen" Gebrauchsgegenstand. An jedem Produkt bleiben *Abdrücke* einer einstigen Aura zurück, einerseits der eines unverstellten, innigen, restlos kongruenten Verhältnisses zum Ding sowie andererseits der des schönen Scheins, und jede falsche, künstliche Aura behält bei allem Kitsch und aller Lachhaftigkeit einen Verweis auf das von ihr Gemeinte; etwa wie die maschinell aufgedruckte Unterschrift von der Hand des Firmenbesitzers auf dem Produkt nicht umhin kommt, mit dem Verkauf dieser falschen persönlichen Note eines Gegenstandes dem Käufer das Negativ der wahren mitzugeben, oder wie das in Serie hergestellte Kitschbild in der künstlerischen Instanz seltener die hehre Absicht, Schönheit unters Volk zu bringen, als schlichtweg die – subjektive oder kollektiv-kulturelle – ästhetische Reife vermissen lässt: Selbst in der grausligsten Sonnenuntergangsidylle ist festgehalten, dass eine unbeeinträchtigt harmonische Erfahrung hergestellt werden wollte, einzig dass die künstlerischen (oder gesellschaftlichen) Mittel dazu fehlten. So ist es kurzsichtig, um die trügerische oder vordergründige Schönheit aufzulosen, sie aus dem Bereich des schönen Scheins überhaupt zu verbannen, "mitnichten bliebe die nackte Wahrheit zurück. (..) Mit dem Wahrheitsschein von Mythos und Geschichte ist bedeutet, dass Mythos und Geschichte das Wahre nicht sind. Diesen Schein *durchstreichen* heißt, Mythos und Geschichte als wahr bekräftigen – ihn *retten*, an ihm das Eingedenken in die Wahrheit finden." (Schweppenhäuser, 27 f.) Auch wenn sie restlos verschwindet, hinterlässt die Aura Spuren, anhand derer auf ihre Essenz zu schließen ist: "Die Spur ist Erscheinung einer Nähe, so fern das sein mag, was sie hinterließ." (V, 560)

sie in Zeiten der Abwesenheit künstlich zu restaurieren, verfehlt gerade ihr innerstes Wesen und produziert nichts als ihre Travestie, eben vulgo: Kitsch. Wo Benjamin die Verkümmerung der Aura beklagt, ist es ausschließlich die Klage über ein verlorenes Narrenparadies, das zu seiner Zeit dem täglichen Leben eine wärmende Unmittelbarkeit einzog, mit fortschreitender Industrialisierung aber ganz in den Diensten der herrschenden Trugbildnerei aufgegangen ist;[153] eine dergestalt verstandene Klage ist alles andere als nostalgisch, nämlich zutiefst melancholisch, indem ein vergangenes Glück nicht zurückgewünscht wird, sondern der Zustand beklagt, worin, während er jenes als chimärisches offenbarte, mit dessen schönem Schein auch seine inhaltliche Emphase aus der Wirklichkeit vertrieben wurde und durch seine Verdinglichung, den schillernden Schein der Warenwelt, substituiert ist.

An dieser Stelle wäre auf die merkwürdige Ungereimtheit einzugehen, dass Benjamin einerseits feststellt, dass die Aura in der Kunst sowie in der Wirklichkeit generell am verkümmern ist, und dass er andererseits die auratische Zuwendung zu Naturdingen (genauer: *deren* Zuwendung *zu uns*) eindringlich beschreibt, noch dazu als Modell ihrer selbst den geschichtlichen Dingen gegenüber (s.o. Anm. 147). Wenn aber offensichtlich eine auratische Erfahrung der Natur noch

---

[153]   Und offensichtlich keine Anstalten macht, in der sogenannten postindustriellen Gesellschaft wieder lieb & ehrlich zu werden. Denn was ist eine Industriegesellschaft anderes als eine in und für Massen produzierende, und nur weil bei der Warenproduktion "die Schlote nicht mehr so rauchen" (Schweppenhäuser, mündl.), nur weil der Dienstleistungssektor langsam nachzieht kann schwerlich Rede davon sein, dass sie abgelöst würde. Mit "postindustriell" ist vielmehr bezeichnet eine Phase der Erneuerung und Diversifizierung bei gleichzeitiger Entanschaulichung innerhalb der Industriegesellschaft selber, welcher gleichzeitig dieses Etikett dazu dient, ihr nur noch effizienteres Fortbestehen zu verschleiern.

möglich ist in einer Zeit, da die Ansichtskartenindustrie die Zugspitze so sehr wie die Mona Lisa ihrer Einzigartigkeit beraubt haben müsste, dann mag diese Erfahrung einesteils mit dem sinnlichen bzw. direkten Kontakt mit dem Naturphänomen *als besonderem, in jenem Moment* existierenden zu tun zu haben, und anderenteils damit, dass als Subjekt man die Natur als solche nicht a priori in der Eindimensionalität ihres Nutzwertes sieht, wie etwa noch eine Obstplantage oder eine Skipiste, sondern sie mit all seinen bisher fünf Sinnen zu erfassen trachtet; die erlebte Natur wird so aus dem Zusammenhang ihres gesellschaftlichen Daseins als Rekreationsgebietsabschnitt herausgelöst und in ihrer multisensualen Fülle durchdrungen. Es scheint also eine Unterscheidung möglich zwischen einer in der Dingwelt vorhandenen bzw. sich von sich aus zeigenden *Aura* und der punktuellen Erfahrung einer *auratischen Wahrnehmung*, die vom Subjekt erst spontan und jedesmal erneut hergestellt werden muss. Dann allerdings gäbe es keinen Grund, warum diese intentionale auratische Beziehung nicht auch zu Gegenständen der Geschichte aufgebaut werden könnte, selbst in Zeiten, da dem gesellschaftlichen Dasein alle eigene Aura entzogen ist; einzig abgesehen davon, dass die Natur, die in geringerem Maße "benutzt" wird als die Industrie, leichter aus deren Zusammenhang zu lösen ist. Gegenständen, die keine eigene Aura, keine menschliche Regung mehr aufbauen können, müssten wir gleichsam unsere eigene Fähigkeit zur Auratisierung leihen, damit sie sich uns öffnen und statt ihres gegenwärtig-zeitlosen Nutzens uns ihre volle räumliche sowie zeitliche Ferne offenbaren, worin nicht zuletzt auch die historischen Voraussetzungen ihrer scheinbaren Auratisierung erkennbar würden.[154] – Darin mag eine der Dimensionen des

---

[154]   Bei Benjamin sind dieserart Überlegungen explizit nicht zu finden, und es hätte ihm wohl auch ferngelegen, seinen Begriff der Aura, der gleichsam selber von einer auratischen Dunkelheit lebt, in

Benjaminischen Ansatzes liegen, die bisherige Geschichte als Naturgeschichte zu behandeln (vgl. z.B. V, 492): Nur wer sich zum geschichtlichen so, wie dieser es von einem *nicht* verlangt, nämlich als einem Naturgegenstand verhält, der kann die sinnliche Nähe zu ihm herstellen, die es einzig ermöglicht, nicht den Illusionen des Gegenstandes über sich selbst anheimzufallen, sondern den wahren in ihm gesammelten Kosmos aufzuschlüsseln.

Der an sich entauratisierte Zustand wiederum, einmal restlos durchgesetzt, hat nach Benjamins Ansicht wie von Marx

---

dieser Weise zu systematisieren. Adorno schrieb ihm: "Ich bin der Überzeugung, dass unsere besten Gedanken allemal die sind, die wir nicht ganz denken können. In diesem Sinn scheint mir der Begriff Aura noch nicht ganz 'ausgedacht'. Man kann darüber streiten, ob er ausgedacht werden soll." (I, 1132) Ganz abgesehen davon hielt Benjamin das Auratische im ganzen wohl für entschwundener, als die genannte mögliche, d.h. gewissermaßen dem Einzelnen überlassene Reanimation beliebiger Gegenstände es voraussetzt. Und doch ist es genau das, was der Sammler mit seinen Sammlerstücken tut: Er löst sie aus ihrer Welt, aus ihrem Korsett der Nützlichkeit heraus und veredelt sie vom Exemplar zum Einzelding, woraufhin sie ihm ihre jeweilige persönliche Geschichte entfalten, die durch Produktion und fortwährende Benutzung an ihnen sich abgelagert hat. Solcherart spontane – doch in der gegenwärtigen historischen Situation höchstens sporadisch mögliche – Auratisierung wäre wenig anderes als die oben in präziseren Begriffen gefasste romantische Dingerkenntnis, wobei jene gleichsam eine Atmosphäre der Vertrautheit herstellt, in der diese erst möglich wird. Um die Analogie weiterzuspinnen, wäre es schließlich Aufgabe des historischen Materialismus, auratisierend und erkennend nach und nach die Gegenstandswelt aus ihrem Traum zu erwecken, bis sie im Ganzen umschlägt und die subjektive und individuelle auratische Intention wieder in die Dingwelt sich ergießt und als selbständige Aura sich verallgemeinert. – Benjamin hat solche Parallelen innerhalb seiner Philosophie m.W. nirgends geäußert, und sie wurden auch nur gezogen, weil sie im weiteren Verlauf der Darstellung noch von belang sind.

prophezeit die Mittel seiner eigenen Überwindung hervorgebracht: Ebenso wie der Arbeiterklasse als solcher eine goldene
Vergangenheit fehlt, zu der sie sich zurücksehnen könnte, ist
die nichtauratische Kunst des Films die einzige, die nicht
versucht sein kann, im Angesicht des Massendaseins einen
Abglanz ihrer einstigen Aura hinüberzuretten; im
Umkehrschluss ist in solchen nichtauratischen Medien jeder
auratische Verweis der Bezug auf etwas, was überhaupt erst
herzustellen wäre. Vor diesem Hintergrund belehnt Benjamin
den Film mit der heroischen Aufgabe, zur selben Zeit Modell,
Vorschule und Instrument einer sowohl zeitgemäßen als auch
menschengerechten Indienstnahme der Technik zu sein, der
kinematographische Apparat sollte das Publikum (d.i. die
Massengesellschaft) dem technischen Zeitalter ebenbürtig
machen und es auf diese Weise in den Stand bringen, die bis
dahin kapitalistisch entfesselte gesellschaftliche Apparatur in
Eigenregie zu übernehmen; das Endziel, und vor allem der in
der Massenzivilisation einzige Ausweg, ist keineswegs die
Befreiung der Menschheit *von der* Technik, sondern *durch
sie*.[155]

---

[155]   Hier kommt Benjamins Unterscheidung zwischen erster und
zweiter Technik zum tragen: "Die erste hat es wirklich auf
Beherrschung der Natur" – und damit der Menschen – "abgesehen; die
zweite" – gleichsam als Beherrschung der ersten – "viel mehr auf ein
Zusammenspiel zwischen der Natur und der Menschheit. Die
gesellschaftlich entscheidende Funktion der heutigen Kunst ist
Einübung in dieses Zusammenspiel. Insbesondere gilt das vom Film.
*Der Film dient, den Menschen in denjenigen Apperzeptionen und
Reaktionen zu üben, die der Umgang mit einer Apparatur bedingt,
deren Rolle in seinem Leben fast täglich zunimmt.* Der Umgang mit
dieser Apparatur belehrt ihn zugleich, dass die Knechtung in ihrem
Dienst erst dann der *Befreiung durch sie* Platz machen wird, wenn die
Verfassung der Menschheit sich den neuen Produktivkräften
angepasst haben wird, welche die zweite Technik erschlossen hat."
(VII, 359 f., 2. Herv. v. mir)

Im Hinblick auf die gesellschaftliche Massierung unterscheidet Benjamin das klassenbewusste, einer kollektiven Ratio gehorchende Proletariat als bereits in sich individualisierte Masse von der kompakten und bewusstlosen Masse der Kleinbürger,[156] und entsprechend erhofft er vom Film, dass er das kompakte Massenpublikum in ein Kollektiv von Individuen hinaufführen werde, welches gelernt habe, eine Massengesellschaft zu organisieren, ohne selber als Masse zu reagieren.[157] Der Film operiert dabei sowohl als Instrument wie auch als Vorbild für die Industriegesellschaft selber, denn ihm ist es möglich, der Allgemeinheit eine individuelle Erfahrung zu vermitteln, die in Zeiten der Massengesellschaft unmittelbar gar nicht mehr herzustellen wäre, und der Schlüssel dazu liegt in

---

[156]   "Das proletarische Klassenbewusstsein, welches das erhellteste ist, verändert (..) die Struktur der proletarischen Masse grundlegend. Das klassenbewusste Proletariat bildet eine kompakte Masse nur von außen, in der Vorstellung seiner Unterdrücker. In dem Augenblick, da es seinen Befreiungskampf aufnimmt, hat seine scheinbar kompakte Masse sich in Wahrheit schon aufgelockert. Sie hört auf, unter der Herrschaft bloßer Reaktionen zu stehen; sie geht zur Aktion über. Die Auflockerung der proletarischen Massen ist das Werk der Solidarität. (..) Die Masse als undurchdringliche und kompakte ist die kleinbürgerliche." (VII, 370, Anm. 12) Nebenbei schrieb Adorno an Benjamin, obgleich er an dessen emphatischer Scheidung von Proletariat und Kleinbürgertum Zweifel anmeldete (vgl. I, 1003), dass diese Passage "über die Desintegration des Proletariats als 'Masse' durch die Revolution (vgl. VII, 370 f., Anm. 12) zu dem tiefsten und mächtigsten an politischer Theorie" zählt, was ihm seit längerem untergekommen sei. (I, 1006)

[157]   Denn "die Reaktion einer kompakten Masse (kann) in ihr selbst eine Erschütterung (hervorrufen), welche sie auflockert und ihr erlaubt, ihrer selbst als einer Vereinigung klassenbewusster Kaders innezuwerden. (..) Das Proletariat seinerseits (..) bereitet eine Gesellschaft vor, in der weder die objektiven noch die subjektiven Bedingungen zur Formierung von Massen mehr vorhanden sein werden." (VII, 371, Anm. 12)

der technischen Struktur seiner Apparatur. Benjamin beschreibt, wie im räumlichen Umkreis einer Filmaufnahme kein Standpunkt mehr denkbar ist, von dem aus deren Apparatur – Kamera, Beleuchtungsmaschinerie, Assistentenstab, etc. – nicht ins Blickfeld fiele, sie ist so weit in die Wirklichkeit eingedrungen, dass kein Betrachter mehr an ihr vorbeisehen kann – "es sei denn, die Einstellung seiner Pupille stimme mit der des Aufnahmeapparats überein." (I, 495) In der Tat, die einzige Möglichkeit, an einem (damaligen) Filmset nichts von dessen Maschinerie zu sehen, ist der Blick durch die Kamera, denn deren Blickfeld ist das einzige, worin die Aufnahmeapparatur sich selber ausblendet, um ein von sich selber hergestelltes und gleichzeitig von sich selber gereinigtes Bild auf die Kinoleinwand zu bringen – wo schließlich auch die vom Geschehen distanzierende Kamera wegfällt, indem im Filmbild deren eigener Blick repräsentiert ist. "*So ist die filmische Darstellung der Realität für den heutigen Menschen darum die unvergleichlich bedeutungsvollere, weil sie den apparatfreien Aspekt der Wirklichkeit, den er vom Kunstwerk zu fordern berechtigt ist, gerade auf Grund ihrer intensivsten Durchdringung mit der Apparatur gewährt.*" (I, 496)[158] Eine Rekonstruktion der alten auratischen Beziehung zur Wirklichkeit, welche mit dem Auftreten der Technisierung sich verflüchtigt hat, ist nur denkbar in deren Vollendung und Übersteigung, nicht im Beharren auf dem letztmöglichen Status Quo: In früheren Zeiten genoss der einsame Wanderer durch die Mark Brandenburg noch den ganzen Zauber einer unmittelbaren, persönlichen und intensiven Begegnung mit der Natur;

---

[158]   Denn "*im Filmatelier ist die Apparatur derart tief in die Wirklichkeit eingedrungen, dass deren reiner, vom Fremdkörper der Apparatur freier Aspekt das Ergebnis einer besonderen Prozedur, nämlich der Aufnahme (..) und ihrer Montierung (..) ist.* Der apparatfreie Aspekt der Realität ist hier zu ihrem künstlichsten geworden und der Anblick der unmittelbaren Wirklichkeit zur blauen Blume im Land der Technik." (I, 495)

hätte eine Massengesellschaft dasselbe Bedürfnis bzw. die Möglichkeit, ihm nachzugehen, dann wäre die Landschaft schwarz von Menschen, und die Begegnung mit der Natur fände wenn überhaupt nicht mehr als individuelle, sondern nur noch als Massenereignis statt. Der Film aber wendet ein ungeheures Maß an technischer Vermittlung auf, um im Filmbild die individuelle Erfahrung der dargestellten Szenerie so unbeeinträchtigt wie möglich zu reproduzieren und dann in diesem persönlichen Zugang massenweise zu multiplizieren – der Blick durch die Kamera bietet nur Platz für einen, die Kinos dagegen vielen. Der Film stellt ein Massenereignis intimer Wirklichkeitserfahrung her, ohne dass die Zuschauer sich extra als Masse formieren müssen, er ersetzt die unmittelbare Massenerfahrung durch eine massenhaft vermittelte individuelle, nämlich die des stellvertretenden Kameramannes, oder genauer: er ermöglicht die Vergesellschaftung einer intimen Erfahrung emphatischer Natürlichkeit, welche als ganz und gar unvermittelte nur einem kleinen Kreis vorbehalten wäre, mit dem Aufkommen der Massengesellschaft aber unmöglich geworden ist.[159] In Analogie zur inneren

---

[159] Diese Unterscheidungen reichen bis in den einzelnen Kinosaal hinein. Natürlich gibt es dort auch stimmungsintensivierende Massenphänomene wie heulen, lachen etc., man sitzt dort nicht (immer) alleine. Doch im Gegensatz zur kompakten Masse, worin der Einzelne seine Gemütszustände aus denen der Masse ableitet und die zu Benjamins Zeiten gerade dem Faschismus aufsaß, stellt sich im Kino die Einigkeit überwiegend aus der Gemeinsamkeit des persönlichen Erlebens her; man heult nicht, weil alle heulen, sondern man fühlt sich den anderen verbunden, weil die auch heulen. Niemand würde sich allein vor Hitler stellen und in Ekstase Sieg Heil brüllen, aber durchaus kann man im Kino sich totlachen, auch wenn sonst nur zwei Leute fünf Reihen hinter einem sitzen. Ebensowenig eignet dem Kinopublikum das "Monströse" der Großstadtmenge, deren Glieder in ihren durcheinanderzuckenden, vermeintlich reinen Privatinteressen unreflektiert in einer Richtung als Masse agieren (vgl. I, 565) – jenes

Individualisierung des selbstbewussten Proletariats in der kommunistischen Bewegung liegt im Idealbild des Filmpublikums als Assoziation von Einzelnen das Modell eines Gemeinwesens, worin Kollektivdasein und individuelle auratische Beziehung zur Wirklichkeit sich nicht ausschließen. Am Vorbild des Blicks durch die Filmkamera entwirft Benjamin die Vorstellung einer technischen Zivilisation, die in sich die Perspektive auf eine übertechnische Unmittelbarkeit des menschlichen Daseins eröffnet, d.h. die es vollbringt, gerade mit ihren ureigenen technischen Mitteln die Menschen

---

dagegen agiert nicht, abgesehen von einer indirekten und halbbewussten Arbeit am populären Mythos, höchstens reagiert es, es leidet, und wenn eine innere Verbundenheit sich einstellt, dann aus gegenseitiger Sympathie – im eigentlichen Sinne des mit-Leidens. Solche Reaktionen ähneln natürlich den älteren im Theater- oder Konzertsaal, doch werden die Darbietungen im Kino nicht wie einst als unwiederholbare Ereignisse von einem singulären (und meist elitären) Publikum – mithin auratisch – genossen, sondern gleichzeitig an verschiedensten Orten und grundsätzlich unverändert wiederholbar. Die einzelnen Publika der Säle addieren sich darin zu einer Art virtuellem, die Sphäre des gesellschaftlichen Alltags durchspannendem Überpublikum. Wie einst das Epos, wie von jeher die Architektur, so ist heute der Film der "Gegenstand einer simultanen Kollektivrezeption" (I, 497), und sowenig der Faschismus mit der Konstruktion seiner korrupten Masse die in ihr aufgesogenen Individuen hinwegleugnen kann, sowenig kann der "Kultus des Publikums" letztendlich den individuellen Zuschauer auflösen (vgl. u. Anm. 162); zumal in der Rezeptionssituation des Kinosaals keine charismatische, auratische Erscheinung dem Kollektiv gegenübersteht, in deren anwesende Gestalt es sich projizieren und darüber sich als ein kompakter Körper konstituieren könnte. Eine jede Gemeinschaft, die ein Kinopublikum (als solches) herstellen kann, ist eine Gemeinschaft ohne Führer, und sie hat keinen Zweck außerhalb ihrer selbst als sympathische Assoziation spontan reagierender Persönlichkeiten: Noch das niederste Gefühlskino verleitet zu einer unreflektierten – wenn auch inhaltlich oftmals missgeleiteten – Vorform der Solidarität.

von allen bedrängenden und entfremdenden Entbehrungen durch sie selbst frei zu halten. Kurz und an abgelegener Stelle – unter den nachgelassenen Notizen zum Baudelairekomplex – nährte Benjamin wirklich die Hoffnung, dass die Zivilisation eines Tages sich dazu durchringen könnte, sich derart zu organisieren, dass die – von der kapitalistischen Industriegesellschaft zerstörten – allgemeinen und objektiven auratischen Beziehungen wieder möglich werden, und das vor dem Hintergrund der unhintergehbaren Massenbasis der Moderne.[160] Möglicherweise gewahrte Benjamin in Arbeiterbewegung und Film das erste Aufblitzen einer *neuen Aura*, von der bisher nur zu sagen wäre, dass sie, wenn sie ihrem Namen gerecht werden soll, eben nur als moderne, das bedeutet: *als scheinlose*, d.h. nach heutigen Begriffen als Paradox, denkbar ist.[161] Ihr alter, inzwischen diskreditierter Schein, der einst ihrem Glanz eine über die persönliche hinausgehende gesellschaftliche Substanz vorgaukelte, wäre sowieso überflüssig: Eine wahre neue Aura, d.i. die Aura der scheinlosen Epoche, ist erst dann möglich, wenn zur Vermittlung einer auratischen Wirklichkeit keine Religion, kein

---

[160]   Das hat natürlich auch der Faschismus versucht, dessen Zwangsmystifikation der Volksgemeinschaft allerdings nicht das geringste mit wahrer Aura zu tun hat, im Gegenteil ist sie das deutlichste Beispiel einer pervertierten Auratisierung. Die Situation, da man von einem Knallchargen sich mitreißen lässt und eh man sich's versieht die Juden hasst, hat aber auch gar nichts gemein mit einer wirklichen Erfahrung der Aura, die gerade auf der integralen Selbständigkeit des Subjekts und seines Gegenübers beruht.
[161]   "Hängt der Verfall der Aura mit der Verkümmerung der Phantasievorstellung von der bessern Natur zusammen? Vielleicht ist es notwendig, es mit dem *Begriff einer von kultischen Fermenten gereinigten Aura* zu versuchen? Vielleicht ist der Verfall der Aura nur ein Durchgangsstadium, in dem sie ihre kultischen Fermente ausscheidet um sich mit noch nicht erkennbaren anzunähern." (VII, 753, Herv. v. mir)

Kultus, keine Ideologie, kein Schein mehr nötig sind, wenn das Allegorische nicht mehr auf eine auratische jenseitige Ferne nur verweist sondern sie in sich hereinholt, ohne verklärend zu werden. Oder mit noch anderen Worten: wenn das Schöne nicht mehr glitzern muss, um von einer antagonistischen Produktionsordnung abzulenken, weil diese Ordnung so weit modifiziert wurde, dass es selber in ihr niedergelegt ist.

Godard

"Daneben (neben einem seherisch-ekstatischen Zustand) aber sind Echos aus einer anderen Welt zu vernehmen, (..) der gesteigerten Empfindung, in der der Eindruck von sanften Tönen, süßen Düften, Träumen und Landschaften sich mischt mit dem Erlebnis des Dunkels, der Einsamkeit und sogar der Trauer als solcher, wobei dieser bitter-süße Widerspruch wiederum der Steigerung des Ich-Gefühls (d.i. der Sensibilität) dient." (KPS, 337)

Wo Rettendes ist, wächst die Gefahr auch:
Kinematographie als Massenbetrug

Als Jean-Luc Godard, 1930 geboren, lebte und arbeitete, hatten Benjamins unmittelbaren Hoffnungen sich bereits als irreführend herausgestellt: Die kommunistische Bewegung hatte im Stalinismus und auch danach ihre Pervertierung erfahren, der Film war längst ökonomischen und ideologischen Interessen anheimgefallen, und in diesen nicht etwa auf Weltregionen aufgeteilt, sondern in jedem Land in variiertester Inanspruchnahme beider Sphären. Was nicht bedeuten soll, dass er keine ästhetisch hochwertigen Gebilde mehr hervorbringen konnte, im Gegenteil. Einzig sein avantgardistisch-revolutionäres Potential war größtenteils durch gefällige Kadrierung, harmonisierenden Schnitt und harmlose Drameninhalte abgeschliffen worden, und nur vereinzelt ließ der klassische Erzählfilm dem Subversiven ein Schlupfloch. Wie bei Hase und Igel ist immer, wenn eine avantgardistische oder sonstwie progressive Innovation das Ziel zu erreichen sich anschickt, der Kapitalismus schon da; und obwohl Benjamin sich darüber im klaren war, dass zumindest im Westen der Kapitalismus den Film schon durchgreifend usurpiert hatte und dabei war, durch ihn eine künstliche Aura zu produzieren,[162] baute er weiterhin auf die strukturale sowie produktive Auralosigkeit des Films, die per se ein subversives Element und damit einen Fuß in der Tür zur Revolution darstellt. Auf der anderen Seite schrieb Benjamin auch, dass die "revolutionären Chancen" des Films "so lange (werden) auf sich warten lassen, bis sich der Film aus den Fesseln seiner kapitalistischen Ausbeutung befreit haben wird." (I, 451 f.) Wie dies geschehen soll ist allerdings unklar, wenn, wie immer wieder gesagt, der Film selber Vorreiter, Katalysator oder auch nur Modell der Überwindung des Kapitalismus ist, welcher ihn schwerlich freiwillig aus der Hand geben wird.

Vor allem muss Benjamin entgangen sein, dass die Kinematographie zwar die der Industriegesellschaft gemäßeste Kunst bildet, "gemäß" aber nicht unbedingt "ebenbürtig" heißen muss, sondern auch "dienstbar" bedeuten kann, dass gerade

---

[162]   "Der Film antwortet auf das Einschrumpfen der Aura mit einem künstlichen Aufbau der 'personality' außerhalb des Ateliers. Der vom Filmkapital geförderte Starkultus konserviert jenen Zauber der Persönlichkeit, der schon längst nur noch im fauligen Zauber ihres Warencharakters besteht" (I, 492), und "sein Komplement, der Kultus des Publikums, befördert zugleich die korrupte Verfassung der Masse, die der Faschismus an die Stelle ihrer klassenbewussten zu setzen sucht." (I, 452, bzw. auch VII, 370, woran sich direkt die Anmerkung über die kompakte und die aufgelockerte Masse (s.o.) anschließt.) "Solange das Filmkapital den Ton angibt, lässt sich dem heutigen Film im allgemeinen kein anderes revolutionäres Verdienst zuschreiben, als eine revolutionäre Kritik der überkommenen Vorstellungen von Kunst zu befördern. Wir bestreiten nicht, dass der heutige Film in besonderen Fällen darüber hinaus eine revolutionäre Kritik an den gesellschaftlichen Verhältnissen, ja an der Eigentumsordnung befördern kann. Aber darauf liegt der Schwerpunkt der gegenwärtigen Untersuchung ebenso wenig wie der Schwerpunkt der westeuropäischen Filmproduktion darauf liegt." (I, 492)

durch seine Kompatibilität mit dem herrschenden Prinzip[163] der Film statt als Instrument zu dessen Abschaffung ebensogut als Instrument zur Ausweitung von dessen Einflussbereich in die entlegensten Winkel des kollektiven Bewusstseins zu gebrauchen ist. Die Definitionsmacht des Films, d.i. die Macht, die über Reaktionen Bewusstsein und darüber Realitäten schafft, gehorcht immer nur dem, der die gesellschaftliche Kontrolle über ihn ausübt, und das war nur kurz und territorial begrenzt eine genuin avantgardistische oder revolutionäre Bewegung. In allen anderen Zeiten und Orten war es dagegen eine mehr oder weniger konsolidierte Staatsmacht und speziell die kapitalistische, worin nur die genehmsten Inhalte zugelassen waren[164] und worin zusätzlich die industriellen Formen des Films dazu dienten, das arbeitende Publikum dem Rhythmus seiner Arbeitsstätte, und damit der besonderen Art und Weise seiner Ausbeutung, zusätzlich in seiner freien Zeit auszusetzen, es ihn sogar als lustvoll verinnerlichen zu lassen, und schließlich den operierenden Gesellschaftsmechanismus auf diese Weise nicht als geschichtlich gewachsene und daher grundlegend modifizierbare Produktionsform einer Diskussion auszusetzen, sondern als alle Lebensbereiche durchdringende ewige Weltkonstante im Massenbewusstsein festzufahren.[165]

---

[163] "Was am Fließband den Rhythmus der Produktion bestimmt, liegt beim Film dem der Rezeption zugrunde." (I, 631)

[164] Allerdings war es im Kapitalismus seltener die regierende Instanz, die Verbote aussprach, als vielmehr die Industrie selber bzw. das von ihr umworbene Publikum, um dessentwillen sie nach marktwirtschaftlichen Prinzipien ihren Themen- und Motivkanon einrichtete. Nicht zuletzt beruhte der zensorische Hays' Code von 1930 keineswegs auf einem staatlichen Eingriff, sondern es war die Filmindustrie, die, um etwaige Verbote fertiger Produkte durch staatliche Sittenwächter zu vermeiden, sich im vorhinein eine Liste tabuisierter Einzelheiten vorschrieb.

[165] Vgl. dazu Horkheimer/Adorno, "Kulturindustrie, Aufklärung als Massenbetrug", in *Dialektik der Aufklärung*, Fischer, F/M 1988

Aus diesem Grund etwa favorisierte Adorno als Refugium des Rettenden die "anachronistischen", der Industriegesellschaft "ungemäßesten" Künste, die ebendeswegen gegen eine Indienstnahme durch die gesellschaftliche Phantasmagorie noch am ehesten sich sperren konnten.

Benjamins philosophische Manie erwies sich gewissermaßen als nur eine solche, d.h. als zum Teil unkontrollierter Ausbruch des Gedankens, dessen energetischer Überschuss seiner philosophischen Substanz nicht entsprach und die Muße nicht ließ, die emphatisch neugeprägten Begriffe auf ihre historische und ästhetische Stichhaltigkeit zu überprüfen.[166] Wenn Benjamin die 40er und 50er Jahre noch erlebt hätte, wäre sein revolutionärer Elan der 30er, der damals schon unter den unaufgeregteren Momenten, in denen er den dialektischen Umschlag zwar in seine philosophische Gesamtschau miteinbezog, jedoch als große messianische Aufgabe der tagespolitischen Agenda eher entzog (vgl. z.B. V, 490 ff., 570 ff.), die Ausnahme stellte, mit Sicherheit wieder zusammengefallen in die ausweglose Verzweiflung der Melancholie, die einen großen Teil der progressiven Intelligenz jener Zeit befiel; stattdessen erfuhr Benjamin jenen Einbruch der Hoffnungslosigkeit viel abrupter und konkreter – am

---

[166] Auf jeden Fall scheint es so. Möglich ist natürlich trotz allem, dass Benjamin im Angesicht der Barbarei mit einer Schrift, dessen Veröffentlichung in Aussicht stand (dem Kunstwerkaufsatz) ein letztes Aufbäumen, eine letzte Mobilisierung der progressiven Kräfte versuchte, und dazu wider besseres Wissen die sperrigeren Teile der neuen Begrifflichkeit unterschlug oder als im Eifer des Gefechts vernachlässigenswert missachtete. Andererseits gibt der veröffentlichte Briefwechsel Benjamins aus jener Zeit in der Richtung keinerlei Anhaltspunkt, und es wäre wohl auch schwer mit einer philosophischen Ernsthaftigkeit und Redlichkeit zu vereinbaren. Es ist wohl so, dass Benjamin sich schlichtweg geirrt hat, als er einen zutreffend erkannten revolutionären Moment des Films als dessen vornehmliche Wirkmacht identifizierte. Das kommt vor.

eigenen Leibe – in der verzweifelten Ausweglosigkeit eines nordspanischen Zollhäuschens, woraufhin er die persönlichen Konsequenzen zog und, an eine unüberschreitbare Grenze gekommen, eine überschreitbare überschritt.

"Geschlagen ziehen wir nach Haus, unsre Enkel fechtens besser aus": materialistische vs. illusionistische Kinematographie

Doch obwohl Benjamins Hoffnungsträger, Kommunismus und Film, in ihrer historischen Existenz entweder sich in der hierarchischen Perversion vorerst diskreditiert bzw. als ökonomische Produktivkraft nützlich gemacht hatten, waren sie nicht etwa verschwunden, ihr philosophisch-revolutionärer Gehalt, den Benjamin in ihnen erkannt hatte, schwelte weiter und sollte einige Jahre später, ab etwa 1960, in erneuerter Form auferstehen, und das in einer Weise, die Benjamin neuen Mut gegeben hätte: Die kommunistische Kaderbewegung lockerte sich auf zu einer Mehrzahl selbständiger und zumeist dissidenter Marxisten, Regisseure häuteten sich von Firmenangestellten zu einer Korrespondenz freischaffender Filmmacher, die künstlerische Gemeinschaft statt durch die Identität eines Studios[167] durch ihre eigene ästhetische Urteilskraft herstellten.[168] Selbstverständlich gab es in jener Entwicklung auch gegenläufige Motivationen; der Kernpunkt ist aber, dass in ihr der Hauptimpuls jener Zeit sich durchsetzte, nämlich die auch von Benjamin als revolutionär herausgestellte

---

[167]   So spricht man bezogen auf Hollywoods Glanzzeiten gern vom Warner-Stil, vom MGM-Stil, etc.

[168]   Mit diesen Unterscheidungen soll keine oberflächliche Wertung verbunden sein, gerade die jungen Filmmacher der französischen Nouvelle Vague hielten, zumindest anfangs, die Verbindung eines filmischen Ingeniums mit dem Studiosystem für besonders vielversprechend.

Ausdifferenzierung der überindividuellen Massenformationen zu einer Assoziation eigenständiger Subjekte, und damit gerade die emphatischen Motive seines philosophischen Vermächtnisses, etwa die Filmtheorie, völlig neue Perspektiven erhielten. Kein Wunder, dass Benjamin, um den es seit seinem Tod – wie auch schon vorher – relativ ruhig gewesen war, plötzlich wie besessen, ja fast selber manisch, rezipiert wurde.

Dennoch ist unwahrscheinlich, dass Godard erwähnenswerte Kentnisse von Benjamins Werk hatte, weder seinerzeit noch heute.[169] Zu untersuchen ist daher, ob bzw. in welcher Weise seine melancholische Haltung, die jedem, der sein jüngeres Werk kennt, unbezweifelbar erscheinen müsste, ihn von sich aus zu jenen filmischen Formen und Inhalten geführt hat, die den philosophischen Formen und Inhalten Benjamins, wie ebenfalls jedem, der beider Werke kennt, unbezweifelbar erscheinen müsste, so sehr korrespondieren. Eine solche Übereinstimmung wäre ein Argument dafür, dass Benjamins Denken weniger ein idiosynkratisches Eigengewächs ist als eine Philosophie im strengen Sinne des intersubjektiven Geltungsanspruchs. Dazu aber ist vorher noch zu klären, ob die Kinematographie die oben nachvollzogene Affinität der Benjaminischen Philosophie zu ihr von ihrer Warte aus teilt; d.h. nicht, ob der Film von vornherein melancholisch ist, sondern ob er von seiner Struktur her der

---

[169]   Godard, der mit i. w. S. literarischen, d.h. auch philosophischen Zitaten und Verweisen nicht eben sparsam umging, erwähnt ihn meines Wissens weder in seinen Filmen noch in seinen Texten, Interviews etc. Mir unbekannt ist darüber hinaus, ob der französische Schweizer Godard des Deutschen mächtig ist. (Allerdings sagte Eddie Constantine von ihm, er "kennt die deutsche Literatur besser als die Deutschen. Er kennt sie auswendig." (Interview, taz 11.3.91) Sein Generationskollege Alexander Kluge hingegen, dessen Arbeitsweise sich eindeutig an Benjamin anlehnt, hat immer wieder implizit und explizit auf dessen Einfluss hingewiesen.

allegorischen bzw. melancholischen Rekonstruktion der Welt zuneigt. Wenn dem so wäre, dann müsste jeder, der den Film in seinem Wesen annähernd durchdrungen hat, der Arbeits- und Denkweise Benjamins automatisch sich annähern, selbst wenn er vom Charakter her mehr eine sorgenfreie Frohnatur ist.

Ausgangspunkt wären die beiden grundlegenden Produktionssegmente der Kinematographie, Bildgestaltung und Montage, die in ihrem Rahmen den oben nachgezeichneten wesenhaften Denkrichtungen des Melancholikers entsprechen, dem Eindringen in die Wirklichkeit und dem Aufschwung zur höchsten Sinnhaftigkeit (bzw. zum Nachvollzug eines größeren Zusammenhangs der irdischen Einzelphänomene): Die Kamera zeichnet in variabler Treue zur Dingerscheinung die sich in der Blickrichtung des Objektivs befindliche Szenerie auf, der Schnitt verbindet die einzelnen Einstellungen zu einem möglichst sinnhaften bzw. sinnerzeugenden Ganzen. Hinzu kommt der Ton als drittes Hauptmoment,[170] als Ergänzung oder Korrektiv beider Phasen der Bildfolgenproduktion, das strenggenommen ebenfalls in die Momente der Tonaufnahme und des Tonschnitts sich aufteilt, deren gegenseitige Abscheidung aber nie so sinnfällig ist wie auf der Bildebene. – Das bloße Vorhandensein beider Bewegungen ist selbstverständlich noch kein Garant einer wirklichen melancholischen Disposition, erst deren bewusst erfahrenes Zusammenspiel, auch der Melancholietheorie lange Zeit verborgen, ermöglicht die besondere kognitive Dissonanz des Melancholikers. Umgekehrt wird im Film, wo beide Seiten nicht erst zueinandergeführt und miteinander kontrastiert werden müssen, sondern bereits material zusammenhängen, beider Substantialität oft und gern verschleiert und jede mögliche Dissonanz harmonisiert: Das von vielen als maßgeblich propagierte Prinzip der *continuity* des klassischen

---

[170]   Übrigens schon immer, denn nur selten wurden und werden Stummfilme ohne Musikbegleitung aufgeführt.

Erzählkinos, das mit Geboten wie dem Achsensprungverbot, dem "unsichtbaren Schnitt" oder der "realistischen" (will sagen meist dramatisch festgefügten) Handlung, gleichberechtig neben der "unmerklichen" Kamera und dem "unhörbaren" Ton, das Pendant der Aristotelischen dramatischen Einheit von Ort, Zeit und Handlung herstellen will, unterschlägt die Eigenständigkeit der Einzelaspekte und behauptet sowohl die bruchlose Einheit des Ganzen aus dem suggerierten Kontinuum der Teilstücke, als auch deren substantiellen und hierarchischen Stellenwert als Element einer suggerierten höheren Ganzheit. Derart entstandene Filme geben sich – symbolisch – als eine kontinuierliche Welt im Kleinen aus, wobei sie alle ästhetischen Möglichkeiten des Zwischenraums zwischen den Einstellungen vergeben; in ihnen gilt nur als wirklich, was auch gezeigt bzw. erwähnt wird.[171] – Außer diesem ungleich bekannteren Extrem einer scheinhaften, erzwungenen Einheit von Bild und Gesamtschau existiert, nicht unähnlich der materialistischen Erkenntnisweise Benjamins, freilich noch die Tradition einer in ihren Gegensätzen – der irreduziblen und (durch Kadrierung und Schnitt) bruchstückhaften Verankerung in der physischen Realität und der Darstellung ihres nicht-scheinhaften, fragmentarischen, konstellativen Zusammenhangs – (und nur dort) versöhnten Kinematographie.[172] Dem etwaigen und rein

---

[171]   Auch diese Darstellung soll keineswegs mit einer Wertung verwechselt werden. Selbst in der starrsten Befolgung dieses Regelsystems sind viele Meisterwerke entstanden.

[172]   Die Herausstellung des Allegorischen ist hierbei das hauptsächliche Verbindungsstück zur Philosophie Benjamins; schon an den Sprachkunststücken des Barock rühmte er, dass "das Wort, die Silbe und der Laut, emanzipiert von jeder hergebrachten Sinnverbindung, als Ding (stolziert) (sic), das allegorisch ausgebeutet werden darf. Die Sprache des Barock ist allezeit erschüttert von Rebellionen ihrer Elemente." (I, 381) Allgemein hängt "das Herausreißen der Dinge aus den ihnen geläufigen Zusammenhängen (..) mit der Zerstörung der organischen Zusammenhänge in der

formalen melancholischen Ringen eines Filmenden um ein Heranreichen ans Ganze mit Einzelbildern stehen somit zwei Auswege offen, ein vielbegangener, harmonisierender falscher und ein verborgenerer, montageartiger wahrer. Und gerade ein in der Funktionsweise des Films aufgegangener Künstler hätte bzw. hat diesen zweiten Weg gefunden, ohne speziell *darüber* sonderlich melancholisch zu werden.[173] Daraus folgt, dass,

---

allegorischen Intention zusammen." (I, 670) Und konkret bedeutet das: "Sehr charakteristisch ist im Kino das Widerspiel zwischen dem durchaus stoßweisen der Bilderfolge, die jenem tiefsten Bedürfnis dieses Geschlechts genugtut, den 'Fluss' der 'Entwicklung' desavouiert zu sehen und der gleitenden Musik. Bis ins letzte aus dem Bild der Geschichte 'Entwicklung' herauszutreiben und das Werden durch dialektische Zerreißung in Sensation und Tradition als eine Konstellation im Sein darzustellen, ist auch die Tendenz dieser (Passagen-)Arbeit." (V, 1013 f.) Doch meinte Benjamin nicht, dass den Film per se diese Qualität auszeichne, es muss ein gewisses Maß an ästhetischem Eingriff hinzukommen: "In dem Maße als die Wiedergabe der Realität im Film 'treuer' wird, müssen diejenigen Formelemente im Film an Bedeutung und Durchschlagskraft zunehmen, die das Bild einer totalen Realität zertrümmern." (VII, 677) Und auch den weiteren Verlauf der ästhetischen Formung, die Montage, hatte Benjamin konzis vorweggenommen mit dem Bild des Puzzles, worin er die "Geberde" des Allegorikers illustrierte, der aus dem Gewühl der Einzelteile beliebige Stücke herausgreift, sie in verschiedensten Kombinationen nebeneinanderhält und sieht, ob ein Sinn herausspringt. (s.o. Anm. 129)

[173]   Obwohl eine empirische Untersuchung wahrscheinlich zutage fördern würde, dass in der Tat die Mehrheit der Vertreter dieser Montagetradition irgendwann einen melancholischen Einschlag hatte bzw. bekam; der Grund mag darin liegen, dass die beschriebene künstlerische Vorgehensweise seit jeher mehr oder weniger der künstlerischen Avantgarde zugehörte, welche immer auch eine innere Verbindung zur gesellschaftlichen hatte. – Im übrigen ist auch diese filmische Avantgarde cum grano salis auf zwei Grundintentionen aufzuteilen: eine gleichsam klassisch dialektische, die in der Kollision niederer Elemente deren höhere bestimmte Einheit in der Idee

obwohl der Film von seiner Struktur her der melancholischen Problematik, mit endlichen Stücken ans Ganze heranreichen zu wollen, im Grunde zuneigt, er die formalen Mittel hat, sie entweder zu verschleiern oder quasi zu sublimieren; einem etwaigen Zerreißen zwischen Anspruch und irdischen Möglichkeiten böten sich also zwei Auswege.[174] Daraus schließlich erweist sich beim Nachspüren eines dem Film eingeschriebenen melancholischen Gehalts die Notwendigkeit der Erweiterung um eine inhaltliche Ausgestaltung.

Diese inhaltliche Seite der filmischen Melancholie ist so vielfältig wie deren gesamte Geschichte, und sie ist beileibe nicht auf einen avantgardistischen Ansatz der Filmarbeit beschränkt.[175] Doch nur wo sie deren eigene Wendung ins

---

hervorruft, und eine gleichsam negativ dialektische, die in allegorischer Absicht all ihre Bestandteile in deren Fragmenthaftigkeit miteinander konfrontiert und darin – als ihr anschaulicher Teil – die Welt als selber multidimensionale, zerrissene, absurde und im Ganzen ungreifbare rekonstruiert (oder auch persifliert). Die herausragendsten Vertreter der ersten Richtung wären Eisenstein und mit ihm das gesamte frühsowjetische Montagekino sowie in gewisser Weise auch Orson Welles, die der zweiten reichen von einem Großteil der neueren essayistischen Formen des Films, etwa bei Kluge, Marker, Van der Keuken oder eben Godard, bis hin zu Monty Python.

[174]   Wie auch schon früher dem melancholischen Zustand überhaupt. Einerseits konnte man das unerkennbar Jenseitige durch einen schalldichten Dogmenkatalog der eigenen Beschränktheit gefügig machen, andererseits hatte man mit Leibnizens Monadologie und spätestens mit Benjamins spekulativem Nominalismus die philosophische Handhabe, das Ganze im kleinsten Fragment zu finden. (Vgl. o. S. 39 ff.) Wie gesehen, suchte der melancholische Reflex Neuland in geschichtlicher Ferne.

[175]   Als so polare wie künstlerisch hochstehende Beispiele seien Woody Allen und Andrei Tarkowski herausgegriffen, die beide im weiteren Rahmen des konventionellen Erzählfilms verbleiben und dort durch die unterschiedlichsten Trümmerfelder schleichen – durch das erheiternde der absurden Beziehungen auf der Suche nach der wahren

Geschichtsphilosophische mitgemacht hat ist sie eine genuin moderne, d.h. eine, die nicht nur ein Leiden beschreibt, das theoretisch in der Gegenwart behebbar ist, z.b. durch die Zuneigung einer Traumfrau oder das persönliche Auffinden Gottes, oder die sich nicht nur schlichtweg in ihrer Pose gefällt, aber auch anders könnte, sondern eine, deren mögliche Auflösung historisch nicht mehr bzw. noch nicht durchführbar oder gar erkennbar ist. Die Welt des Films stellt für jenes Utopische in der Melancholie eine besonders geeignete Arena dar, insofern seine materiale Seite im Anschaulichen, d.h. im Irdischen sowohl anhebt als auch dort verbleiben muss, wofür das (utopische) Sehnen nach dem Göttlichen primär nicht das nach dem über den Wolken schwebenden höchsten oder abstraktesten Zusammenhang bedeuten kann, sondern nur dasjenige nach dem fernliegenden besten, d.h. irdisch glückseligen. Godard nun ist einer derjenigen Filmmacher, und vielleicht der konsequenteste, die den in dieser Richtung jüngsten Versuch sowie dessen letztendliches Scheitern in Person miterlitten und in ihrem Material eingehend reflektiert, wenn nicht gar protokolliert haben. In seinen jüngsten Filmen, die in gewisser Weise eine Einheit bilden,[176] beschreibt er eine Welt, deren Herrschaftsverhältnisse sich nach der letzten Aufweichung noch tiefer festgefahren haben, so dass sie selbst deren zahlreichen Verlierern als gottgegeben, naturgesetzlich und unwandelbar erscheinen.

Liebe, bzw. durch das innere Russland als schwermütige Ruinenlandschaft, auf der Suche nach göttlicher Einheit und Seligkeit.
[176] *Nouvelle vague* (1990), *Allemagne neuf zéro* (1991), *Hélas pour moi!* (1993), *JLG par JLG* (1994). *Forever Mozart* (1996) habe ich noch nicht sehen können, ebensowenig seine kürzeren Videofilme der letzten Jahre.

Godard & das Eintauchen in die Gegenständlichkeit

Doch bereits auf einer elementareren Ebene, der des filmischen Materials, reflektiert Godard die melancholische Treue zur Dingwelt sowie die Ernüchterung über deren diskontinuierliche Struktur jenseits aller wirklichen Synthese. Seine Bilder sind von einer Ruhe, Nüchternheit und sporadischen Dunkelheit, worin sie die Menschen nicht viel anders behandeln als die Gegenstände ihrer Umwelt; scheinbar interesselos und beiläufig schwenken sie von den Personen auf die Äste eines Baumes und betrachten sie mit der selben Innigkeit, mit der sie vorher ihren Blickausschnitt auf der Szenerie mit darin umherlaufenden Menschen in stoischer Geduld hatten ruhen lassen, dann wieder sind Aufnahmen menschenloser Natur in die Handlung eingestreut, deutlich hörbar im Wind wehende Sträucher, ausladende Bäume, Himmel und Wolken, Gewitterlandschaften und immer wieder Wasser, Aufnahmen, die schließlich fragen lassen, welche Bilderreihe von welcher hier unterbrochen wird, bzw. ob diese ästhetisch wie dramatisch meist autark wirkenden Einzelstücke überhaupt zu einer Bilderreihe sich fügen wollen. Darin liegt keine billige Message von der fatalistischen Sorte, dass die ewige Natur viel mächtiger sei und alles Menschenstreben nur eitles Blendwerk, im Gegenteil geht es ausdrücklich nicht um einen existierenden gedanklichen Gehalt, der möglichst eingängig in Bildern zusammengestückelt werden soll, wie in einem früheren kurzsichtigen und missgeleiteten Verständnis der Allegorie (vgl. z.B. I, 339 ff.), vielmehr soll jener Gehalt sich erst herausbilden, und der Garant dafür ist weniger eine wohlformulierte Vorgabe, nach der der Blick der Kamera sich zu richten habe, als umgekehrt die Beständigkeit und Unbestechlichkeit dieses Blicks selber, der seine Offenheit und unvoreingenommene Autorität an jedem Gegenstand bewähren muss, sei er beseelt oder unbeseelt. (Vgl. u. Anm. 177, 186 oder 187)Erst wenn dieser Blick alles Sichtbare durchschritten und durchdrungen hat, hat er das Recht erworben, sich dem Geschehen zu widmen, das er für am mitteilenswertesten hält – meist das abwechslungsreichere der Personen, eben Geschichte –, ohne sich schuldig zu machen, mit vorgängigen Gewichtungen an seine Arbeit gegangen zu sein, vorausgesetzt zu haben, es gehe z.B. darum, eine Liebesgeschichte vor dem malerischen Hintergrund des Genfer Sees zu illustrieren. – Diesen "malerischen Hintergrund", die Naturbilder, die Godard gern als romantisierende Abirrungen von der eigentlich wichtigen Handlung der Personen vorgeworfen werden, gilt es gerade, aus dem Getto des "Romantischen" zu befreien, worein eine selbstherrlich unreflektierte Menschengeschichte sie als irrational ausgeschieden hat, um sich selbst als Pol der ratio stehen zu lassen.[177] Erst durch eine so eindringliche wie unbefangene Prüfung der Phänomene lassen sich Kriterien wie Rationalität oder Substantialität verteilen: Godards Art der Beleuchtung (bzw. der Nichtbeleuchtung), der Belichtung und der Kadrierung, seine Emulsion und seine Einstellungslängen entsprechen dem Versuch, die Dinge so darzustellen wie sie sind, bzw. wie sie sich einer unparteiischen Perzeptionsapparatur zeigen, die sie nicht von vornherein so

---

[177] 1985, in einem (englisch geführten) Interview anlässlich seines Films *Je vous salue, Marie* (dt. *Maria und Joseph*) sagte Godard: "What we wanted to show in *Hail Mary* was signs in the beginning. Signs in the sense of signals, the beginning of signs, when signs are beginning to grow. Before they have signification of meaning. Immaculate signs in a way. And not just to give a feeling of nature, in order to be poetic, but to show the physical process of making nature possible. A philosophy of nature, just as we tried to show the spirit and flesh of Mary. Also to bring science close to the natural, not to show them as oppositions." (M. Locke & C. Warren (Hg.), *Jean-Luc Godard's "Hail Mary"* – *Women and the Sacred in Film*, S. Illinois Univ. Press, Carbondale, IL, 1993, S. 120 – dies nebenbei auch eins jener Bücher, die wie so einige filmtheoretische Standardwerke auf deutsch nicht zu bekommen sind.)

einleuchtet und reproduziert, dass sie einem vorher gefassten Begriff von ihnen entsprechen.[178] Die Gegenstände sind so gewählt und ins Bild gesetzt, in Perspektive, Komposition, Beleuchtung und bisweilen Einstellungslänge, dass sie nicht zu bloßem Anschauungsmaterial oder einem ikonischen Stichwort ihres Begriffs verkümmern, gleichsam als Piktogramme; sie fördern den Fortgang der Handlung oder nicht, sie gedeihen in einem Chiaroscuro mit Schlag- und Binnenschatten, sie stehen über das Bild hinaus oder ragen ins Bild herein, sie sind mal kürzer, mal länger gezeigt als die durchschnittliche Apperzeption bräuchte, um an ihnen den Begriff aufzufassen: als ob sie all ihre individuelle Materialität und zeitliche Besonderheit aufwendeten, um unter einem kategorisierenden

---

[178]   Und genau in diesem Sinne sind sowohl Benjamin als auch Godard als im tieferen Sinne Impressionisten zu bezeichnen. Der Impressionismus nämlich ist keineswegs dadurch charakterisiert, dass er die Umwelt so aufnimmt, wie die Sensibilität eine Atmosphäre erfühlt, also der nackten Gegenständlichkeit eine persönliche Note zufügt, sondern im Gegenteil dadurch, dass er die gegenständliche Welt von allen zu einer objektiven Begrifflichkeit und Dingvorstellung geronnenen persönlichen Sichtweisen befreien und die Dinge sich so entfalten lassen will, wie sie unmittelbar und an sich in die Sinne des Künstlers eingehen, bevor dessen Apperzeptionsreflex einsetzt. Dem Impressionisten geht es um den sichtbaren Kern einer Erscheinung, welche von allen möglichen historischen Begriffen, Erwartungen, Funktionen und Gedächtnisbildern verstellt ist und nur einem passiven Wahrnehmungsapparat in ihrer sinnlichen Reichhaltigkeit sich preisgibt. (vgl. z.B. Georg Marzynski, "Die impressionistische Methode", in: *Zeitschrift für Ästhetik und allg. Kunstwissenschaft*, gg. XIV, 1920) Von daher übrigens trifft der populäre Vorwurf, Benjamins materialistische Philosophie sei nichts als literarischer Impressionismus, gemeint als subjektiv gefühlte und intersubjektiv unbrauchbare Verzauberung der Dingwelt, paradoxerweise – durch einen doppelten Irrtum – etwas Wahres: durch die Verkennung sowohl des Impressionismus als auch Benjamins.

Blick sich herauszuwinden, ihre Bezeichnung an sich abrutschen und dahinter ihre stoffliche Existenz und individuelle Bedeutsamkeit hervorleuchten zu lassen. Selbst in auf dem Papier eindeutigen Szenen kommt es vor, dass die vermeintliche Hauptsache in den Schatten rückt, während der Hintergrund nicht etwa unscharf, sondern einsichtig belichtet ist; wenn man sich daher bei einigen Einstellungen Godards manchmal fragt, "was davon" gemeint ist, dann lautet die Antwort: im Zweifelsfall alles. So ist eher der Blick der Kamera, bzw. die selbstbewusste Fixierung ihrer technischen Parameter die intendierte Konstante als eine unterstellte in sich bedeutsame Hierarchie der Dingwelt, weswegen es passieren kann, dass schon durch eine unveränderte Blende ein einfacher Perspektivwechsel zwei unterschiedliche Formen der Ausdifferenzierung – als helle Textur oder als Schatten, als plastischer Körper oder als Silhouette – und damit Wesenszüge oder Interpretationen desselben Gegenstandes oder derselben Szenerie zur Ansicht oder gar Kollision bringt. Godard ist sich bewusst, dass es nicht feste und selbstidentische Gegenstände sind, die die Kamera aufnimmt, sondern Licht, das Licht, das diese Gegenstände abstrahlen und das in den verschiedensten Perspektiven die verschiedensten ihrer Bestandteile und Facetten zur Sichtbarkeit bringt. Diesem Licht gilt es, treu zu bleiben, wenn der Gegenstand in allen seinen Dimensionen erlebt werden will: "Wie man es wiedergeben kann, ohne es zu verformen: das ist eine Frage des Tausches. Das Licht, das sind für mich nicht die Scheinwerfer. Das ist etwas, das man lernen muss zu empfangen, denn es ist uns gegeben." (zit. n. Presseheft zu *Nouvelle Vague*, S. 5)

Godard wendet alle ihm zur Verfügung stehenden technischen Mittel auf,[179] um in der Reproduktion einer

---

[179] Und nur dem mittelmäßigen Feuilleton fällt es ein, die außerordentliche Verfeinerung und Sensibilisierung aller Sensorien des ästhetischen Apparates als "Zurücknahme der filmischen Mittel"

Szenerie statt deren umgänglicher Etikettierung den sichtbaren Teil ihrer ganzen Natur abzubilden, in all ihrer sinnlichen Elusion und Ambivalenz. Die Auflösung eines "schlüssigen", zwingenden dramatischen Zusammenhangs zugunsten der entspannten Selbstgenügsamkeit der Elemente, d.h. die besondere sanfte "harte Fügung"[180] Godards erwirkt, dass bevor das Sinnhafte der Konfrontation aufeinanderfolgender Einstellungen oder der Abgrund zwischen ihnen ausgelotet werden kann, das Substantielle der Einstellungen selber erfasst werden muss.[181] – Und nicht primär als das, was zur

---

zu verballhornen. Es kann vom Film keine Ahnung haben, wer im Umkehrschluss andeutet, schwurbelnde Kamera, grelle Scheinwerfer und das Aufdrehen der Lautstärke seien die Stufe, wo der Film zu sich selbst kommt.

[180] "Es ist die Figur, die zum Verweilen hinter jedem Satz zwingt, damit dessen ganze Sinnfülle in das Verständnis des folgenden eingebracht werden kann. (..) Der *apperceptive Schock* (..): die stets irritierte Erwartung des Lesenden, er könne bruchlos zu dem je nächsten Satz übergehen, während der Schriftsteller Abgründe zwischen die Sätze legte, die seinen Leser zwingen, alles Rüstzeug aus dem Geschriebenen zu holen, um die gähnende Leere alles Ungeschriebenen nicht sowohl zu überbrücken, als überhaupt erst zu füllen." (Schweppenhäuser, 43, Anm. 17, anlässlich der Nennung der "Denk- und Stilfiguren" Benjamins)

[181] Das besondere Interesse für das Wesen und die Ideologie des filmischen Bildes hat Godard in der ganzen Zeit seines Arbeitens begleitet, das dauerhaftere Eindringen in das Bild beschäftigte ihn dagegen erst später, nach seiner wilden Zeit der 60er, als ihm die Einstellung noch ausdrücklicher als Material der schockhaften Montage galt. Dixon schreibt: "It is the unceasing replacement of one image with another, the tyranny of the visual, which most disturbs Godard in his films during this period (der politischen Praxis, seit *Weekend*, 1967). In contrast to the rapid cutting of *À bout de souffle* (1959), and even the celebrated montage sequence in *Made in U.S.A.* (1966), Godard now constructs his films in large blocks of images, held for long periods of time, requiring the audience to meditate on

massenhaften Verbreitung in sie hineingelegt wurde, sondern was sie selber, als ästhetische Faktur, von sich preisgeben. Dazu ist gewissermaßen erfordert, in nahezu jedem Bild die kognitive Begriffsbildung von neuem zu beginnen, es so zu betrachten, als habe man gerade das erste Mal die Augen aufgeschlagen und sehe in die Welt, ohne ein Raster des Gestaltsehens zur

---

the visuals he creates. As Walter Benjamin notes, this is a possible solution to the imagistic ephemerality inherent in the cinema to graphic apparatus." Es folgt ein Zitat der Stelle "Das (Gemälde) lädt den Betrachter zur Kontemplation ein; vor ihm kann er sich seinem Assoziationsablauf überlassen. Vor der Filmaufnahme kann er das nicht. Kaum hat er sie ins Auge gefasst, so hat sie sich schon verändert. Sie kann nicht fixiert werden. Duhamel, der den Film hasst und von seiner Bedeutung nichts, aber manches von seiner Struktur begriffen hat, verzeichnet diesen Umstand mit der Notiz: 'Ich kann schon nicht mehr denken, was ich will. Die beweglichen Bilder haben sich an den Platz meiner Gedanken gesetzt.' In der Tat wird der Assoziationsablauf dessen, der diese Bilder betrachtet, sofort durch ihre Veränderung unterbrochen. Darauf beruht die Chockwirkung des Films, die wie jede Chockwirkung durch gesteigerte Geistesgegenwart aufgefangen sein will." (I, 502 f.) Und weiter Dixon: "When the image does not abruptly change – when, in fact, it lingers languorously on the screen for many minutes at a time, with only minor variations in framing and/or movement within the frame – we are forced to do that which we do when confronted with a painting in a museum or gallery. We must *scrutinize* the image, deconstruct it, consider the margins and borders of the frame, and 'contemplate' the mimetic structure of the iconic/representational strategies that informed the creation of this image. It is the birth of the cinema as a medium of spatial/temporal analysis." (Dixon, 91) Obwohl Dixon den veränderten Ausdruck in Godards Filmen gegen Ende der 60er, Anfang der 70er im Auge hat, scheint er doch um so genauer den Godard der 80er und 90er beschrieben zu haben, wo diese veränderte Wahrnehmung zu ihrem deutlichsten Ausdruck gefunden hat. – Und auch wenn zentrale filmische Kategorien Godards über Jahrzehnte weitgehend konstant geblieben sind, bezieht die vorliegende Darstellung sich, sofern nicht anders vermerkt, auf diese letztere Periode.

Verfügung zu haben, das einen gleich erkennen ließe was als begriffliche Einheit zu sehen ist und was nicht, was bedeutsam ist und was nicht.[182] Godards Bilder führen den Zuschauer darüber hinaus, das Gezeigte nur zu sehen bzw. wiederzuerkennen, bis zu dem Punkt wo er alle verfügbaren Sinne einsetzt, des Gesehenen sich gründlich zu versichern, in es einzutreten und sich dort umzusehen – doch ohne darin zu versinken, denn ihn erwartet kein langer ruhiger Fluss meditativer Bilder; eher muss er die Szenerie mit allen seinen Sinnen in sich aufsammeln, um deren Gehalt über die Kluft zwischen den Bildern hinüberzuretten. In Worten Benjamins lässt sich sagen, dass es in Godards Bildern, wenn nicht im Film überhaupt, um keinen vorgefassten und ausdrücklichen Sinn geht, der in dem Gezeigten ausgedrückt oder aus ihm herausgeholt werde, gerade weswegen aber die Reflexion

---

[182]   Und wenn während des Films wohl kein Zuschauer dieses Anspruchs sich durchgehend bewusst ist, dann mag es daran liegen, dass diese Haltung des Zusehens, sofern einmal eingenommen, – im Gegensatz zur sofortigen kategorialen Aufteilung der Szene – den *geringsten* intentionalen Aufwand erfordert. Das hat rein gar nichts mit der so populären wie naseweisen Art zu tun, in filmästhetischen Fragen sich mit der Sottise aus der Affäre zu ziehen, man solle im Kino nicht denken sondern zuschauen resp. fühlen; wohl viel eher mit dem, was Benjamin am Film als *Rezeption in der Zerstreuung* bezeichnet hat, die zum fortschrittlichsten Verhältnis der Masse zur Kunst gehört, "z.B. angesichts eines Chaplin". (I, 497, vgl. u.a. I, 496, 505) Das allerdings nur in den spezielleren Fällen, wie mit Adorno einzuwenden wäre (s.o.), in denen nämlich mit Zerstreuung nicht wie landläufig die betäubende Ablenkung vom Erwerbsleben gemeint ist, d.h. wenn es nicht wie in letzterem Fall das verbliebene Denkvermögen selber ist, das lustvoll zerstreut wird, sondern im Gegenteil dessen in ebenjenem Erwerbsleben automatisch internalisierte Begriffsraster, wodurch das Denkvermögen gerade freigegeben würde, noch unverbrauchte und zu den herrschenden querliegende Gedanken zu fassen: "Im Kino fallen kritische und genießende Haltung des Publikums zusammen." (I, 497)

keinesfalls außenvor bleiben darf, denn es geht um die reichlich komplexere Deutung der Dinge aus sich heraus: "Die wahre Deutung erfasst die äußerste Oberfläche der Dinge, ihre reinste Sinnlichkeit; Deutung ist Überwindung des Sinnes." (II, 618)[183]

Obwohl er es nicht so nennt, liegt es in gewisser Weise in Godards Absicht, eine auratische Beziehung zu den Dingen herzustellen, wie Benjamin sie in der Naturwahrnehmung erfahren und nacherzählt hat, nämlich die Erfahrung der Phänomene in ihrem einmaligen Dasein in Raum und Zeit, als "Ferne, so nah sie sein" mögen, "bis der Augenblick oder die Stunde Teil an ihrer Erscheinung hat." (s.o.) Und eben dies leistet der Film, als Kunst von Raum und Zeit,[184] zumindest wenn er mit einer ähnlichen Verantwortung geführt wird wie bei Godard: Er reproduziert die Gegenstände

---

[183]   Bezeichnenderweise war es Godard, der in einem Abstand von drei Jahren, in denen er in ästhetischer Hinsicht keinen großen Wandel durchmachte, Sätze sagte, die die landläufige Filmästhetik als sowohl glatten Widerspruch als auch dem Wesen des Kinos abträglich schmähen würde: "Belassen Sie die Dinge für einen Augenblick ohne Namen, das ist Kino." (zit. n. Presseheft zu *Nouvelle Vague*, 15) und "Nach wie vor glaube ich, dass das Kino vor allem Reflexion ist, dass es aus Gedanken besteht und dass wir in ihm denken sollen." (Pressekonferenz in Venedig 1993, zit. n. Kilb, *Die Zeit* vom 17. 9. 93)

[184]   Gemeint ist nicht, dass die anderen Künste sich auf je eine Seite beschränken müssten, im Gegenteil sind sie alle – als im Material statthabende – den Koordinaten von Raum und Zeit unterworfen, und jede einzelne Kunst charakterisiert sich nicht zuletzt durch deren spezifische Vermittlung. Darin aber tendieren die Künste zu einer Polarisierung nach ihrer Daseinsform, die einen, Architektur, Skulptur, Malerei und Photographie, erfordern vor allem einen bestimmten Raum, die anderen, Musik und Poesie, eine bestimmte Zeit. Einzig der Film kann auf keine der beiden Voraussetzungen verzichten, er ist gleichzeitig dazu verdammt und damit gesegnet, der Organisation der Räumlichkeit und der Organisation der Zeitlichkeit die gleiche Aufmerksamkeit zu widmen.

als integrale Komplexität, als innere Ferne, die mit der üblicherweise herangetragenen Begrifflichkeit nicht vollends ausgeleuchtet werden kann. Stets bleibt ein kleiner Rest des individuell Stofflichen und Momentanen, den keine noch so konkrete Abstraktion, wie Begriffe und selbst Namen es sind, welche auch nur ein Mindestmaß an Kontinuität über die Zeit retten wollen, zu fassen vermag: das Leben, und zwar in dem nicht nur organischen Sinn einer inspirativen Resultante aus Materie und zeitlicher Bewegung[185] – auch bei Godard steigt man niemals zweimal in denselben See.[186] Diese quasi raumzeitliche Dimension, dieser materiale Zeitindex ist es, der das Dasein einer Erscheinung in jedem Moment zu etwas Einzigartigem macht, die als dieselbe an keinem anderen Ort

---

[185] Die Schilderung der Probleme, die Godard dabei verspürte, das Leben *überhaupt* zu fassen, mag diejenigen illustrieren, die das klassifizierende Bewusstsein damit hat, nur ein *Stückchen* Leben zu ergreifen: "Aber das Leben der anderen macht mich immer fassungslos. Und in noch viel größerem Maß das Leben überhaupt, das ich so gern aufgespießt hätte, um es bewundern zu lassen oder auf seine fundamentalen Elemente zu reduzieren, wie ein Naturkundepauker, (..) um die Schüler zu interessieren, die Bewohner der Erde im allgemeinen und die Kinozuschauer im besonderen. Kurz, das Leben, das hätte ich gern einfangen wollen mit Schwenks über die Natur, festen Einstellungen auf den Tod, kurzen oder langen Bildern, starken oder schwachen Tönen (..) Aber das Leben wehrt sich heftiger als Nanuks Fisch, es gleitet uns durch die Finger" (Godard, 25 Jahre vor *Nouvelle Vague*, in *Godard Kritiker*, Carl Hanser Verlag, München 1971)

[186] Quasi als Unterschrift zu seinen Bildern liest Godard in *JLG par JLG* aus einem Buch vor: "Ein Ding ist nicht wofür man es hält. Es ist viel mehr. Es ist eine Gesamtheit, im weitesten Sinn. Ein Stuhl ist kein Stuhl. Es ist eine Struktur von unfassbarer Komplexität. Atomisch, elektronisch, chemisch etc. Ihn sich als einfachen Stuhl vorzustellen, stellt das, was Korzybski Identifizierung nennt, dar. Durch die Totalität dieser Identifizierungen entsteht Widersinn und Tyrannei." (0:17 f., = Stunden, Minuten ab Filmanfang)

191

und zu keiner anderen Zeit existiert, eben nur in ihrem Hier und Jetzt, wo der Augenblick an dieser Erscheinung teilhat; und nur der Film vermag es, der räumlichen Erscheinung eine zeitliche Signatur einzuschreiben, einmal natürlich in der Montage, worin jedes Segment seinen Sinn wandelt, sobald es im Filmstreifen umgruppiert wird, dann innerhalb der Einstellung selber, worin der Film sein Eigenstes betreibt, nämlich die Kinematographie im wörtlichen Sinne, die Aufzeichnung von Bewegung, die gewissermaßen das Unmögliche vollbringt: die Dinge der Natur gerade in ihrer dynamischen Vergänglichkeit zu konservieren und aufzuheben. Das bildhafte Element des Films bestimmt sich nicht nur darüber, was gefilmt wurde, sondern auch *wann* es gefilmt wurde, genauer: dass es in einem irgend bemerkbaren zeitlichen Rahmen gefilmt wurde, wobei Aktion als solche innerhalb des Bildes nicht unbedingt vonnöten ist, wohl aber irgendeine Markierung, die es als einer von Zeit durchwirkten Situation angehörig indiziert; das kann wehendes Haar sein, leise Brandung, eine vorbeiziehende Wolke, ein vorbeifahrendes Auto oder auch schon das Geräusch irgendeines außerbildlichen Geschehens – eben jenes flatternde Beiwerk, das lebendige Zusammenspiel von dynamischem Zufall und substantialer Konstanz, dessen Darstellung in der Malerei noch so manieristisch bemüht war, und das im Film, speziell im Tonfilm, sein ureigenes und vielgestaltiges Medium gefunden hat.[187] Was einer alten Überlieferung nach[188] die

---

[187] In diesen Bereich hinein spielt das alte Problem, in welcher Weise man einen Film *verstehen* kann. Der Volksmund hat sich die literarische bzw. gar linguistische Anschauung angewöhnt, dass alles, was geäußert wird, etwas bedeuten soll, und daher jedes Detail auch im Film seine eigene intendierte Bedeutung haben muss (ob bedeutungtragend oder nur -unterscheidend). Godard sagte dazu: "Im Zeitalter der sehr fortgeschrittenen Technologie und Kommunikation sind Bilder entwickelt worden, die außerordentlich komplex und abstrakt sind, und doch sagt man nie: Ich habe das nicht verstanden. Wenn – wie in meinem Film – ein Mann einer Frau die Hand reicht

frühesten Filmzuschauer am Kino am meisten fasziniert hat, das waren weder die gezeigten Personen, noch die aufgeführten Kunststücke oder Kolportagegeschichten, sondern die einfache Tatsache, dass sie das Zittern der Blätter im Wind sehen konnten, und das immer wieder von neuem.

Hinsichtlich der möglichen filmischen Rekonstruktion einer auratischen Erfahrung ist weiterhin der Begriff der *spezifischen Aura des unentrückten Dings* zu vergegenwärtigen, den Schweppenhäuser in die Diskussion einführte (vgl. Schw., 31) und der seine besondere Bestimmung dadurch erhielt, dass die Tendenz der neuen Reproduktionstechniken, Einmaliges zu vervielfältigen und dadurch dessen Aura einzuschrumpfen, keinesfalls böser Wille war und viel eher dem Bestreben folgte,

---

und die Frau die Hand nimmt und eine Stunde später die Frau dem Mann die Hand reicht und der Mann die Hand nimmt und man hört, dass er bzw. sie sagt: Das bist du, dann gilt das als verständlich. Wenn nun aber ein Hundegebell oder ein Windesrauschen dazukommt, sagt man: Das verstehe ich nicht." (Pressekonferenz zu *Nouvelle Vague*, zit. n. *Die Tageszeitung*, 22.11.1990) – Was dann nebenbei meist groteskerweise nicht der eigenen Phantasielosigkeit, sondern umgekehrt dem Filmmacher angelastet wird, indem man trotz allem von einem Film erwartet, dass alle in ihm zusammengestellten Zeichen direkt und unmittelbar ihre "gemeinte" Bedeutung preisgeben. Was speziell bildliche Zeichen nun mal nicht tun, gerade weswegen Godard, der diese ersehnte Unmittelbarkeit der Erfahrung annähernd zu konstruieren versucht, auf alle ikonische Denotation verzichtet, um die eigene und viel mannigfaltigere materiale Sinnhaftigkeit des einfach Daseienden zu retten.

[188]   Neben vielen weitergegeben von Jacques Rivette: "Die einzige Rechfertigung der Kunst ist zu versuchen, sich selbst, der man etwas macht, und die Leute, die es sehen, etwas weniger blind, etwas weniger taub, etwas weniger dumm zu machen. Im Grunde ist das Kino wie die anderen Künste. Die Leute wussten, dass sich die Blätter im Wind bewegen. Ganz plötzlich konnten sie das sehen." (1984, zit. n. J. Paaz & S. Bubeck (Hg.), *J.R. – Labyrinthe*, Cicim, Tübingen 1991, Umschlagtext)

jene einmaligen Dinge in der massenhaften Reproduktion eben
den Massen nahezubringen (d.h. primär zu verkaufen), welchen
sie sonst verwehrt wären. Was das Bild nicht erreichte, stand
dessen Reproduktion weit offen: der Kontakt mit den Massen.[189]
Dieser Vorgang musste die Bildlichkeit im ganzen verändern;
im Abbild wurde sie flüchtig, wiederholbar und ubiquitär, eher
ging sie zu den Massen als diese zu ihr, im Bild wurde ihre bis
dahin letztendlich materiale Aura zur parareligiösen
Mystifikation stilisiert, die ihr Objekt noch weiter entrückte[190]
und beizeiten als dessen angemessene Rezeptionsform nicht
mehr die Reflexion, wohl aber wieder die Anbetung erheischt;
der Wert eines Kunstoriginals verschob sich vom ästhetischen
zu dem einer fast überirdischen Echtheit.[191] – Die

---

[189]   "*Die Dinge sich räumlich und menschlich 'näherzubringen'*
ist ein genauso leidenschaftliches Anliegen der gegenwärtigen Massen
wie es ihre Tendenz einer Überwindung des Einmaligen jeder
Gegebenheit durch die Aufnahme von deren Reproduktion ist.
Tagtäglich macht sich unabweisbarer das Bedürfnis geltend, des
Gegenstands aus nächster Nähe im Bild, vielmehr im Abbild, in der
Reproduktion, habhaft zu werden. Und unverkennbar unterscheidet
sich die Reproduktion (..) vom Bilde. Einmaligkeit und Dauer sind in
diesem so eng verschränkt wie Flüchtigkeit und Wiederholbarkeit in
jener." (I, 479, vgl. auch frühere Fassung, II, 378 f.) Wobei
hinzugefügt werden muss, dass in dieser Gegenüberstellung
"Wiederholbarkeit" die Unzerstörbarkeit der ewigen Wiederkehr
impliziert, dagegen "Dauer" die irdische Vergänglichkeit.
[190]   Z.B. schummrig beleuchtet hinter eine Glaswand oder mit
Lichtschranke, Sirene und begrenzten Besuchszeiten. Mit der
Ablösung des Ausstellungswertes vom Original, seiner
Verselbständigung durch Multiplikation, mag es scheinen, als kehrte
durch die Hintertür der Kultwert in die Kunst zurück. (vgl. I, 482 ff.)
[191]   Diese Entwicklung lässt wiederum die beiden Pole der
Bildlichkeit selber nicht unberührt: Beispielsweise ist man oft
versucht, in die Reproduktion ein Stück jener mystischen Echtheit
einfließen zu lassen; jedes Urlaubsfoto des Petersdoms ist nur Papier,
wenn die Ehefrau nicht davor steht. Umgekehrt können traditional

Kinematographie als die entwickeltste Reproduktionstechnik hingegen hat nun, als "wider die Technik mobilisierte Technik" (ebd.), die Dinge in einem Masse nahegerückt, dass deren auratische Ferne ausgeschieden wurde, sie jedoch nicht als nackte Funktionalien liegen blieben; der Film ist imstande, den Gegenständen so nah auf den Leib zu rücken, dass ihre aus der alltäglichen Distanz glatte Oberfläche sich kräuselt und den Blick in eine gleichsam gegenständliche Ferne freigibt. "Die entfaltete Reproduktionstechnik hat die traditionelle Aura durch Wegzehren der wesenhaften Ferne aufgehoben und die *spezifische Aura* des unentrückten Dings freigelegt." (ebd.) Die aus einem im Zweifelsfall göttlichen Jenseits in die Gegenstände eingestrahlte Unendlichkeit wich einer lokalen, in sich unendlich gefalteten Tiefe, die nur der auszuloten fähig oder überhaupt interessiert ist, der sich mit dem ganzen Einsatz der Technik ihr überantwortet: Je näher man einen Teich ansieht, desto ferner blickt er zurück. Vor diesem Hintergrund ist auch die oben gezogene Unterscheidung von alter Aura und punktueller auratischer Erfahrung zu klären: In der neuen Begrifflichkeit ist die spezifische Aura des Gegenstandes der einzig wahre Erbe der traditionalen Aura, die allerdings im Gegensatz zu dieser nur vereinzelt und in einer Anstrengung des Subjekts bestehen kann, eben in dessen spontaner auratischer Wahrnehmung; früher hatten die Dinge Anteil an der Aura, heute tritt sie in den Dingen auf. Und dort kommt ihr am gründlichsten Benjamins Sammler auf die Spur, der seine Objekte von allen vorherigen äußeren Bestimmtheiten abscheidet, nicht nur von den gesellschaftlichen allein, auch von allen transzendenten, und in der Stille seines Kämmerleins ausschließlich darauf hört, was aus ihrem Innersten

---

produzierte Kopien, die nach und nach ihr Original ersetzen, um es dem Zahn der Zeit zu entziehen, gleichzeitig dessen ästhetischen Gehalt unter dem Kultanteil wieder hervorkehren, ihn sogar, wie Michelangelos Davidstatuen in Florenz, über die Stadt verteilen.

heraufklingt. Auch Benjamin atmete in seiner Naturerfahrung nicht das Auratische an sich, sondern "die Aura *dieser* Berge, *dieses* Zweiges" (s.o., Herv. v. mir), und trotzdem der Unterschied im Sprachlichen sich meist verwischt mag festgehalten werden, dass jene Aura an sich wirklich vergangen ist, die als totale und integrale jeden Gegenstand durchzog und nicht etwa als Anhängsel ihm zugehörte, dass aber ein jedes Ding selber zum auratischen erhoben werden kann, d.h. in einen Zustand, worin das erkennende Bewusstsein viel mehr an ihm erfährt als jemals sich in den gängigen Begriffen sagen lässt, und worin sein Geschichtliches sich nicht auf eine handgreifliche Gegenwärtigkeit beschränkt. Und im Sinne jener umrissenen prekären Systematisierung des Aurabegriffs (s.o.) sei weiter angemerkt, dass es dem historischen Materialismus obläge, durch gründlichste und weitgreifendste Motivierung der spezifischen Dingauren diese soweit zu vernetzen, dass sie dereinst, als selber partikulare, reflektierte und scheinende Aura, zwischen der nunmehr abwesenden traditionalen allgemeinen, unreflektierten und scheinenden Aura und einer utopischen allgemeinen, *reflektierten* und *scheinlosen* Aura als Übergangsglied und Katalysator wirksam werden. Der Film, so ist angedeutet, ist dabei eins der wertvollsten Instrumente.

Trotz allem besteht ein kaum zu übersehender sowie nicht zu unterschätzender Unterschied zwischen dem Film und der unmittelbaren Erfahrung der spezifischen Aura: es sind nicht die Dinge selber, die der Film dem Zuschauer näherbringt, es sind Bilder bzw. Reproduktionen dieser Dinge. Nur in der durch die Reproduktionstechniken vermittelten Form ist es möglich, einerseits die notwendig persönliche Wahrnehmung einer Dingaura soweit zu verallgemeinern, dass sie einem Massenpublikum nachvollziehbar und womöglich im privaten wiederholbar wird, andererseits vom reproduzierten Phänomen jede potentielle Aura der äußeren Ferne abzuziehen, ohne auf ein Quentchen von dessen Sinnlichkeit verzichten zu müssen; jene bleibt sozusagen im fotografierten Objekt zurück und lässt dieser in der Reproduktion, wo das Objekt jetzt gleichsam kein Objekt Gottes mehr sondern des Menschen ist, freie Hand, ihre innere Ferne zu entfalten. Das Filmbild nimmt einen genauesten Abdruck von der Szenerie, ohne von deren Substanz sich tingieren zu lassen; wie die handwerkliche Kopie ein gefährdetes Kunstwerk, so ersetzt und rettet der Film die äußere Wirklichkeit, und wie jene zerstreut er ihren verkümmernden jenseitigen Schauer durch einen frisch erblühenden diesseitigen, den ästhetischen: im Sinne eines würdigen Inhalts der Kunst. Wenn jeder unmittelbaren auratischen Erfahrung, so reflektiert sie sein mag, noch das phänomenologische Moment einer begrifflosen Wesensverschränkung anhaftet, dann ist es im Film gleichsam säkularisiert zu einem Lichterflackern auf der Leinwand, das, um überhaupt zutreffend bzw. erfolgreich agnosziert zu werden, von vornherein eine rezeptive Distanz erfordert. Die avancierte technische Reproduktion ist einerseits die Schnittstelle, die das räumlich und zeitlich Auseinanderliegende, Gegenstand und Zuschauer, so eng wie wenig anderes verklammert, und andererseits die trennende Glaswand, die Subjekt und Objekt davor bewahrt, ineinanderzusinken. Der utopische Fluchtpunkt des Films ist es nicht, jeden Zuschauer in eine auratische Wahrnehmung hineinzusaugen, sondern sie letztendlich selbständig im Publikum zu verallgemeinern, ganz wie der utopische Fluchtpunkt der technischen Zivilisation sein muss, nicht jedem seine lauschige Gartenlaube für den Rückzug aus der Allgemeinheit zu verschaffen, sondern die Erfahrung der Gartenlaube ins Gesellschaftliche zu transponieren.

Entsprechend ist der Film auch die Kunst, die am ehesten nicht nur das Bild eines Gegenstandes, vor allem aber annähernd das *Bild einer auratischen Wahrnehmung* dieses Gegenstandes geben kann, statt des Auratischen selber; offensichtlich musste erst eine wesenhaft auralose Kunst entstehen, um nicht unmittelbar und stumm die Aura erfahren zu lassen, sondern diese auratische Erfahrung selber in reflektierter Vermittlung ins Bewusstsein zu bringen, d.h. zu thematisieren. Denn das Filmbild, so "realistisch" es sein mag, unternimmt keineswegs den überdies aussichtslosen Versuch, das Publikum von der realen Anwesenheit des Gezeigten zu überzeugen;[192] abgesehen vom – auch bei aller angestrebten "Unsichtbarkeit" – schockartig distanzierenden Filmschnitt gibt es (noch) kein Filmmaterial, das die Lichtempfindlichkeit des menschlichen Auges imitieren könnte, geschweige denn die menschliche automatisch-partielle Fokussierung[193] oder die weitgehend kontinuierliche Aufnahme der optischen Eindrücke (im Gegensatz zur "diskreten" der Körnung der Emulsion); ganz nebenbei ist schwerlich eine Situation der Filmrezeption denkbar, die nicht als solche zu durchschauen wäre. Das aber sind keinesfalls Defekte, denn besonders jene bildlichen Charakteristiken wie Schärfe, Farbton oder Farbtemperatur, Körnung, Konturen oder Belichtung sind eher ein Bestandteil des filmischen Organons, insofern keine "optimale", das wäre vollkommen übereinstimmende Weise der Reproduktion denkbar ist, die a priori eine bildliche Einstellung den anderen vorzöge – alle sind gleichberechtigt, alle sind in etwa gleichweit von der Realität entfernt, und ihre Gewichtung ist daher eine rein ästhetische Entscheidung.[194] Und nicht nur, aber

---

[192]   Ob der Filmmacher dies versucht, ist eine ganz andere Frage – wir bewegen uns hier auf der elementareren Ebene der ästhetischen Beschaffenheit des Bildes, die natürlich, bei filmtheoretisch wirklich durchdrungener Filmarbeit, auch gleichbedeutend mit der filmpraktischen sein kann.

[193]   Kein Mensch kann das, worauf sein Blick sich konzentriert, unscharf sehen, andere Teile seines Blickfeldes dagegen scharf, noch kann er sein gesamtes Blickfeld fokussiert halten.

[194]   Paradoxerweise wirkt eine Szenerie, die in der exakten Helligkeitsverteilung eingeleuchtet ist, in der das menschliche Auge sie auffassen würde, unrealistisch und theatralisch, eine naturbelassene, aber sozusagen unmenschlich belichtete, d.h. mit

insbesondere darin liegt eben die Handgreiflichkeit der filmischen Reproduktion, gleichsam ihr Gegenstück zur konkreten Begrifflichkeit des erkennenden Bewusstseins, worin dieses die Aufteilung der Phänomene ins Reich der Ideen vollzieht. Sowenig Benjamin die stumme romantische Vermengung in der Reflexion als Erkenntnis ausreichen konnte, sowenig darf es dem filmischen Ausdruck reichen, sklavisch danach zu streben, ein deckungsgleiches Bild der Realität zu liefern.[195] Der seiner Gestaltung bewusste Filmmacher übergibt sich nicht blind dem Gegenstand und dessen Illusionen über sich selbst, er schärft sein Instrumentarium, um jenem eine Textur einzuziehen, die dessen Oberfläche zur Kenntlichkeit, d.i. zur wahren Erscheinung konturiert. Derart gibt es von ein und demselben Weltausschnitt nicht ein einziges mögliches Bild, noch ein zutreffendes und mehrere falsche, sondern mehrere zutreffende, diese aber mit variierendem Wahrheitsgehalt. In diesem Verhältnis liegt der Kern eines Zusammenhangs von philosophischer und filmästhetischer Verantwortung; er scheint hervor aus der alten Platonischen Kongruenz von Wahrheit und Schönheit.

Post festum: die Aura der Dinge am Morgen danach

Wenn denn nun ein Gegenstand nicht von vornherein die Form vorgibt, worin er sich einzig angemessen reproduzieren lässt, dann hängt die Faktur des Bildes nicht ausschließlich von den

---

übermäßig dunklen oder hellen ("ausgewaschenen") Partien, dagegen ungleich realistischer.

[195] Wahrscheinlich noch nicht mal dann, wenn dies technisch möglich wäre. In diesem Fall müsste die perfekte Wiedergabe der sichtbaren Erscheinungswelt trotzdem einer Entscheidung der ästhetischen Urteilskraft unterliegen, insofern nie der Gedanke außer acht gelassen werden kann, dass, wenn man einem Ding sich zu sehr nähert, es leicht das eigene Blickfeld übersteigt.

ästhetischen oder handwerklichen Fähigkeiten des Künstlers ab, es spielt wirklich eine charakterliche, politische oder auch philosophische Haltung mit hinein. Wie schon die romantische Dingerkenntnis, so holt der Filmmacher nur das aus den Dingen heraus, was er selber in ihnen sieht, bzw. was seiner Disposition oder seinen Anliegen am nächsten steht, und ein Melancholiker wird an den Dingen nicht viel anderes als deren melancholischen Gehalt hervortreiben. So sind Godards Bilder am wohl fruchtbarsten daraufhin zu untersuchen, wie sie die tiefe Melancholie des alternden Revolutionärs und Filmmachers zu einem sinnlichen Ausdruck bringen.[196] In seinen früheren Filmen nämlich, die weitgehend die gleiche "Rohheit" der Bilder aufweisen, sich der gleichen "naturalistischen" Treue zur Dingwelt widmen, schwingt noch vor allem die Leidenschaft des Revolutionären mit,[197] sie sind meist heller und (wo

---

[196] Bzw. ob der alternde Revolutionär und Filmmacher wirklich Melancholiker ist. Da aber eine melancholische Darstellung der Dinge nie die einzig mögliche oder tragbare ist, spricht einiges dafür. – Trotzdem müsste, wie schon bei Benjamin, die Aufmerksamkeit versuchen, von der historischen Person Godards abzusehen und sich auf einen melancholischen Gehalt des *filmischen Werks* zu konzentrieren, auch wenn es im Falle Godards, der viel anscheinend Autobiographisches verarbeitet, gar öfter mal selbst auftaucht, weder einfach noch immer fruchtbar ist, etwa angesichts von *JLG par JLG*, den Filmmacher Godard und seine Figur Godard (oder "Monsieur Jean") akribisch trennen zu wollen.

[197] Die aber trotz allem nichts von einem strahlenden Zukunftsoptimismus an sich hatte, eher von einem verzweifelt rebellischen. Demgemäß war auch Godards Werk der 60er nicht frei von leicht erratisch anmutenden melancholischen Einsprengseln, etwa in Filmen wie *Le Petit soldat* (1960), *Le Mépris* (1963) oder *Les Carabiniers* (1963). Bezeichnenderweise fiel sein einleitender Satz "Die Zeit des Handelns ist vorbei, die des Nachdenkens beginnt" nicht in den letzten Jahren, sondern in jenem *Petit soldat*, seinem zweiten Film, der den seinerzeit eingefahrenen Algerienkrieg als fast rituellen Schlagabtausch behandelte. Er wurde übrigens sofort verboten.

möglich) bunter, als wollten sie an ihren Objekten alles Sichtbare zum Vorschein und zum Äußeren bringen, nicht das an ihnen zeigen, was sie sind, sondern was sie sein könnten. In Godards späten Filmen dagegen beherrschen kühlere, fahlere, auch dunklere Farbtöne und tiefe Schatten das Bild; immer noch zeigt er an seinen Objekten nicht das, was sie sind, jetzt aber, was sie hätten sein können, gegenüber dem was aus ihnen geworden ist. Godard bringt dem Zuschauer die Dinge nahe, doch lässt er ihn die Materialität der Aufnahme keinen Augenblick vergessen, indem er zur selben Zeit verdeutlicht, dass, will sie ein wahres Bild geben und nicht der trügerischen Vollständigkeit der heutigen Gegenstände auf den Leim gehen, die Apparatur hinter der sinnlichen Bandbreite der Szenerie zurückbleiben muss: Wo das Licht der Szene nicht hinreicht, bleiben dunkle bis tiefschwarze Schatten oder Silhouetten, wo für den Wind das Mikrofon nicht sensibel genug ist, fängt auch der Ton zu rauschen an; die ursprüngliche Leistung des Films, vermittels seiner optischen (und auditiven) Apparatur die Schwelle zum Haptischen übertreten zu haben,[198] vollendet sich bei Godard quasi in der Beschränkung, stets noch macht er über die Dinge hinaus auch deren Reproduktion sinnlich fühlbar, doch wo noch die frühere Montage andeutete, dass die materiale Welt ihren virtuellen modernen Organisationspraktiken noch hinterherhinkt, indem sie die Dinge erst in Beziehungen bringen musste, die diese an sich noch nicht zeigten, ist es jetzt das übriggebliebene Instrumentarium, das an ihre Komplexität nicht heranreicht. Die auratisch geschärfte Perzeption des Zuschauers reibt sich an der

---

[198]   "Optisch vermittelte Taktilität wird zum Medium ihrer (der Dinge) Erfahrbarkeit, damit zugleich der mimetische Kontakt mit den Dingen geschlossen und in der Greifbarkeit die Begreifbarkeit, das vor Augen Bleiben bewahrt. Aura ist nicht länger die wesentlich optische, sie ging in die wesentlich taktile über. Der Lichtkreis verschob sich in den Dunstkreis, und was aus der Ferne strahlte, beginnt in der Nähe zu atmen." (Schweppenhäuser, 31)

imperfekten Apparatur: Auf einmal kehrt die alte Melancholie nicht der verspielten Chancen, sondern der Unzulänglichkeit der verfügbaren Mittel in den Film zurück.[199] Die mühsam erlangte auratische Erfahrung des Films belehrt in dessen ureigener Sensibilität darüber, dass zu einer genuin auratischen, d.h. einer Erfahrung, worin der Grad der Erkenntnis den der Komplexität des Erkannten aufwiegt, die filmische allein nicht ausreicht, sondern dass entweder die Wirklichkeit den im Film konservierten Ansprüchen an sie selbst sich endlich annähern, oder dieser mangels ästhetischer Perspektive irgendwann die Speerspitze des Revolutionären verlassen und den Rückzug ins Gaukelspiel der Phantasmagorie antreten muss.[200]

Entsprechend zeigen Godards Bilder ihre Phänomene oftmals nur als Umrisse oder mit tiefen Schattenflächen, als sollten sie den Gegenstand nur andeuten, statt ihn in seiner ganzen Formen- und Farbenfülle zu präsentieren. Ihre charakteristische düstere Beleuchtung (meist natürlich, d.h. mit vorhandenem Licht) und Belichtung evozieren eine Atmosphäre

---

[199] Und damit die melancholische Selbsterniedrigung Freuds? In *Hélas pour moi!* äußert eine Erzählerstimme über die filmische Praxis und ihr Objekt der Begierde "die Überlegung, dass der Unvollkommenheit der Filmsprache wegen stets etwas Schmutziges bzw Erniedrigendes in der Entblößung der nackten Wahrheit liegt." (0:10 f.) Freud interpretierte "die Selbstvorwürfe (des Melancholikers) als Vorwürfe gegen ein Liebesobjekt, die von diesem weg auf das eigene Ich gewälzt sind." (Freud, 434, vgl. 431 ff.) In diesem Sinne erniedrigte der engagierte Filmmacher sich selbst, mitsamt der geliebten Wahrheit, aufgrund der insgeheimen Vorwürfe gegen eine ästhetische oder gesellschaftliche Technik, die die Zusammenführung jener Liebenden in Aussicht gestellt, aber nicht erfüllt hat. Vielleicht musste der Autor jenes Filmzitats die Benjaminische Ansicht teilen, dass der Film seine wahre revolutionäre Kraft erst entfalten kann, wenn er aus seiner kapitalistischen Umklammerung gelöst ist.
[200] Was er natürlich, abgesehen von Godard und einigen anderen, schon längst getan hat, ohne sein revolutionäres Potential im Ansatz abgeschritten zu haben.

202

des Alleingelassenseins, fast als sei ein belebender Geist daraus entwichen; die mit einer kleinen Blende hervorgeholten zahlreichen Binnenschatten berauben die Personen und Dinge ihrer eigenständigen körperlichen Fülle und verleihen ihnen eine fragile Hohlwangigkeit, so als seien sie im Gegensatz zu damals, als die Geschichte noch auf sie wartete, heute von dieser Geschichte ausgezehrt und zurückgelassen worden, in der düsteren Immobilität einer alle Umgebung durchziehenden Schattierung.[201] Gerade diese Diskrepanz zwischen einem erinnerten, unterstellten, erwarteten oder erwünschten Begriff eines Gegenstandes und dessen tatsächlicher Apperzeption ermöglicht seine Dekonstruktion innerhalb eines Bildes, und die

---

[201] Wobei die Polarität der Belichtung zwischen Engagement und passiver Ernüchterung keine Erfindung Godards ist, auch nicht anderer Filmmacher mit dem Air der elegischen Melancholie, wie etwa Antonioni, Tarkowski oder Angelopoulos. Eher scheint es dahingehend einen objektiven ikonographischen Gehalt zu geben, denn schon Benjamin wusste: "Der materialistische Dialektiker operiert mit ihr (der Kamera). Seine Sache ist, festzustellen. Er mag einen größeren oder kleineren Ausschnitt aufsuchen, eine grellere politische oder eine gedämpftere geschichtliche Belichtung wählen (..)" (I, 1165) – Vor diesem Hintergrund ist eine Einstellung in *Hélas pour moi!* besonders emblematisch, die zeigt, wie mit einer einfachen Verkleinerung der Blende der Übergang von euphorischer Individualität zur Versteinerung angesichts ewiger Verhältnisse sinnfällig zu machen ist. In dieser Portraitaufnahme – von schräg oben – erfährt eine Frau mit einer Wasserfläche als Hintergrund einen extremen Belichtungswechsel, während auf der Tonspur die Rede ist vom Wechsel des hellichten Tageshimmels über die tausend Farben des Sonnenuntergangs bis zur Nacht. Anfangs überstrahlt ihr Gesicht alles umher, dann wölbt es sich langsam nach innen und wirft Binnenschatten, bis es zuletzt im Wasser des Hintergrunds gleichsam versinkt. "Und diese Tiefe, die jede Farbe übersteigt, hat sich am Ende einzig befreit, vom Blau." (vgl. 0:32 f.) Und kurz darauf: "Der kleine Umweg über die Furcht und die Verzweiflung ist vielleicht der beste Weg zu unserer Gegenwart auf der Welt, flüsterte er." (0:34)

materiale Melancholie, die Godards Szenerien durchwebt, liegt eben darin, dass er – wie eine schöne Frau, eine idyllische Landschaft oder jedes Gebäude in der gerade ehemalig gewordenen DDR – mit dem körperlichen Vorhandensein der Phänomene eine Vorstellung auslöst, was sie einmal sein wollten, in ihrer bildlichen Darstellung als ernüchterte, verhärmte, brüchige oder kahle jedoch zur selben Zeit ihr reales Dasein beklagt.[202] Godards Kamera unternimmt den im herkömmlichen Verständnis paradoxen Versuch, im Bild einer Person, eines Artefakts, sogar eines Naturgegenstandes gleichzeitig deren historische, gesellschaftliche oder möglicherweise philosophische Signatur zur Anschauung zu bringen;[203] waren Godards Personen und Schauplätze einst voll juveniler Ambition angetreten, so zeigt er sie jetzt bleich und eingefallen, noch ehe sie ihr Leben ausgehaucht haben.[204]

---

[202]   In *Hélas pour moi!* sagt Rachel: "Ich erfuhr vor fünf Tagen, dass auch das Fleisch schwermütig sein kann." – "Wer hat Ihnen diesen Unfug erzählt!" – "Mein Körper. Ich wusste das nicht, Monsieur." (0:12) (Wo nicht anders erwähnt, zitiert nach den deutsch synchronisierten bzw. untertitelten Fernsehfassungen.)
[203]   Brechts vielzitiertes Wort, dass ein Bild von einer Bank nichts von deren gesellschaftlicher Bedeutung und Funktion mitteile, wirkt bei Godard weniger als ein einschränkendes Faktum denn als ein Ansporn. – Im übrigen lobte schon Adorno an Benjamin die Fähigkeit, in der Konstruktion von Bildern auch ein Nichtanwesendes zur Anschauung zur bringen, allerdings in etwas veränderter historischer Perspektive: "Wenn Benjamin die Überbelichtung der Gegenstände veranstaltet um der verborgenen Konturen willen, die einmal im Stande der Versöhnung an ihnen offenbar werden sollen, dann tritt zugleich der Abgrund zwischen diesem und dem Dasein schroff hervor." (Adorno, 25)
[204]   Auf die wurmzerfressene Rückansicht der glänzenden Oberfläche weist auch immer wieder der Gärtner in *Nouvelle Vague* hin, der als eine Art Spielleiter oder antiker Chor das Geschehen begleitet und kommentiert und auch die Natur auf ihren geschichlichen Gehalt hin deutet: "Es hat schon lange nicht mehr

Jene Phase der jugendlichen Hoffnung war sozusagen Godards Mania, dessen Lebenszeit eine andere epochale Prägung erfuhr als Benjamins; im großen und ganzen packte ihn zuerst die Begeisterung, danach sackte er in das Wellental der melancholischen Ernüchterung. Im Laufe der frühen Jahre beschäftigten ihn zwei zentrale Fragen: *Was ist die Liebe* und *Was ist das Kino*, die in der weiteren Entwicklung darin kulminierten, dass einerseits die Liebe von der persönlichen Ebene in die gesellschaftliche erweitert wurde, insofern sie erst in einem ihr gewogenen Medium sich entfalten könnte, und daher für dieses Medium zu kämpfen sich lohnt, und andererseits darin, dass er das wahre Kino den Vereinnahmungen, in denen dessen gegenwärtige gesellschaftliche Organisationsform es vertäut hat, entwinden wollte, in der Befreiung so sehr wie in der Purifikation seiner Mittel. Godard hatte den Massenbetrug der geläufigen Kinematographie wohl erkannt und setzte im Verlauf seiner Arbeit alles daran, ihn zu tilgen: Wenn *Le Gai savoir* (sein 16. Langfilm, 1968), der sich zum großen Teil auf einen szenischen Dialog zweier Menschen auf einer leeren und dunklen Studiobühne beschränkt, der End- bzw. Umschlagspunkt jener purifizierenden filmischen Strategie war, dann *Weekend* (sein 15. Kinofilm, 1967) derjenige der befreienden.[205] Markiert jener

---

geregnet. Vielleicht reift in dieser lavendelduftenden Sommerhitze die Hungersnot heran. – Gestern machte uns sogar ein schöner Sommerhimmel unsere Zerbrechlichkeit bewusst." (0:01) "Der Sommer kam zu früh dieses Jahr und war etwas ungewöhnlich. Alles hat gleichzeitig geblüht." (0:11)

[205] Vgl. Zitat v. Dixon, o. Anm. 181; diesen Umschlagspunkt identifizierte Godard in mancher Hinsicht als wirklichen Endpunkt, den nämlich seiner bisherigen Art des Kinos; diese sollte sich zu anderen, der herrschenden kommerziellen Produktion refraktäreren Formen entringen. Am Ende von *Weekend*, der für 13 Jahre sein letzter genuiner Kinofilm bleiben sollte – *Le Gai savoir* war eine Fernsehproduktion, danach folgten vorwiegend dokumentarische

die Ausblendung des Bildes aus äußeren Zusammenhängen, so dieser den Übergang von einer gleichsam narrativen oder montagezentrierten Allegorisierung zu einer deutlicher collageartigen.[206] Nichtsdestotrotz steckt in beiden Filmen bereits das spätere Scheitern der Avantgardebewegungen: *Le Gai savoirs* nüchterne und illusionslose Atmosphäre impliziert, dass das Kino als originäre Kunst der technischen Epoche deren Strukturen nicht entkommen kann, ohne sich seines eigenen Formenreichtums zu berauben, und *Weekend* offenbart – mitten in der formal sowie politisch euphorisierenden Befreiung des Films[207] qua seiner Verallgemeinerung in die gesamte geschichtliche Welt – eine bereits zynische Verzweiflung mit dem Kerngedanken, dass angesichts der Qualität der gegenwärtigen Herrschaft eine revolutionäre Energie, die, um mit der herrschenden Klasse gleichzuziehen und sie schließlich zu überwinden, ein solches Maß an Grausamkeit entwickeln müsste, dass es ihr revolutionäres, ja zivilisatorisches Substrat selber zerstören würde.

Fragmente und Videoproduktionen – entlässt Godard den Zuschauer mit den Titeln "Fin du film – Fin du cinéma".

[206]   Angefangen bei Anfangstiteln wie "Ein auf dem Schrottplatz gefundener Film" und über zahlreiche Text- und Bildinserts, Zitate und kleine absurde Episoden bis hin zum Auftritt von Figuren wie "Joseph" (Giuseppe) Balsamo (d.i. Cagliostro) mit Maria Magdalena, Bertolt Brecht mit Emily Brontë, welche, verkleidet als Alice im Wunderland, Lewis Carroll zitiert, oder St. Just, der laut Rousseau deklamierend durch die Landschaft stolziert. (Vgl. auch Jan Lackner, "Szenenprotokoll des Films *Weekend*" (unveröff.), 4 ff.) Zitiert hatte Godard zwar schon früher, aber nie so wild, und immer mit Anführungszeichen.

[207]   "Yet *Le Week-end*'s most significant achievement is that it marks the definitive arrival of the artist as polemicist, using his camera as a scalpel and a weapon, as his soundtrack creates a defiantly oppositinal mix of language, natural sound, and scraps of music." (Dixon, 91)

"De la rigœur, Cécile!": Rückkehr nach Alphaville

Ein bis zwei Jahrzehnte – also eine Epoche – später, sind
Godard die damaligen Zweifel zur Gewissheit geworden. Die
Avantgarde hat es nicht geschafft, ihren Vorsprung
auszunutzen, sie ist entweder – "der Sommer kam zu früh
dieses Jahr" (s. o. Anm. 204) – in der explosiven Simultaneität
ihrer Leidenschaften verpufft und dann verkatert und reumütig
in den Schoß der Herrschaft zurückgekehrt, oder sie hat sich
erst selbst zerfleischt und dann das gleiche getan. Godard
dagegen ist sich treu geblieben; nur die Geschichte nicht ihm,
denn seine zentralen Fragen lauten nun: Was wäre die Liebe
gewesen, Was hätte das Kino sein können. Diesen Fragen
widmet er sich mit denselben Mitteln wie früher, nur hat sich
deren aktionistisch-verzweifelte Leidenschaft zu einer
melancholischen gereinigt. Seine Geschichten handeln von der
Liebe und ihren verpassten Möglichkeiten, welche unter den
gegebenen Umständen real vergangen und nicht wiederholbar
sind, von der Liebe zu einer Person, zu den Menschen, zum
Leben, zum Kino.[208] *Nouvelle Vague* präsentiert eine Welt,

---

[208]   Sie: "Die Liebe stirbt nicht. Es sind die Leute die sterben. –
Sie geht weg, wenn man nicht gut genug ist." (*Nouvelle Vague*, 0:09)
– "Immer wieder dasselbe Lied. Schon wieder bietet man uns die
Zukunft an." – "Seien Sie beruhigt. Eine Lösung ist utopisch. Schauen
Sie sich doch mal um. Wer, ja wer liebt denn schon das Leben?" (ebd.
0:05) Und an verschiedenen Stellen in diesem Film fallen wiederholt
die Sätze "Man kann die Gesellschaft in der wir gelebt haben für
untergegangen halten. Sollte man sie in künftigen Jahrhunderten
erwähnen, wird sie wie ein reizender Augenblick in der
Menschheitsgeschichte erscheinen. Man wird sagen..." (0:20) "Man
wird sagen, das war die Zeit, da es noch Reiche und Arme gab, da es
noch Festungen zu erobern, Stufen zu erklimmen, begehrenswerte
Dinge gab, die verboten genug waren, um begehrenswert zu bleiben."
(u.a. 0:29) (Zitiert nach der deutsch synchronisierten Fassung des
ZDF, die von der untertitelten Kinoversion natürlich abweicht. Für

deren Klassenstruktur selbst von der dienenden Klasse als Naturgesetz angesehen und von den Niederen gegen die noch Niedereren verteidigt wird;[209] und in dieser Welt die Liebesgeschichte einer Frau und eines Mannes, dessen Erscheinung sich wandelt und womit sehr unterschiedliche Balancen der Macht, der Herrschaft und der Unterdrückung sich einpendeln. In *Hélas pour moi!* wandelt ein Erzähler durch eine Landschaft am Genfer See auf der Suche nach der verlorenen Geschichte, in seinem Buch "fehlen Seiten, wo sie nötig sind" (0:35);[210] im Zuge dessen verfolgt er – wortwörtlich, denn er sucht die Hauptpersonen auf und folgt ihnen – eine Amphitryon-Geschichte, worin ein Gott in den Körper eines Menschen fährt und dessen Frau, die seit langem schon von ihrem Mann sich entfremdet hatte, sich von neuem in ihn verliebt. In *JLG par JLG* entpuppt sich der alternde Filmmacher JLG als freundlicher armer Clown, der durch eine Winterlandschaft wandert, über sein vergangenes und gegenwärtiges Leben räsonniert und dann doch nicht versteht, warum er inmitten seiner geliebten Filmsammlung sitzend seiner dummerhaften alten Leidenschaften wegen von einigen

---

den diesem Textstück entlehnten Titel dieser Arbeit hingegen wurde der besseren Komprimierbarkeit halber das Booklet der CD *Nouvelle Vague*, ECM Records, S. 41, hinzugezogen. – Bezeichnenderweise dürfte *Nouvelle Vague* einer der sehr wenigen Filme sein, deren komplette Tonspur mit Musik, Sprache und Geräuschen in voller Länge (!) auf einer Doppel-CD veröffentlicht wurde.)

[209]   Die Oberkellnerin herrscht die junge Kellnerin an: "Gib dir etwas Mühe, Cécile! Wir sind arme Leute, vergiss das nicht." – Cécile: "Sind die Reichen wirklich soviel anders als wir?" – "Ja, sie haben mehr Geld."(0:10f.)

[210]   Bzw. "auf der Suche nach einer verlorenen Frage", und findet die "Angst vor dem Möglichen, die müde ist all der richtigen Antworten." (0:07 f.)

ihn verhörenden Staatsbeamten verspottet wird.[211] Paradigmatisch aber ist vor allem das Geschehen in *Allemagne neuf zéro*, worin Geheimagent Lemmy Caution (Eddie Constantine), der letzte Spion des Westens, nach dem Kalten Krieg aus der sich auflösenden DDR abgezogen wird, wo er jahrelang stationiert war. Caution, der in Godards *Alphaville* (1965) noch den das Land und dessen Hauptstadt beherrschenden riesigen Computer Alpha 60 besiegte und mit einer Frau (Anna Karina) in die Pays Extérieurs flüchtete, in die äußeren Länder, wo diese Frau die Bedeutung des Wortes "Liebe" endlich verstand, dieser Caution wird zurückgerufen und macht sich auf die Odyssee durch ein zerfallendes Land, das plötzlich nicht mehr außen, sondern innen ist, auf der Suche nach dessen neuer Hauptstadt, dem nun gewachsenen Westberlin. Zum Schluss erreicht er diese Hauptstadt, und sie hat sich in all den Jahren nicht verändert, immer noch blitzt und blinkt und leuchtet alles wie wild, immer noch gehört eine Bibel zur Standardausrüstung eines Hotelzimmers und ist nicht etwa dort vergessen worden, und immer noch verrichtet das Zimmermädchen gewissenhaft seine Arbeit. Caution spricht sie an: "Sie haben doch auch Freiheit gesucht", und das Mädchen sagt teilnahmslos: "Arbeit macht frei." (0:58)

Die Geschichten der Filme aber stecken zum geringsten in ihrer einigermaßen nacherzählbaren Handlung, diese ist vielmehr das den Film durchziehende, geschwungene Band, auf das alle seine disparaten, nach einer höheren Anordnung und Substantialität strebenden Details in Bild und Ton sich auffädeln. Godards narrative Strategie steigt nicht vom Allgemeinen herab zum Besonderen, er skizziert nicht kurz einen Weltzustand und eine Handlungssituation, worin er dann die eigentliche Geschichte ablaufen lässt; ganz im Gegenteil ist

---

[211]   "Dieser Dummkopf von JLG! Er hätte wissen müssen, dass durch das Schaffen von zwei, drei Vietnams, ipso facto, er zwei, drei Amerikas erschaffen würde." (0:32)

diese konkrete Geschichte das Fundament, der Nukleus, das Gerippe, um das herum die heterogensten Fragmente und Zitate sich anlagern, um von einer einfachen Handlung zur Bestimmung von deren Situation bis zur Darstellung des allgemeinen Weltzustandes emporzusteigen.[212] So sind die Hauptfiguren in *Nouvelle Vague* nur zu einem Teil eigenständige Personen mit persönlichen Gesprächen und Gefühlen, zu einem anderen Teil sind sie identitätslose Archetypen, die durch das Aussprechen von anderer Leute Schriften, Sinnsprüchen oder Aphorismen, durch das Nachstellen anderer Leute Geschichten und Verhältnisse die gezeigten zwischenmenschlichen Beziehungen von der menschlichen auf eine menschheitliche Ebene heben.[213] *Allemagne neuf zéro* ist nicht nur die Geschichte einer Reise in den Westen, es ist ein einziges umfassendes Panorama von Deutschland, das dessen Gegenwart, die unmittelbare

---

[212]   Beispielsweise sagte Godard im Vorfeld von *Allemagne neuf zéro*: "Ich möchte einen Film machen über die Einsamkeit, aber mich interessiert nicht die Einsamkeit von Menschen sondern die Einsamkeit eines Volkes. Ich möchte jetzt einen Film machen über die Einsamkeit Ostdeutschlands." (Pressekonferenz zu *Nouvelle Vague*, zit. n. *Die Tageszeitung*, 22.11.1990) Im Film erscheinen später die Inserts "Histoire de la solitude" (0:11) und "Solitude de l'histoire" (0: 32)

[213]   Auf die Verweise und Aktualisierungen im einzelnen einzugehen wäre eine langwierige Sache. Es sei nur kurz erwähnt, dass beispielsweise der Name des Mannes, Lennox, sowie Grundzüge der Handlung aus Chandlers *The Long Goodbye* und der Name der Frau, Gräfin Torlato-Favrini, aus Mankiewicz' *Barfüßiger Gräfin* stammen, das Ende an Hawks' *To Have and Have Not* angelehnt ist und die Figuren in Sätzen von Schiller, Dante, Dostojewski usw. miteinander kommunizieren. Und nicht zuletzt ist der Gärtner, der hier durch die Szenerie streicht und alles Geschehen mit emblematischen Sentenzen potenziert, das Pendant der Hauptfigur des ersten Spielfilms der Filmgeschichte, *L'Arroseur arrosé* (1895) von den Lumières.

Nachwendezeit, zum Anlass nimmt, die gesamte vorherige deutsche Geschichte und Literatur und Kinematographie herbeizuzitieren, die gesamte deutsche Vergangenheit in die derzeitige Vorstellung von Deutschland hereinzuholen, um nicht nur anzudeuten, sondern auch im einzelnen sinnfällig vorzuführen, dass ein neues Jahr null, wie der Titel andeutet (dt. *Deutschland neu(n) null*, natürlich in Anspielung auf Rossellinis Film *Germania anno zero* von 1947), im Deutschland des Jahres 90 keinen jungfräulichen Nullpunkt bedeuten kann.[214]

Godards späte Montage vereinigt die Melancholie des Inhalts mit der nie aufgegebenen filmischen Leidenschaft. Noch immer, d.h. heute mehr denn je, hält Godard die elliptische, unterbrochene, fragmentarische, vielgestaltige und arabeske Erzählung für die wahrere, und so greift er, nach dem kurzen Höhepunkt von *Weekend* zuletzt wieder gründlicher, mit beiden Händen in die Film-, Literatur-, Kunst-, Musik-, Geistes- und Weltgeschichte und klaubt die Stücke heraus, die, so spröde oder absurd sie sich geben mögen, seine Inszenierung voranbringen, d.h. die nichts geringeres als eine Vorstellung des Jahrhunderts und dessen meist vergeblicher Anstrengungen

---

[214] Von zahlreichen Filmausschnitten abgesehen trifft Lemmy Caution auf seiner Reise niemand anderen als Don Quijote und Sancho Pansa (mit Trabi) im Feldzug gegen die Drachen des Braunkohletagebaus, Goethes Lotte, die ihm Weimar zeigt, Emil Jannings als dem Untergang geweihten Hotelportier in Murnaus *Letztem Mann*, oder Sophie und Hans Scholl im Autosalon. Im übrigen erscheint es als eine List der Vernunft, die dem populären Film der 50er, als die Figur des Lemmy Caution entstand, ebendiesen Namen eingeflüstert hat, dem Jahrzehnte später die Geschichte eine tiefere Bedeutung verleihen würde: lemme ("lemmy") caution, = let me caution würde soviel heißen wie: lasst mich (euch) warnen/verwarnen/belehren.

zusammensetzen.[215] Diese einzelnen erbeuteten Bilder, Zitate oder Figuren kombiniert Godard mit ihresgleichen sowie dem Ton zu einem mehr oder weniger spröden Verbund, der keine Anstalten macht, als dramatisch einheitliche audiovisuelle Synthese sich zu gerieren, der vielmehr als allegorische Anhäufung seine zeitlich sowie räumlich nicht selten auseinanderliegenden Motive und Fragmente in nur äußerlich willkürlichen konstellativen Einheiten zusammenstellt, die in der Selbstreflexion nicht anders können als ihre wesenhaft diskontinuierliche Uneinheitlichkeit nüchtern zu konstatieren und im verborgenen zu beklagen.[216]

---

[215]   Selber beschrieb Godard seine Arbeitsweise einmal so: "Zeigen, dass die Filmgeschichte zuerst einmal keine Geschichte ist, sondern aus Geschichten besteht. Und dann zeigen, dass alle diese Geschichten sich mit der Geschichte des 20. Jahrhunderts vermischt haben. Die Geschichte des Films ist der einzig sichtbare Teil der Geschichte, und in diesem Sinne ist es die Weltgeschichte, die zur Filmgeschichte gehört. Keine Chronologie zeigen, Namen oder Daten, sondern einen Windzug, ausgehend von der Grundidee: das ganze 20. Jahrhundert war der Schauplatz eines gnadenlosen Kampfes zwischen Bildern oder Tönen (das Neugeborene) und Worten (die Erwachsenen, die Regierung)." (zit. n. Programmblatt zum Videofilm *Histoire(s) du cinéma*, Berlinale 1990) Und ein anderer: "Seine Grundhypothese ist unverändert: Das Kino hat nur eines gesucht, nämlich die Montage, und dieses Element brauchte der Mensch des 20. Jahrhunderts auf das dringendste. Es geht nicht darum, diese Geschichte mit Worten zu erzählen, sondern sie aus ihrem Material selbst aufzubauen: dem festen oder beweglichen Bild, der Musik, den Worten und Wortspielen. (Jetzt war er) endlich allein mit den Erinnerungen des Jahrhunderts". ("S.D." in *Libération*, 26. 12. 1988, zit. n. ebd.)
[216]   "Nicht selten ist die Rede in den Dialogen nur die in allegorischen Konstellationen, in welchen die Figuren zueinander sich befinden, hervorgezauberte Unterschrift. Kurz: die Sentenz erklärt das Szenenbild als seine Unterschrift für allegorisch." schrieb Benjamin vom barocken Trauerspiel (I, 372), und es ist fast bruchlos auf Godards Inszenierung und Montage zu übertragen.

Wie es heißt, ist in seinen späteren Filmen kein Stück mehr von Godard selber, alles sei gefunden, alles sei Zitat.[217] Das kann natürlich erst zutreffen, wenn man den Sinn des Zitierens selber in einer Weise versteht, die mit der Wiedergabe des Wortlauts eines anderen zur Untermauerung oder Illustration des eigenen Arguments nicht mehr viel gemein hat, wenn man die ganze Bedeutung des Benjaminischen Zitierens ohne Anführungszeichen ausgemessen hat. Ein solches Zitat ist über einen bloßen Aufruf oder eine bloße Nennung hinaus eine wirkliche Wiederbelebung und Aktualisierung des Zitierten, dessen Sinngehalt und Aussagekraft immer wieder von neuem und in wechselnden Sinnzusammenhängen zur Entfaltung kommen soll. Im Zitieren steckt nicht nur das Kopieren einer Aussage oder einer Form, es steckt in ihm vor allem das Herbeizitieren, das Vorladen, das vor Augen Holen und präsent Machen eines Abwesenden, eines zeitlich oder räumlich Entfernten, dessen Autorität eben nicht dadurch eingeschränkt zu werden verdient, dass es einer Ferne oder Vergangenheit angehört. Zitieren in diesem Verständnis ist weder unkritisches Nachplappern noch distanziertes Hinweisen, es ist eine konkrete und momentane Synthese des Zitats mit dem Zitierenden, worein der Inhalt des Zitats ebenso eingeht wie die spezifische Situation des Zitierens. Zitieren heißt einfach näherbringen; und der Film, durch seine unterschiedlichsten Formen und Medien des Präsentwerdenlassens seiner Objekte,

---

[217] "Deswegen steht mein Name auch nicht im Vorspann. Ich habe den Film nicht gemacht. Ich bin dessen bewusster Organisator. (..) Für mich gehören alle Zitate, ob bildliche oder musikalische, der gesamten Menschheit. Einige Worte Dostojewskis – 'Ich ist ein anderer' –, der Titel eines Romans von Chandler – The Long Goodbye –, für mich ist das ein Programm. Man muss es zu anderen Dingen in Beziehung setzen. Ich bin derjenige, der Raymond Chandler und Fjodor Dostojewski eines Tages, in einem Restaurant in Verbindung bringt, mit kleinen und großen Schauspielern. Das ist alles." (Godard, zit. n. Presseheft zu *Nouvelle Vague*, 16)

erscheint als die Technik, die das Zitieren am umfassendsten und reichhaltigsten bewerkstelligen kann. Godard geht es im Zitat nicht in erster Linie um die Absicherung nach allen Seiten oder um das Schmücken mit fremden Federn, es geht um eine genuine Rettung der zitierten Gegenstände, die es nicht verdienen, dem Vergessen anheimzufallen, nur weil sie vergangen sind. Indem sie "in den Rang des Kinos zitiert" werden, sind sie zumindest für die Gegenwart dieses Films festgehalten und erhoben zu einem substantiellen Dasein im Medium der Kunst. [218]

Die Synthese von zitiertem Inhalt und Zitierendem impliziert, dass der Inhalt allein noch nicht zum Zitat ausreicht, und dass besonders eine Reihe von Zitaten ohne den ordnenden Eingriff einer zitierenden Instanz nicht auskommt. Godard nun zitiert in Bildern, und das heißt, dass in seinen bildlichen Zitatansammlungen die Bilder selber und deren Montage umso mehr von ihm sein müssen, als ästhetisches Bindeglied und

---

[218]   Und ausführlicher: "Man sagt ja auch von einem Zeugen, dass er vor Gericht zitiert wird. Im Film ist das ein ganz ähnlicher Vorgang: die Dinge, die Sprache werden in oder vor den Film zitiert, und das Publikum ist der Richter. Die Arbeit des Cinéasten (= Filmmacher, nicht Filmfreund) bestand für mich immer darin, die Dinge herbeizuzitieren, ihr Erscheinen zu verlangen, wie ein Untersuchungsrichter die Zeugen auffordert zu erscheinen und sie dann unterweist, was ihre Aussagemöglichkeit angeht." "Für mich besteht der Film nicht nur aus Zitaten. Ich versuche, eine Balance herzustellen zwischen literarischen Zitaten, sprachlichen Zitaten also und Zitaten aus der Natur. Es gibt in diesem Film das Zitat des Wassers, das Zitat des Baumes usw. Im Französischen sagt man, wenn ein Soldat gefallen ist, er wird in den Rang der Nation zitiert. Im Sinne dieser Redewendung zitiere ich in diesem Film: Es gibt in der Geschichte der Ideen, in der Geschichte der Liebe, in der Geschichte der Literatur Vorbilder von Gestorbenem, von Verstorbenem, die es verdienen, in den Rang des Kinos zitiert zu werden." (Godard, Pressekonferenz zu *Nouvelle Vague*, zit. n. *Die Tageszeitung*, 22.11.1990)

philosophischer Kommentar der einzelnen Zitate. Das wiederum kann nur bedeuten, dass Godard, beinahe durchgängig ohne Anführungszeichen zitierend, die literarische Montage Benjamins mit dem Universum des bildlichen Materials – in sowohl rein zeichenhafter als auch auratischer Funktion – noch angereichert und damit vielleicht vervollkommnet hat: als Kinematographie. Eine angemessene bzw. annähernd publike Würdigung, zumindest seines späteren Werkes, bleibt Godard jedoch versagt. Im Gegensatz zu Benjamin, dessen Werk mit seinem späten Ruhm wenigstens von einigen als genuin philosophisches anerkannt und gewürdigt wurde (noch dazu als ungleich substanzvoller als das Werk jener verbeamteten Philosophen, die einst etwa Benjamins Trauerspielarbeit als unwissenschaftlich abkanzelten), besitzt Godard nicht von sich aus den Vertrauensvorschuss, im selben Medium wie die klassische anerkannte Philosophie sich auszudrücken, nämlich in der Literatur – und schauen Sie sich doch mal um: wer, ja wer liebt denn schon das Kino?

Epilog

"Unruhevoll und 'wach' lässt er seine Melancholie mit allen Sinnen und Kräften die helle Pracht der wirklichen Dinge ergreifen, die er dann wahrhaft 'entdecken' und in reichen und dichten Formeln darstellen kann, weil gerade der Gedanke an ihre Vergänglichkeit und das Gefühl des eigenen Schmerzes ihn befähigen, von ihrer lebendigen Schönheit Besitz zu ergreifen." (KPS, 348)

Ohne alles Gesagte noch einmal zu wiederholen soll nun kurz resümiert werden; das Vorhaben war, Walter Benjamin und Jean-Luc Godard als Brüder im Geiste darzustellen, deren Korrespondenzen über Zeit, Raum und Grenzen der Ausdrucksmittel hinweg in einer beiden (und nicht nur ihnen) gemeinsamen Neigung zur Melancholie fundiert sind, insofern diese durch ihren formalen Gehalt den ihr Unterworfenen eine Neigung zu ähnlich strukturierten Fähigkeiten und Methoden des persönlichen Ausdrucks und der Wirklichkeitsvermittlung einpflanzt (mögen diese gedeihen oder nicht), deren Hauptmerkmale mit geduldiger Kontemplation, sensibler Versenkung in das materiale Umfeld, Imaginationskraft und Assoziationsvermögen umrissen sind. Die Untersuchung hat gezeigt, dass das, was KPS in der hier eingangs zitierten Passage über Keats sagen, sowohl auf Benjamin als auch auf Godard zutrifft; auf diesen sogar noch eindeutiger und intensiver als ursprünglich gemeint, indem speziell sein Ausdrucksmedium, die Kinematographie, dazu geeignet ist, jene *lebendige* Schönheit ihrer Gegenstände einzufangen, sie weder langsam per Hand zu sublimieren noch sie schockzugefrieren, d.h. in ihrem augenblicklichen Gehalt zu fixieren, sondern in eben ihrer metamorphen Vergänglichkeit sie festzustellen und aufzuheben.

Mit der Rekonstruktion eines gleichsam objektiven Gehalts der Melancholie, womit deren jeweils einzeln und subjektiv empfundener Schwermut eine allgemeinere historische sowie bewusstseinbildende Matrix eingezogen wäre, sollte dafür argumentiert werden, dass eine Wesensverwandtschaft zweier – im weitesten Sinne – Denker weder auf direkter bzw. indirekter Bekanntschaft noch auf glücklicher Fügung beruhen muss, sondern vielmehr dass beide für sich, Benjamin und Godard, offensichtlich einen über die eigenen Idiosynkrasien hinausgehenden, überindividuell verbindlichen Bereich der Wahrheit bzw. des Weges zu ihr berührt haben.

Dieser Anspruch konnte leider nicht zureichend erfüllt werden, vor allem weil ein Epigonentum, d.h. ein bewusster und insofern unschöpferischer Bezug auf einen Vorläufer, in diesem Fall Godards auf Benjamin, nicht ausgeschlossen werden kann. Obwohl eine (profundere) Kenntnis Benjamins bei Godard aus diversen Gründen unsicher bis unwahrscheinlich ist (s.o.), kommen mit der Zeit doch Zweifel auf, nicht zuletzt, weil die diese Arbeit eröffnenden zwei Zitate nicht etwa, wie man annehmen müsste, direkt Benjamins Werk, sondern *Hélas pour moi!* entnommen,[219] d.h. höchstwahrscheinlich dort selber schon Zitate sind, nur ohne Anführungszeichen und Verweis. Und auch wenn ich sie (und weitere des Films) bei Benjamin nicht habe finden können, wäre rein vom Inhaltlichen her seine Autorschaft nicht unwahrscheinlich, zumal im selben Film (und meiner Übersicht nach das erste Mal in Godards Karriere) solche Benjaminhinweise gehäuft fallengelassen werden.[220] Man kann also in

---

[219]   0:06 f. und 0:34.

[220]   Es ist die Rede von den Namen und Gott sowie göttlicher und menschlicher Sprache (vgl. 0:35) oder vom Träumen und Aufwachen (vgl. 1:04 f.), ferner wird eine Figur (Monsieur) Benjamin gerufen (vgl. 0:31 od. 0:36), die offensichtlich in einer Videothek arbeitet, dem Selbstbedienungsladen für technische bzw. digitale Reproduktionen von (analogen) Filmkunstwerken – nicht zuletzt "sagte J.L.G. 1955, man werde nie Filme im Fernsehen sehen. Nur

dieser Fragestellung nicht mit Sicherheit entscheiden, ob Benjamin etwas seinen persönlichen Gesichtskreis Übersteigendes bzw. objektiv (wenn auch nicht ewig) Gültiges gefunden hat, bzw. ob Godards künstlerische Substanz der vergangenen Jahre wirklich teilhat an einer umfassenderen historischen Geistesarbeit, worin das zeitlich Auseinanderliegende zu einer ideellen Synthese gelangt, oder ob er möglicherweise "nur" der Nachkomme oder Erneuerer einer mehr literarischen Privatphilosophie ist, die anstatt an ihrem philosophischen eher an ihrem poetischen Gehalt zu beurteilen wäre.

Letzteres sei natürlich nur als Extrem angeführt, es soll an dieser Stelle nicht ernsthaft der philosophische Charakter Benjamins – und ebensowenig der Godards – in Frage gestellt werden, und schon gar nicht soll er mit der Frage nach einem ausdrücklichen Bezug Godards auf Benjamin stehen oder fallen; es ginge einzig darum, auch beider Gegner von ihrem Schaffen als nicht auf das Poetische beschränkt zu überzeugen. – Die nebenbei dritte und bisher unerläutert gebliebene Möglichkeit, dass Godard nicht eigentlich auf Benjamin, sondern auf jene dessen Zeit zugehörige geistige und auch im engeren Sinne künstlerische Atmosphäre der Allegorie, der Collage, der Montage und des Fragmentarischen sich bezieht, in der unter anderen eben auch Benjamin gedieh, wäre keine wirkliche Kompromisslösung; jede *subjektive* Entscheidung für diese Richtung der Weltdarstellung würde nicht davon entbinden, für deren philosophische Dignität Argumente finden zu müssen. Und auch wenn eine melancholische Neigung zuerst und vor allem persönlich empfunden wird, ist die in unserem Zusammenhang gesuchte Melancholie als Erklärungsgrund einer geistigen Beschaffenheit dann als über eine rein subjektive Verfassung hinausgehend zu betrachten, wenn man

---

Reproduktionen." (*JLG par JLG*, 0:31) Kurz darauf fällt der Name eines "Scholem" (vgl. *Hélas pour moi!*, 0:37).

unterstellt, dass in einem melancholisierenden Weltzustand speziell innerhalb der Melancholie die geeigneten Mittel gegeben sind, ihn auf den Begriff zu bringen: Die Wahrheit hat einen Zeitkern, "welcher im Erkennenden und im Erkannten zugleich steckt." (s.o.)

Mit der Nichtbeantwortung bzw. erzwungenen Offenheit der Frage, welche die vorliegende Arbeit inauguriert hatte, nämlich der nach einer überindividuellen Begründbar- sowie Zuständigkeit der Arbeiten Benjamins und Godards, bleibt als Fazit nicht viel mehr übrig als einer der üblichen Vergleiche zweier Geistesgrößen, deren kognitive Bewegung über den ersten, induktiven Schritt – Weil beider Ausdrucksweisen sich ähneln, müssen sie etwas miteinander zu tun haben – nicht hinausgelangt zum zweiten, deduktiven und eigentlich philosophischen Schritt: Weil beide etwas miteinander zu tun haben, mussten ihre Ausdrucksweisen sich ähneln. Zu hoffen bleibt trotzdem, dass die hier versuchte ausführlich begründete Herleitung einer positiven Antwort auf jene Frage wenigstens imaginieren lässt, was mit ihr gewonnen wäre: ein partikularer Beweis, dass einerseits Philosophie, so persönlich geprägt sie sein mag, an den unvermutetsten historischen und medialen Orten sich erneuern kann und gerade darin ihr Selbstverständnis, Philosophie zu sein, untermauert, aber vor allem dass andererseits die ambitionierte Kinematographie, wie jede Richtung ernsthafter Kunst,[221] den Anspruch aufrechterhalten darf, gerade in der Verfolgung der eigensten Gestaltungsprinzipien über den Kreis des individuell-Ästhetischen hinausweisende Gehalte zu vermitteln, und also –

---

[221] Womit einzig eine Kunst gemeint ist, die ihren Anspruch, autonom bzw. nur ihrem eigenen Zweck verpflichtet zu sein, ernsthaft vorträgt. Mit dem Ausdruck ist keineswegs infragegestellt, dass ernsthafte Kunst heiter oder auch zum brüllen komisch sein kann. "Ernst" stellt hier wieder einmal den genauen Gegensatz von "bierernst".

als ihre ästhetische Manifestationsform – der Philosophie anzugehören.

Ein weiteres Problem der Arbeit ergab sich aus der Tatsache, dass nicht zwar in philosophischen bzw. allgemein theoretischen, wohl aber in im engeren Sinne wissenschaflichen Abhandlungen eine punktgenaue und unmissverständliche Beschreib- und Zitierbarkeit von audiovisuellem Material ihre Grenzen hat. Das Air der Zerfledderung in der Rekonstruktion der filmischen Quellen, das im vorgängigen Kapitel hier und da spürbar ist, liegt nicht im mindesten in der Schwierigkeit begründet, die Simultaneität und Prozessualität der filmischen Elemente, welche in jedem Fall, doch besonders bei Godard ihren vollen Bedeutungsumfang erst im Verbund mit den anderen erreichen, in einer diskursiven, d.h. linear-fixierenden und argumentativ schlüssigen Form zu rekapitulieren, ohne die innere Vermittlung von Bild und Ton, von Inhalt und Form, von Dauer und Vergänglichkeit aufzuspreizen. Direkt hat dies nichts, indirekt durchaus mit dem zuletzt genannten Problem zu tun, insofern eine wissenschaftliche Beweisführung, deren einer Quellenkomplex dem beweisführenden Medium, der Schrift, in der letzten Konsequenz sich entzieht, strenggenommen nicht durchführbar ist;[222] auch hier bleibt die Hoffnung, dass der argumentative Aufwand dieses – in strengstem Verständnis – Nichtgeleisteten wenn nicht auf dem Papier, so doch in der philosophischen Imagination konkrete Ergebnisse erbracht hat. In gewisser Hinsicht betreibt eine solche Arbeit als akademische zuletzt ihre eigene Selbstauflösung: Je konsequenter und gewissenhafter sie die Mittel der Analyse und des linearen Diskurses aufwendet, desto deutlicher beweisen diese, dass sie

---

[222] Auch die schriftlich vorliegenden Zeugnisse der am jeweiligen Film Beteiligten sind wissenschaftlich nicht von eindeutiger Relevanz, wie schon Benjamin wusste: "Dem, was die Dichter selbst von ihren Schriften sagen, soll man niemals trauen." (V, 269)

hilfreich sind, aber nicht ausreichen, und dass die Mittel, das Philosophische der Kinematographie auf den Begriff zu bringen, nicht umhin können, selber ikonisch, fragmentarisch, synthetisch, essayistisch und synoptisch, oder einfach kurz: kinematographisch zu werden.

FIN DU TEXTE

FIN DE LA SCIENCE

Literaturverzeichnis

– Walter Benjamin, *Gesammelte Schriften*, Unter Mitw. von Theodor W. Adorno und Gershom Scholem hrsg. von Rolf Tiedemann und Hermann Schweppenhäuser, Suhrkamp, Frankfurt am Main 1974/1991
– Theodor W. Adorno, *Über Walter Benjamin*, Suhrkamp, F/M 1970/1990
– Hermann Schweppenhäuser, *Ein Physiognom der Dinge – Aspekte des Benjaminschen Denkens*, zu Klampen, Lüneburg 1992
– Rolf Tiedemann, *Studien zur Philosophie Walter Benjamins*, Suhrkamp, F/M 1973
– ders., *Dialektik im Stillstand*, Suhrkamp, F/M 1983
– Hans Heinz Holz, *Philosophie der zersplitterten Welt – Reflexionen über Walter Benjamin*, Pahl-Rugenstein, Bonn 1992
– Heinz Paetzold, *Neomarxistische Ästhetik I: Bloch – Benjamin*, Schwann, Düsseldorf 1974
– Siegfried Unseld (Hg.), *Zur Aktualität Walter Benjamins*, Suhrkamp, F/M 1972
– Susan Buck-Morss, *Dialektik des Sehens – Walter Benjamin und das Passagenwerk*, Suhrkamp, F/M 1993
– Susan Sontag, "Under the Sign of Saturn", in dito, Noonday, New York, N.Y. 1980/1989
– Klaus Garber, *Zum Bilde Walter Benjamins*, Fink, Gelsenkirchen 1992

– Raymond Klibansky, Erwin Panofsky und Fritz Saxl, *Saturn und Melancholie*, Suhrkamp, F/M 1990/1992
– Roland Lambrecht, *Melancholie – Vom Leiden an der Welt und den Schmerzen der Reflexion*, Rowohlt, Reinbek bei Hamburg 1994
– Ludger Heidbrink, *Melancholie und Moderne*, Wilhelm Fink, München 1994

– Wolf Lepenies, *Melancholie und Gesellschaft*, Suhrkamp, F/M 1969/1998

– Romano Guardini, *Vom Sinn der Schwermut*, Matthias Grünewald, Mainz 1983

– Günter Grass, "Vom Stillstand im Fortschritt – Variationen zu Albrecht Dürers Kupferstich 'Melencolia I'", in *Aus dem Tagebuch einer Schnecke*, Luchterhand, Hamburg 1972/1980

– Sigmund Freud, "Trauer und Melancholie", in *Ges. Werke. Bd. X.*, Fischer, F/M 1967

– Wheeler Winston Dixon, *The Films of Jean-Luc Godard*, State University of New York, Albany, N.Y. 1997

– *Cahiers du Cinéma: Special Godard*, Paris 1990

(Die Literatur über Godard im Ganzen ist natürlich sehr viel umfangreicher, die über den Godard der letzten Jahre aber leider überhaupt nicht.)

Herstellung und Verlag:
BoD – Books on Demand, Norderstedt
ISBN 978-3-7528-4933-2

FSC
www.fsc.org

MIX

Papier aus ver-
antwortungsvollen
Quellen
Paper from
responsible sources

FSC® C105338